自分の人生を変える交流分析
―エリック・バーンのTA、そしてＴＡと私―

繁田千恵 著

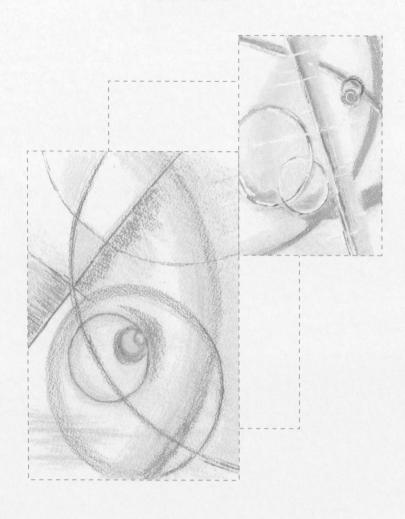

風間書房

はじめに

　この本は立正大学文学研究科博士論文『日本における交流分析の発展および実践に関する研究』を出版した本（2003）の内容を「読み易い」「交流分析がわかる」を目的に書き直したもの（第Ⅰ部）と、学会誌発表論文などをまとめたもの（第Ⅱ部）、さらに私自身の「TAと共に生きた30余年」を振り返ってまとめたもの（第Ⅲ部）で構成してあります。

私を促したもの

　なぜ今、私がこの本を書こうと思ったのか、その理由はとても個人的なものです。

　私は2020年11月で87歳になりました。70代までは全く元気で自分の健康に自信を持っていました。それが80代になった途端、脳梗塞、腹部腫瘍、心不全とたて続けに入院。そして2018年11月、心臓発作の4度目の入院で酸素カプセルの中で意識を取り戻した時、ああ私は自分で思うほど若くはないのだと実感しました。そろそろ自分の人生の店じまいの方向を考え、一つ一つ実行していかねばなぁと思い、決断してまとめたのがこの本です。

私にとってTAとは

　TAに出会って40年余り。TAを知る、学ぶ、理解する、納得する、腑に落ちる、好きになる、身につける、そして感謝する。TAそのものが私の中で根付き成長し、そして私自身がそこで生きている実感を、最近になってようやく得られるようになりました。生身の私が、自分の過去の経験を通し、私の中で育ってきたTAを、私自身を素材としてお伝えしたいという思いから、第Ⅲ部をまとめました。

　TA は、日々生きる私自身の中心に据えられた哲学であり、生き方です。そこで生きているのが"今、ここでの私"です。理論だけではなく、それを創りその中で生きた創始者エリック・バーン博士のことと、人生半ばで TA に出会い、その哲学に魅了され後半の人生を TA 三昧で生きてきた私のこと、この二つを皆さまにお伝えできれば幸いです。

目　　次

第Ⅰ部
自分の人生を変える心理学 TA

第1章　エリック・バーン（1910−1970）の TA

1．エリック・バーンその人について

カナダケベック州で誕生・成長

　Eric Berne は Eric Leonard（Lennard）Bernstein が幼いころの正式名です。1910年5月10日にカナダのケベック州、モントリオールで父、David Hillel Bernstein、母 Sara Gordon Astor Bernstein の長男として誕生しました。5年後に妹 Grace〔結婚後 Rose 姓〕が生まれています。エリックの先祖はロシアとポーランドからのユダヤ系移民で、父方の祖父は検眼と眼鏡の販売をしていました。父親はモントリオールのマギール大学医学部を卒業、内科・外科医としての資格を取り開業医となりました。彼は開業医として中産階級を顧客として働くと同時に、モントリオールにおけるユダヤ系移民や他のヨーロッパ系移民の居住区において無料診療所を開設し、恵まれない人たちに診療を行っていました。幼いエリックは父親にとても懐いていて夏にはT型フォード、冬には馬車で往診する父に同道を許されることが非常な喜びだったと、のちに懐かしい思い出として友人に語っています。しかし自宅の診療と往診、加えてゲットーでの診療と多忙を極めた父親は1918年に世界的に蔓延したインフルエンザにかかり、肺結核を併発しました。その後3年間は療養所への入退院を繰り返しています。感染を恐れて家族も近づけず、ひっそりと仕事のみに没頭したと言われています。バーンは後年父親を「人間関係では距離を置いた人。成功者、理想主義者で、厳しく確固とした意見を持ち、論争をいとわなかった」（深沢, 1993）と述べています。父親は1921年2月23日に死亡、享年38歳、この時エリックは10歳9ヶ月でした。エリックの母親サラは帝政ロシアの軍人の子どもとして生まれ、幼児の時に母親と共にカナ

ダに移住し、2年後に父親も加わりました。父親はユダヤ教のラビ（牧師）
になる希望を持っていましたが、子どもたちの教育のために商売をして、経
済的に豊かになることを優先しました。サラは当時の女性としては珍しく、
バーンと同じマギール大学を卒業しています。高校時代から非常に頭が良く
成績優秀だったそうです。卒業後はプロテスタント系学校で教鞭を執ってい
ましたが、当時はユダヤ系カナダ人に対する偏見が強く、ユダヤ教信者とい
うだけの理由で解雇されたそうです。夫の死後、モントリオールのユダヤ系
新聞社で編集者として働き、2人の子どもと、同居していた自分の妹2人を
扶養しました。夫の死後暫くして、彼女の家はモントリオールの文化人たち
の集まるサロンになって、エリックや妹はそれらの文化を肌で感じ取りつつ
成長したようです。母親は60歳で、心臓発作により死亡しています。奇しく
もバーンも60歳で心臓発作で生涯を終えています。バーンは医者としての職
業選択は父親から、執筆活動は母親の影響が強いと思われます。彼の執筆活
動に対するエネルギーは汲めども尽きぬ井戸のようで、老後の夢として持っ
ていたのは引退して小説を書くことだったと言われています。

　モントリオール高校時代、バーンはとても恥ずかしがりやで、かつ猛烈に
勉強し「変わり者」と言われていたようです。社交的ではなく挑発的で直截
な言動は人から誤解を受けやすく、人間関係では孤独なアウトサイダーだっ
たと当時の同級生は述べています。両親の母校であるマギール大学では医学
を主専攻に、文学を副専攻に選択しています。25歳で医学博士、外科学修士
を得ています。文学を副専攻にとるくらいですから文筆活動も盛んに行い、
大学新聞にはコラムを執筆し様々なペンネームを用いて、内容も真面目なも
のから皮肉で面白い小咄まで、バラエティーに富んでいたそうです。大学時
代は、かなり偏奇でとっぴな行動も多く、いたずらや奇矯な発言などで友人
の顰蹙を買うことも多かったようですが、もともと IQ も180という高さで
さらに勉強にも励み、5年かかる医学部の課程を4年で修了しています。奨
学金を貰っていましたが、不足を補うためにモントリオールの名門ゴルフ・

クラブでキャディーとしても働きました。彼の「人間」への関心は、この医学生時代に非常に旺盛になったと思われます。モントリオール港での荷揚げ人夫や、そこに屯するアルコール中毒者たちを終日観察していたと当時の友人は語っています。この観察の習性、観察力が、その後の彼の理論発展に大いに関与していることは確実でしょう。

精神科医としてのスタート　アメリカへ

　1935年マギール大卒業後間もなく、バーンはアメリカに渡ります。1938年から39年の間にアメリカ市民権をとり、名前も Bernstein から Berne と改姓していました。改姓の理由についてバーン本人は記録を残していませんが、大学進学や就職に関し当時のアメリカでは反ユダヤ主義が強い勢力を有していたため、それへの適応と考えられます。1935年渡米直後に、ニュージャージー州の病院で内科のインターンとして働きはじめましたが、36年にはエール大学医学部の精神医学・精神衛生学部に行き2年間を過ごしています。精神科でのトレーニングを修了したあと、ニューヨークとコネティカット州で開業医として働く傍ら、ニューヨーク市の Mt. Zion. Hospital で精神科臨床助手（1941-1943）となりました。1941年に New York Psychoanalytic Institute で精神分析医としてのトレーニングを開始し、トレーナーとしてフロイドの直弟子であるポール・フェダーン（Federn, P. 1871-1950）を選んで教育分析を受け始めています。この選択が彼の自我状態の理論に大きな影響を及ぼしているのは明白です。このトレーニングは1943年バーンが陸軍軍医として応召されるまで続いていますし、バーンは生涯フェダーンと彼が自殺するまで（1950）濃密な師弟関係を持ち続けています。1942年に Elinor McRea と結婚し、Ellen、Peter の2児が後に生まれています。

　1943年から46年まで陸軍軍医としての仕事は続き、初めは中尉として入隊しましたが除隊時には少佐になっています。仕事は「選抜チーム」に属し、召集された兵隊たちの検査に携わるのが主なものだったようですが、軍人患

者の集団精神療法も行いました。これは精神疾患や神経症の患者が軍務に復帰できるように治療することが目的だったようです。こうした活動を通してバーンは「診断における直感力」「行動観察の意味」「非言語メッセージの持つ重要性」「今ここで示されている手がかり」「短期治療」など、その後のTA理論の発展に重要なテーマとなるものへのひらめき、気づきを蓄積していったのです。彼はこの時期に、エール大学時代の指導教授ユージン・カーン（Kahn, E.）に奨められ、"Intuition" の論文シリーズ（6篇）の最初のものを書いています。

　バーンの当時のエピソードをジャック・デュセイ（Dusay, J. 1971）は以下のように書き記しています。『1945年の後半、25,000人の兵隊が陸軍選抜センターを流れ作業のように通過していった。そこには専門科医のブースが並んでいて、最後に陸軍少佐で精神科医のエリック・バーンがいた。彼が精神医学的診断をするために与えられた時間は一人あたり40秒から90秒の間だった。この事態に対処するためバーンはまず数秒間、相手を観察し次に簡単な2つ質問をする方法を編み出した。必ず訊く2つの質問は「君は神経質（ナーバス）か？」「今までに精神科医に診て貰ったことはあるか？」だった。バーンのブースを通過する兵隊は全員同じエビ茶色の軍隊支給のガウンをきて布製のスリッパを履いていたが、バーンはそれぞれの兵隊が、この質問になんと答えるかきわめて正確に予測することが可能であることに気づいた。バーンはさらに彼らが召集される前にどんな職業に就いていたかを推測してみることを試みた。個人の記録を見る前に職業を当てる場合、最も正確で予想通りだったのは農夫と技術工だった。次に彼は論理的で客観的な基準を作りそれにあてはめて予想してみたが、結果的に当たる確率はきわめて低下した。』（Dusay, 1971, 深沢, 1993）

　言語による情報伝達に頼るよりも「今、ここ」で観察可能な現象が、その個人について、より確かで多くの情報を提供している事実に気づいたことが、その後バーンが精神分析から離れ、TAを創始した契機の一つになっている

と考えられます。

精神分析から TA へ

　1946年除隊したバーンは、カリフォルニアのカーメルに住まいを定めました。軍隊での経験から、彼は"今、ここ"での観察がもたらす直感を重視するようになり、精神分析的アプローチに批判的な目を向けるようになってはいましたが、精神分析医になるという目的は持ち続けていました。除隊後はSan Francisco Psychoanalytic Institute に所属し、1947年から1949年まで2年間、エリク・エリクソン（Erikson, E.）に教育分析を受けトレーニングを重ねています。バーンの教育分析医の選択についてレイモンド・ホステイ（Hostie, R.）は以下のような興味深い観察を述べています。「バーンは自分の師として名のある人、それと同時に独自に考えを持ち自分自身の理論を発展させた人、フェダーン、エリクソンを選んでいる。彼の選択は彼自身が心に掛けていたこととオーバーラップしている。すなわち彼は精神分析を徹底的に自分のものにしようとしたが、同時にそれに対し常に自分の考えをぶつけ、対決していこうとした」（Hostie, R. 1984, 深沢, 1993）。

　1956年の精神分析協会の資格審査で、バーンの資格申請は却下されました。評価者のコメントは「更に数年の個人分析とトレーニング、研鑽を積む必要があり、その後に再審査を申請してもよい」というもので、背後には彼の精神分析に対する批判的な考えが、協会の指導者たちの反発を惹起していたとも考えられます。この拒絶を彼は厳しく受け止め、自分のライフワークとなる別な理論の創設に向かって歩みだしました。ベンジャミン・ウェイニンガー（Weininger, B.）は「もし彼が精神分析協会のメンバーになっていたら、TA を創始することはなかっただろう。固有の理論は精神分析協会に拒否された人々の多くによって発展させられている。アルフレッド・アドラー（Adler, A.）、カール・ユング（Jung, C.）、エーリッヒ・フロム（Fromm, E.）、カレン・ホーナイ（Horney, K.）のように」と語っています。（Jergensenn, H. 1984, 深沢, 1993）

　その後、彼は TA の為に自分が考え出した用語を使って自分の考えを構成し、1958年までには、TA に関する主要な用語や考え方の発芽、と思われる理論が含まれた論文を発表しています。これが1961年に書かれた Transactional Analysis in Psychotherapy にまとめられ、TA として臨床心理学の世界に明示されました。1964年には Games People Play が出版されました。バーンは専門家対象にこの本を書いたのですが、一般大衆に非常にアピールしてベストセラーになり、15カ国語（当時、今はもっと多いでしょう）に翻訳されました。それによって60年代後半から70年代半ばまで、TA はアメリカにおいて大衆心理学（Pop Psychology）として、ブームを引き起こしました。本は心理学専門書の本棚ではなく、モノポリーなどのゲーム売り場に平積みされて売られていたそうです。このような状況で、バーンと TA 理論は20世紀の心理療法の分野で、まったくユニークな方法で公衆の目に触れることになったのです。この大衆の賞賛の時代があったことが、後に TA 理論が臨床心理学、心理療法の分野において他の心理学から軽視されることの大きな要因にもなっています。

　バーンは除隊後、ニューヨークからカリフォルニア州カーメル（Carmel）に移住しました。1950代初頭に隣町のモントレー（Monterey）で木曜夜に、定例の研究会を主催しています。同じ頃サンフランシスコのオフィスでも火曜の夜に定例臨床セミナーを開催し、これは1958年にサンフランシスコ社会精神医学セミナー（San Francisco Social Psychiatry Seminar）と命名され、彼の理論に魅せられた若い精神科医、心理学者、ソーシャルワーカーが多数参加しました。1964年にモントレーで行っていたセミナーと合体し、The International Transactional Analysis Association, ITAA が発足しました。TA の諸理論はこのセミナーを母胎として創られ発展してきたのです。

　メンバーはバーンの共同研究者であるクロード・スタイナー（Steiner, C.）をはじめ、ジャック・デュセイ（Dusay, J.）、ミュリエル・ジェイムズ（James, M.）、ロバート・グールディング（Gouldiing, R.）、スティーブ・カー

プマン（Karpman, S.）、マーティン・グローダー（Groder, M.）、ジャッキー・シフ（Schiff, J.）、パット・クロスマン（Crossman, P.）、ファニタ・イングリッシュ（English, F.）、ポール・マコーミック（MacCormick, P.）、トム・ハリス（Harris, T.）等々、過去における TA 理論への貢献者たちです。

　デュセイはサンフランシスコ・セミナーの歴史を展望して、1955-62年は「自我状態」中心の基礎理論を展開させた時期、1962-66年は「やりとり・ゲーム」理論の展開期、1966-70年は「人生脚本」理論の展開期としています。第1期は臨床体験を基に理論的思考を中心とし、第2期はサンフランシスコ派（古典派）の展開、第3期は「再決断派」「カセキシス派」など感情を治療対象とした学派の発展期、1970年以降はサイコドラマ、ゲシュタルト療法等を導入してアクションを治療の中心に置いた時期、と総括しています。（Dusay, J. 1977, 深沢, 1993）

家庭生活・晩年

　バーンは1942年ニューヨークの Mt. Zion Hospital で精神科医として働いている時にエリノア・マックレア（Elinor McRea）と結婚し2人の子どもをもうけています。これが最初の結婚です。陸軍退役後にカリフォルニア・カーメルに住み、サンフランシスコの Mt. Zion Hospital の精神科医補として働き始めましたが、エリノアとは離婚して1949年にドロシー（Dorothy De Mass Way）と再婚しました。2人の男の子が彼女との間に産まれています。彼女には3人の連れ子があり、バーンも最初の結婚での2人の子どもがいたので、7人の子どもの父親になりました。仕事に追われる毎日で、家庭生活を楽しむことはまれだったと言われています。「子どもと過ごす時間はきっちり45分、それが終わると庭の隅に建てられた書斎に籠もって明け方の2時、3時まで書き物をする毎日」（Jorgensen and Jorgensen, 1984）だったようです。特に、TA 理論を発展させることがバーンの中心になってくると、社交生活もなくなり、これがバーンの家族にとり TA の仲間たちを恨む原因にもな

っていました。バーンの家族と TA の仲間たちの対立は、バーンの葬儀に
TA の仲間の出席が拒否されたことでも窺われます。ドロシーは仕事中心の
バーンとの生活に耐えられなくなり、1964年に離婚しています。しかし同じ
町に住み行き来はありバーンは彼女との再婚を希望していたようです。1967
年にはトーリー（Torri Rosecrans）と再婚しましたが、この結婚も1969年に
破綻し、70年には離婚が成立しています。

　1970年 6 月26日にバーンは胸部の痛みを訴えて病院で検査を受けたのです
が異常は見つからず帰宅し、しかしその 2 日後に再び発作を起こして入院し
ました。その後、快復は順調と思われたのですが、 7 月15日再び発作に見ま
われ死亡しました。享年60歳。

2．エリック・バーンその活動

当時のアメリカ心理学界の動向

　バーンがアメリカに移住した1936年から1970年代までのアメリカの心理学
界はさまざま心理学が台頭し、まさに活火山地帯のような状態になっていた
ようです。1930年後半からは、ナチ政権の迫害によりヨーロッパから多くの
ユダヤ系の精神分析家が移住してきて、各地に精神分析を広めていきました。
代表的な分析家としてポール・フェダーン（Federn, P. 1871-1950）、エリク・
エリクソン（Erikson, E. 1902-1994）、カレン・ホーナイ（Horney, K. 1885-1952）、
ヘインズ・ハルトマン（Hartmann, H. 1894-1970）、ジェイコブ・モレノ（More-
no, J. 1892-1974）、ヘインズ・コフート（Kohut, H. 1913-1981）、そしてアメリ
カ人としてはハリー・サリバン（Sullivan, H. 1892-1949）カール・メニンガー
（Menninger, K. 1893-1990）等がいました。彼らの多くは新フロイト派と呼ば
れ、社会的文化的要因を主張し、社会精神医学として発展しました。

　一方で精神分析に対抗する第 2 勢力として行動主義が台頭してきました。
これはワトソン（Watson, J. 1878-1958）にはじまる20世紀実験心理学の運動

であり哲学でもあります。ドイツからイギリスに渡ったアイゼンク（Eysenck, H. 1916-1997）によって行動療法は "人間の情動や行動を、現在の学習理論の諸法則に従って改善する試み" と定義され、その勢力を伸ばしてきました。

　それに続く第3勢力として、人間性心理学が誕生しました。1964年にコネティカット州で行われた心理学の会議の席上で心理学界の社会運動として発足したこの学派には、知的主導者としてロジャース（Rogers, C. 1902-1987）、マズロー（Maslow, A.H. 1908-1970）、メイ（May, R. 1909-1994）などがいます。精神病理や健康でない状態を扱う精神分析；人間の経験、価値観、意志、感情の妥当性を否定する立場から「科学的心理学」を主張する行動主義；それらに拮抗するものとして「人間性心理学」の台頭でした。ロジャースは人間が究極に求めるのは自己実現であり、セラピストの役割と資質は「相手に対する肯定的で無条件の尊重、正確な共感的理解、そして正直で純粋なこと」と述べています（Rogers, 1942）。マズローも "Motivation and Personality" で人間の動機の階層モデルを発表し、その頂点に自己実現をおいています（Maslow, 1954）。バーンは直接この運動には参加していません。彼自身は精神分析に近いところで、その理論を構築していますが、彼の理論哲学の上では人間性心理学に大きな影響を受けていると考えられます。集団療法、エンカウンターグループに関しても、バーンは1946年から集団精神療法をはじめています。これらはサイコドラマ、ゲシュタルト療法などと相互に影響し合い、発展してきたといえるでしょう。

　TA の発展の基点が保守的な東部ではなく、ベトナム戦争、人種偏見、貧困、自由競争という合理化の下に行われる搾取、などに対するカウンターカルチャーのメッカ、カリフォルニアであったことは、TA の評価に関する影響に無視できないものがあります。人間性心理学の主張が誤った形で浸透していった結果が、60年代のフラワーチルドレン、ドラッグ志向の若者たちを生み出しました。「戦争より愛を」「自然に帰ろう。自分の存在意義を見いだそう」という信条は強化されたのですが、一方では、個人のやりたいように

やるという傾向が強まり、自由恋愛における親密さを装った性的ルーズさや、薬物による反社会的行動、オカルト的信仰に走るなどの行為が顕在化してきました。

　この時代背景と地理的条件が、TA に反映していることは明らかです。バーン自身、基本的には保守的な面を根強く持っていたと言われていますが、彼の周りには当時の若い TA のメンバーも多く、その影響が大きかったことは事実でしょう。さらにバーンのパーソナリティとしての奇矯さ、反骨精神もそれに共鳴する点が多かったと考えられます。これは彼のゲーム理論でゲームの命名に大いに反映していると思われます。

　エリック・バーン生誕100年を記念して、2010年 Transactional Analysis Journal はバーンの同僚、友人からの寄稿をもとに特集号を発行しました。その中で特に私の興味を引いたのは以下の二つの論文です。バーンの多面性を理解するには適切なものと思い、ここで著作権所有者 Academick UK Nox Rightslink の許可を得て掲載します。英文は二篇とも抜粋されたものです。

Eric Berne the Therapist: One patient's Perspective
治療者エリック・バーン：一人の患者としての見地から

Carol Solomon TAJ 2010 V40 N2-3

要訳

　この論文の目的は、過去に筆者自身が経験したエリック・バーンとのセラピーを通して、実際に彼が個人やグループセラピーの中で何をしたかを述べることにより、彼のセラピーを構成している要素を読者と分かち合うことである。契約、許可、保護、そして能力という要素が、自我状態、ゲーム、脚本と共に明らかにされている。さらにバーンが強調している直感、プラスのストローク、陽性転移の活用についても述べている。読者は、バーンがどの様に彼の理論を、実際に自分の仕事の上で患

者に用いたか、その感触を得ることができるだろう。

　偉大なマスターの活動を観察する機会に恵まれたのは、なんと素晴らしい幸運だったのだろう。私は1966年後半に一人の患者としてエリック・バーンのところに紹介された。

　それが私自身の最も幸運なできごとの一つとなった。彼との共同作業は、1966年から1970年の初め、19歳から23歳まで続いた。

　私は少女時代バレーダンサーだった。そして首尾一貫してバレー芸術に望みをかけていたので、非常にやせた体型に自分を保つことに汲々としていた。しかし足の怪我でその夢が終わった時、私は踊ることをやめ、着々と体重は増していった。10代の私は、うつ状態となりニューヨークでセラピーを受けようとセラピストを捜し求めた。17歳の時にニューヨーク大学の著名な精神分析的心理学者に出会い2年間彼の元に通った。しかし何も変わらなかった。彼はめったに話しかけず、時には間違った名前で私を呼んだ。「私は母が嫌いで、私はその母にそっくりなのです」と言った時に、彼は「そんな馬鹿な！　貴女はお母さんとまったくそっくりではない」と答えた。私は絶望した。

　1966年夏、カーメルに引っ越してのち、私はエリック・バーンと出会った。彼が著名な精神科医だとは知らなかったが彼に会った瞬間に惹き付けられた。バーン博士は忠実な仕事師だった（註1）。彼はとてもスマートで優しかった。彼は直裁だが、親切で、知的で、しばしばユーモアに満ちていた。私は毎週月曜の10時に個人セッション、金曜日の3時からグループミーティングに出るように言われた。バーンは彼の患者のほとんどを個人とグループ両方のセッションで会うようにしていた。個人セッションは精神分析的で、寝椅子に横になり自由連想をした。グループの方は対面でディスカッションをするセッションで、人間関係や人生の出来事を話し合い、こちらはより心理療法的だった。バーン博士は

　思い遣り深く言葉を慎重に選んで、しばしば健康でユーモアに富んだ新しい洞察を提供した。私は今日まで私自身の臨床のなかで、このスキルを養うことに励んでいる。

　エリック・バーンが TA を開発し、教え、TA の理論を使っている一方で、患者に精神分析の自由連想法を使っていたことを知るのは、多くの TA アナリストたちには驚きだろう。

　誰かが新しい理論を学び、新しい技法を発展させた時、必ずしも以前に学び取り入れた技法や有効な道具を捨て去るには及ばない。バーン博士は混合したアプローチを用い、それは非常に効果的であった。彼は変化に必要な患者とセラピスト双方の「成人」について話したり書いたりしているが、その一方で、彼と患者の間の陽性転移もつかっていて、最も有効な情緒的つながりを持っていた。

　バーン博士は、治療の早い時期に TA の基礎を私に教えてくれた。はじめは単純な自我状態の個人レッスンだった。私は最初の TA のレッスンの時に「私はこんな馬鹿らしい言葉を話しません」と言った。「あなたは私の言葉で話すか、さもなければ別のシュリンク（精神科医）を自分で探すことだ」というのが彼の答えだった。私は TA を学ぶことを決意した。

　バーン博士は非常に直裁になることができ、「ストレートに話す」ことに価値を置き、患者にもそうすることを励ました。

　私がバーン博士に「私は母親が嫌いです。そして私は母にそっくり」と話したとき、彼はしっかりと私を見て「OK」と言い、「で、それについてあなたは何をしたいの？」と訊ねた。これが、変化のための契約ということへの導入だった。セラピーは「変化」に関することだとバーンは考えていた。彼は心理療法の契約という概念を紹介し、治療と変化のためには明確で分かりやすい契約がセラピストと患者の間で結ばれる必要があることを強調した。

　治療の初期に、私の父親がセッションの費用を払うことを拒否したため、私たちは思わぬ障害に出会った。父はすでに一人の娘をうつで入院させていたために、私の治療費は支払うことが出来ないと言った。私は嘆き悲しんだ。次の週、私がセッションに行くと、バーン博士は「さて、貴女のお父さんは治療費を払うことを決心しましたよ」と言い、私に手紙を手渡した。「私は貴方にお嬢さんキャロルの心理療法の費用を支払うようにお願いします。彼女は今のところ入院の必要はありません」というものだった。私は呆然とした。

　まったくのところ私は入院の必要など無かった！　バーン博士は目をきらきらさせ、かすかに微笑んだが、それは勝利者の微笑だった。彼はいかに有効に角度のある交流を使って、彼の欲しい結果を得たかを誇っていた。これは倫理に適っていたか？　彼は真実を曲げたのだろうか？　彼は絶対的に真実でないことを言ってはいなかった。彼は私の支持者であり、心の中で私の幸せを願っていると感じた。エリックのこの一面は常に存在していた。知的で、賢く、巧みに策をめぐらす、これは彼の生涯を通して、初期の創造的著作から彼の専門家としての業績に至るまでに見出すことが出来た。そして彼は保護を提供してくれた。

　エリック・バーンは勿論プライバシーや守秘義務について熟知し尊重はしていたが、彼の人間愛はそれらすべてを超えていた。彼は常に基本的ルールや専門家としての境界線は尊重していたが、彼がより倫理的と考えた場合、危険を冒すことを恐れなかった。いかなる既定外のものやオーソドックスでない考えでも、その瞬間に彼が第一に考えるのは患者のために良いということだった。彼が「申し訳ない。あなたの父親が治療費を支払わないから、貴女に治療費の安い医者を紹介しよう」というような医者であったら、私のその後の全人生はまったく違って展開し、ゆえにその後40年私の患者だった人たちの人生も違っていただろう。

　エリック・バーンのセラピーグループは、決まりごとはほとんどなか

った。その少ない中の一つが「グループ外での社交禁止」だった。一度
私の個人セッションのとき、こんな会話があった。

EB「ピーターの兄弟のこと、聞いた？（ピーターは私が親密に感じていた
　　グループメンバー）」

CS「いいえ、なにがあったの？」

EB「彼は自殺したんだ」

CS「ピーターの電話教えていただける？」

EB「ほら、ここにあるよ」

　その他にも、彼の人間性が彼自身作ったセラピーグループの決まりを
超えた例は沢山ある。

　私のうつが最悪の年月のあいだ、私の体重は増え続け、102ポンドの
ダンサーの身体は150ポンドになっていった。私はそれが嫌だった。こ
の間、私は強迫的に食べ続け、止められないと感じていた。バーン博士
は抗うつ剤を処方し、私は嫌々ながらそれを暫く飲んだ。服薬は私の血
液検査を必要とし、そのための採血は今でも私が一番嫌なことであるが、
当時はもっと嫌だった。それは私にとって恐ろしい事だった。なぜなら
看護婦は私の静脈を見つけられなかったからだ。

　ある月曜日に、採血の後、私は哀れっぽくバーン博士のオフィスにす
わり、私はもうクスリを飲まない、何故なら看護婦が採血するために静
脈を探り当てるまで、8回も針を刺し試みたと告げた。「8回も針を指
したって？！」彼は怒り心頭に発して立ち上がり、電話をつかんだ。
「もしもし、ドクター・ウイリアムと話をしたい。（間）彼が診療中だろ
うと構わない！　いま彼と話をしたいんだ！」（間）そして、怒りに満
ちたわめき声で「君のところの看護婦が僕の患者に8回も針を刺したん
だ。8回だぞ！　これは承服しがたい。まったく承服しがたい。」ガチ
ャン！

　これは彼が患者をいかに保護しているかの一つの例である。そして彼

が語る「能力」そのものでもある。

　個人セッションはしばしば分析的であったが、グループのプロセスは
より相互交流的だった。バーン博士はグループでは静かで、しばしば目
を閉じて会話を聞いていた。目を閉じていることにより彼は交流の輪の
外の観察者となりえ、それゆえグループメンバー同士の交流のレベルは
深まった。彼は目を閉じて会話を聞いていることにより、声の調子のか
すかな変化、（それは自我状態の変化がもたらしたもので、同時にゲームや脚
本の要素の現われでもある）に焦点を当てることができた。彼はたびたび
自我状態や交流を指摘した。「あなたは今「子ども」の自我状態だね」
「それは貴女の「親」が、彼の「子ども」に話している」。彼はよく黒板
に脚本図式を書き、いかに誰が自分の脚本に登場しているかを私たちに
示した。エリック・バーンは彼の仕事として、現実に直面するよう人々
を援助した。彼は何ごとにも砂糖をまぶしたりはしなかった。グループ
メンバーの一人は孤児だった。彼の父親は原爆で殺された。彼が「私の
父親があちらに行ってしまった時…」バーン博士はさえぎった。「お父
さんはあちらに行ったのではない、粉々に吹き飛ばされたんだよ」これ
によってそのメンバーは過去を甘受し、それに伴う恐怖の感情も受け入
れることが出来た。

　彼自身の楽しみ、またそれは私たちの楽しみでもあったが、バーン博
士はグループの中で行われるゲームや、私たちが外でやっているゲーム
を指摘した。このレッスンは魔術師が帽子からウサギを出すかのように
感じられた。バーン博士自身はあまり話さず、注意深くそして知的に人
の話を聴いた。グループ経験は他者を熱心に観察し、いかに我々がお互
いに交流しているかを明確に理解する方法を私に教えてくれた。

　エリック・バーンは「成人」の自我状態を高く評価していた。人が反
応する時、それは「成人」にプラグを差込こむことだが、その「成人」
の場所から、問題に対してどう対処すればよいかを考え出すことを、た

びたび提案した。一度、私が「私は何処にいるかが分からない」とぼやいた時に、彼は「あなたが何処に立っているかなんて知る必要は無い、ただ自分が何をしているのかを知る必要がある」と言った。彼は私が「成人」を使い、自分が出来る限りベストな決定をし、その計画を実行することをすすめた。

　ある金曜日の午後、私たちのグループは終わった後、オフィスの外で解散前のおしゃべりをしていた。バーンは、もし患者がグループのあとで集まらない場合、そのグループの凝集性に問題があると信じていた。その日のセッションが終了し、バーンは私たちを見ながら、マセラッテイのオープンカーに乗り込んだ。私は彼に近づいて「バーン先生、私をあなたのマセラッテイにのせて！」と言った。彼は一瞬考えてから、助手席のドアを開けた。私たちは出発し、仲間が拍手する中、ゆっくりと車寄せの私道を走った。彼は自分の職業的境界を守りつつも、少女の私を受け入れ、彼が私の「自然な子ども」を尊重していることを示してくれた。

　ある週、私は特に具合が悪く、バーン博士にスケジュール以外の特別な予約をして欲しいと電話した。彼はサンフランシスコのオフィス（車でカーメルから3時間）にいた。彼は個人セッションに費やせる時間はないが、その日の午後4時にグループセッションがあるから、それに参加したらと言った。私はサンフランシスコまでドライブしていったが、道を間違えて時間に遅れてしまった。そーっと部屋に入り空いている椅子に腰を下ろした。

　一人の女性が自分の16歳になる娘のことをしゃべり続けていた。「私は娘に対してどうしたらいいか分からない、ほんとに分からない、もうどうしたらいいのか…」グループメンバーは退屈しているように見えた。バーンは目を閉じて聴いていた。「あなたのお嬢さんは妊娠しているのかしら？」私は突然割り込んだ。「はい」が答えだった。エリック・バ

ーンはしゃっきりし、彼の目は大きく見開いた。「なんでそれを知った
のだ？」と彼は大声を上げた。エリックは直感、すなわち、まだ語られ
ていなかったことを見て、聴いて、理解することに、非常に価値を置い
ていた。私はこの簡単な質問で、彼の私に対する評価の得点を二つほど
上げた。次の週にも「なんで分かったんだい？」と訊いた。このような
ストロークと承認は現在のセラピストとしての私への導きとなった。

　1970年1月のある月曜日、私のセラピーは終わった。そのときエリッ
ク・バーンは二つのお別れの贈り物をくれた。彼は私に、秋に行われる
サンフランシスコのセミナーに参加できると告げた。私はそれをものす
ごく待ち望んでいた。彼にまた会えるからだ。

　そして彼は自分の診療用ノートを1枚破り、なにやら書いて私に手渡
した。

　それには「美しくなる許可証」と書いてあった。

　私たちの最後のセッションから何週間かして、私はここ数年の間に増
えた体重を減らそうと体重コントロールのジムに行くことを決めた。私
は成功するために一生懸命頑張った。

　私が目標の20ポンド減を達成した時、私はバーン博士に電話をかけ面
接の予約をした。私は彼に会いたくてたまらなかったし、体重減に成功
したことの誇りを彼と一緒に分かち合いたかった。彼が喜んでくれるこ
とを知っていた。しかし私が約束の時間、月曜の10時に行くとオフィス
のドアは鍵がかかっていた。彼はその前日から心臓発作を起こして苦し
んでいると、秘書が告げてくれた。彼女は私に電話しようとしたそうだ。
そして私のエリック・バーンとのセラピーとトレイニングはそこで終わ
った。

　40年前のセラピーを思い出していると、ある記憶やできごとはとても
はっきりと、あるものはぼやけているのが分かる。私はエリック・バー
ンが行った仕事のエッセンスを正確に描きだそうと試みた。すなわち彼

のスタイル、思考、そして彼の心遣いである。そうしている間に、私は実際に彼が行ったより、もっと能動的、挑戦的に彼のことを表現しているかもしれない。私は3年半の寝椅子でのセラピーを強調しなかった。そこで彼が行ったことや解釈の記憶は曖昧である。カウチの上で、そしてグループで彼の提供してくれた解釈は、クスクス笑い―それは承認を表す笑い―に続く「Aha 註2」の瞬間に必ず同一線上となって導かれるのだった。確かにそれらの時間は私にとって自分の人生脚本を理解し、それを変化させ、私自身を受け入れ、他の人間を信用するための重要な学びだった。

振り返ってみると、私と彼との関係はもしかすると彼の強い逆転移によって強化されたのではと思う。彼には Ellen というお嬢さんがいた。彼女を愛していたが、育てることは出来なかった。彼は非常に彼女がいなくてさびしい思いをしていた。また Roxanne という娘の義理の父親でもあったが、彼女は15歳の時に悲劇的な事故で亡くなっている。多分それらの出来事は、彼の父性を私に注ぐことに傾け、実際に私にそれを与え、またそれは私も非常に強く求めていたものだった。

沢山の要素が卓越して素晴らしい治療者、理論家としてのエリック・バーンを作り上げた。彼は30代に自分のことをこう描写していたそうだ。「外向性エネルギー；高レベル、熱狂によって刺激された時には意気軒昂。私は覚えている限り自分が疲れたということは無い」（彼の残された書類より註3）。彼は非常に知性があり、特別に好奇心が強く反応性が高く、ユーモアを大切にする人だった。エリック・バーンは率先して枠の外に出て考え、彼の反抗的な性格は沢山の創造的な通路を作り上げた。彼は患者に対して言葉と見本を示すことで、彼ら自身であること、はっきり声に出し、彼らの直感を信じ、危険から逃げないこと奨励した。

また私たち全員に「古いショウは終わりにして、新しい出し物で巡業しよう」と勇気づけた。

註1：原文 Dr. Berne meant business　この含意を筆者に訊ねたところ、
　　　それまで治療を受けていた精神分析医がただ話を聞くだけなのと
　　　異なって、バーン博士は能動的に治療に取り組んだ、という意味
　　　だそうである。

註2：Aha　アア、アレッというような直感的な気づきを表現する言葉

註3：原文 the archives　バーンの生前からの書簡、原稿、メモなど彼
　　　の個人的な書類を保存してある資料集、この一節はバーンが求職
　　　活動をしていた際の自己について書かれたものだそうである。

訳者からのひとこと

　この論文は2010年 TAJ V40 N3-4の巻頭に載せられたものです。私
が今までにエリック・バーン博士個人について知っていることは、バー
ンの伝記 Eric Berne: Biographical Sketch［Cheney 1971］を通してでし
た。さらに2010年8月にモントリオールで行われたエリック・バーン生
誕百年を記念した大会でバーンのご家族の方たちが、バーンの子ども時
代の写真などを交えて、彼の人となり、家庭人としての一面を語られて、
そこからもたくさんの知識を得ることができました。過去にもミュリエ
ル・ジェームス博士、ジャック・デュセイ先生などからバーンのサンフ
ランシスコ社会精神医学セミナー、通称火曜セミナーにおける様子など
は伺う機会も何度かありました。けれども私の中には、バーン博士は実
際にどのような治療者だったのだろうというイメージがつかめないまま、
そこを知りたいという思いが常にありました。この論文でバーン博士の
治療者として、自身が作り上げた TA の理論、哲学をどの様に実践し
ていたのかが、頭で理解するというより心の奥にずんと響いて、感覚的
に受け取ることが出来ました。

　著者のキャロル・ソロモン女史とは以前から顔見知りでしたが、個人
的には親しくお話しする機会はありませんでした。ただ、ここ数年大会

の折にはバーン博士のご家族を紹介したり、カーメルの家のツアーをア
レンジしたりと、非常にバーン一家と親交の深い方だとは思っていまし
たが、彼女がバーン博士の最後のクライエントの一人だったことはこの
論文を読むまで知りませんでした。

　これを読んで、彼女の伝えたかったエリック・バーン博士の治療者と
しての実像が、私の知りたかったこととまさに一致して、感動しました。
直ぐに彼女にメールを出して、是非これを日本語に訳して TA の仲間
に配りたいと許可を求めました。彼女も非常に喜んで、この論文の著作
権を持つ ITAA にも繋いでくれたのです。ITAA も、出版元を明らか
に記載すること、訳したものを PDF 形式で ITAA におくること、(これ
は ITAA のホームページに載せて、私の知り合い以外の日本の ITAA メンバー
にも読める機会を提供することを意味します) を条件として許可してくれま
した。皆様にもセラピスト、治療者としてのバーンを身近に感じていた
だければ、訳者としても大いなる喜びです。

　キャロルはサンフランシスコ・ベイエリアで TA のマスターセラピ
ストの一人として30年にわたり活躍しておいでです。未だにバレリーナ
そのもののエレガントで美しい容姿で周囲を和ませ魅了する素敵な存在
です。

　2011 年 3 月 1 日記

訳者　TA 心理研究所　繁田千恵　TSTA・Ph. D・臨床心理士

協力　池田恵子　臨床心理士

Eric Berne the Therapist: One Patient's Perspective

Carol Solomon

Abstract

　The author describes elements of her past therapy with Eric Berne to provide readers with a view of what he actually did in his individual and group sessions with a real patient. Elements of contracts, permission, protection, and potency, as well as uses of ego states, games, and scripts, are illuminated. In addition, Eric Berne's emphasis on intuition, positive stroking, and the use of a positive transference are shown. Readers will gain a sense of how Eric Berne actually used his own theory in his work with his patients.

What a tremendous opportunity it was to be able to observe a great master in action. I was referred to Eric Berne as a patient in late 1966, and this turned out to be one of the luckiest events of my life. My work with him lasted from late 1966 until early 1970, from the time I was 19 to the age of 23.

In my young life, I was a ballet dancer and, consistent with the expectations of the art, forced myself down to extremely skinny proportions. When an injury put an end to that dream, I stopped dancing and gained weight steadily. As a depressed teenager, I sought therapy in New York City. At age 17, I saw a distinguished psychoanalytic psychologist from New York University for 2 years. But nothing changed. He hardly ever spoke and called me by the wrong name. When I said, "I hate my mother and I'm just like her," he responded, "Don't be silly, you are not just like your mother." I had no hope for change.

In the summer of 1966, after moving to Car-mel, I found Eric Berne. I did not know he was famous. I met him and was immediately intrigued. Dr. Berne meant business. He was an exceptionally smart man and very kind. He was confrontive, but in a gentle, intelligent, and often humorous way.

I was told that I would be meeting with him each week for one individual session, Mondays at 10AM, and one group meeting, Fridays at 3PM. Eric Berne met with most of his patients both individually and in group. The individual sessions were often psychoanalytic in nature, with patients lying on the couch and free associating. For others, the sessions were face-to-face discussions about relationships and life events as is typical of much psychotherapy. Dr. Berne was thoughtful and chose his words carefully, often delivering a new insight with a healthy dose of humor. I strive to cultivate this skill in my own practice to this day.

Many transactional analysts are surprised to learn that while Eric Berne was developing, teaching, and using transactional analysis (TA) theory, he also used the analytic process of free association with his patients. When someone is learning new theories and developing new skills, he or she does not necessarily discard the skills and effective tools that were learned and utilized before. Dr. Berne used a combined approach that was highly effective; while he wrote and spoke about using the Adult ego state in both patient and therapist to effect change, he also used the positive transference to his and the patient's best advantage and was very emotionally engaged.

Dr. Berne taught me the basics of transactional analysis early on. The first was a simple private lesson on ego states. I responded to my first lesson in TA by saying, "I am not going to talk this stupid language," and he countered by saying, "You can either start talking my lan-guage or find yourself a different shrink." I decided to learn TA. Dr. Berne could be blunt, and he valued "talking straight"; he encouraged his patients to do the same.

When I said to Dr. Berne, "I hate my mother and I'm just like her," he met me squarely. "Okay," he said, "so what do you want to do about that?" That was my introduction to making a contract for change. Therapy was about change as far as Eric Berne was concerned. He introduced the concept of psychotherapy contracts and stressed that there should be a clear and easily understood contract between patient and therapist for treatment and for change.

Eric Berne knew and valued the rules of privacy and confidentiality, but his humanity mattered above all else. While he usually honored the standard rules and boundaries of professional practice, he was not afraid to take risks if he thought that was the more ethical thing to do. Even in moments of out-of-the-box or un orthodox thinking, Eric Berne's primary concern was for the well-being of his patients. If he had been the kind of therapist who said, "I'm sorry your father won't pay for treatment, let me give you the name of a low-fee therapist," my entire life would have unfolded differently, and so would the lives of the hundreds, of patients I have worked with over the past 40 years.

While the process of individual sessions was often analytic, the process in the group was interactional. Dr. Berne was quiet in group, often listening to the conversation with closed eyes. The act of closing his eyes took him out of the interaction and allowed him to be an observer, thus increasing the level of interaction between group members. It also enabled him to focus on the subtle changes in voice that come with changes of ego states and the emergence of games and script material. Often he would point out ego states and transactions: "You are coming from your Child," he would say, or "That is your Parent talking to his Child." He frequently drew a script matrix on the board and showed us how someone was living out his or her life script. Eric Berne was in the business of helping people to see and face reality; he did not sugarcoat anything. One group mem-ber was an orphan; his father had been killed by the atom bomb. When he said, "When my father passed away..." Dr. Berne interrupted, saying, "He didn't pass away, he was blown to bits," thus helping that man come to terms with his past and his feelings about the horror of that event.

Much to his own amusement and the amusement of all, Dr. Berne often pointed out the games being played in the group or in our outside lives. These lessons felt like a magician pulling a rabbit out of a hat. Dr. Berne spoke infrequently and listened carefully and intelligently. The group experience taught us to observe others keenly and to understand clearly how we interacted with them.

Eric Berne valued highly the Adult ego state. He often suggested when people were reactive that they "plug in their Adult" and, from that place, figure out what they could do about the problem. When I once complained, "I don't know where I stand," he responded by saying, "You don't have to know where you stand, you just need to know what you are doing." The encouragement was to use my Adult ego state, make the best decision that I could make, and put a plan into action.

One week I was having a particularly bad time and called Dr. Berne to schedule an extra appointment. He was in his San Francisco office (a 3-hour drive from Carmel), and he had no individual hours open; however, he said he had a group that afternoon at 4PM and that I was welcome to attend. I drove to San Fran-cisco and was late for the group because I had gotten lost on the way. Quietly, I walked in and took the only empty chair. A woman began to drone on about her 16-year-old daughter: "I don't know what I'm going to do with my daughter…. I just don't know what to do about her." The group members looked bored. Berne sat listening with his eyes closed. "Is your daughter pregnant?" I piped up. "Yes," was the answer. Eric Berne woke up, and his eyes popped open! "How did you know that?" he exclaimed. Eric put great value on intuition and on seeing, hearing, and understanding that which was not being said. if think I rose two notches in his esteem because of that simple question. He asked me about it again the following week, "How did you know that?" It was this kind of stroking and recognition that led me to become the therapist I am today.

When I was ending therapy, on a Monday in early January 1970, Eric Berne gave me two parting gifts. He told me that I could come to the San Francisco Seminars in the fall, and I looked forward to that tremendously. I knew I would see him again. Then he pulled out his prescription pad and wrote something on it, tore off the paper, and handed it to me. It said: "License to be beautiful."

In the weeks that followed our last meeting, I decided to go to Weight Watchers to lose the weight I had gained over the past few years. I worked diligently to succeed. When I reached the milestone of having lost 20 pounds, I called Dr. Berne and made an appointment to see him. I missed him terribly and wanted to share my pride at this success. I knew he would be pleased. But when I arrived for my appointment that Monday morning at 10AM, the door was locked. His secretary told me he had suffered a heart attack the day before. She had tried to call me. And so my therapy and training with Eric Berne ended.

In reviewing a therapy that took place 40 years ago, some memories and events stand out boldly while others fade. I have tried to portray accurately the flavor of the work Eric Berne did — his style, his thinking, and his caring. In doing so, I may have made him appear to be more active and confrontive than he actually was. I have deemphasized the hours on the couch during those 3-1/2 years. My memory of what he said and what interpretations he made are dim. The interpretations that he offered, both on the couch and in group, were usually one-liners that led to an "aha" moment fol-lowed by a chuckle... a laugh of recognition. Surely those hours were crucial to my learning to understand and change my life script, to ac-cept myself, and to trust another human being.

As. I look back, I wonder if my relationship with him was strengthened by elements of his countertransference. He was the father of a daughter (Ellen) whom he loved but did not get to raise (and he missed her terribly) and also the stepfather of a stepdaughter (Roxanne) who had died tragically and accidentally at the age of 15. Perhaps these events in his life made him more inclined to offer me the "fathering" that he provided and that I so badly needed.

Many factors made Eric Berne an unusually talented therapist and theoretician. He described himself like this when he was in his thirties: "Energy output: High level, unflagging when stimulated by enthusiasm. I have never been 'tired' in my life that I can remember" (from the archives). He was highly intelligent, unusually curious and creative, and valued humor highly. Eric Berne was willing to think outside the box, and his rebellious nature allowed him to follow many creative paths.

He encouraged patients, both by word and by example, to be them-
selves, to speak up, to trust their intuition, and to take risks, and he
encouraged us all to "close down the old show and put a new show on
the road."

*Carol Solomon, Ph.D., TSTA, is a licensed psychologist who lives
and works in the San Francisco Bay Area. She works with children
and adults offering individual, couples, and family therapy and con-
sults with therapists in various fields of practice. Carol no longer
hates her mother and has grown to appreciate some of the ways she is
like her. Carol can be reached at 3610 Sacramento St., San Fran-
cis-co, CA 94118, U.S.A.; e-mail: solomon.phd@gmail.com.*

ここにもう一編の論文を是非皆様に紹介したいと思います。Dr. Solomon
と非常に対照的なもので Eric Berne の別の一面を描いています。

欠陥天才　エリック・バーンとの個人的出会い

Fanita English TAJ2010 V40 N3-4

概要
　著者は1964年、カーメル TA 研究所においてトレイニングを受けて
いたが、その前後のエリック・バーン Eric Berne との個人的な交流の
いくつかをこの論文で述べる。エリックとの間に幾つかの困難を持った
著者を支えたメンター、デイヴィッド・クーファー David Kupfer、ま
た実際に経験したバーンの３つの自我状態の遡及的分析などである。

　1963年　私はシカゴで精神分析的なトレイニングを受けたセラピスト

として働いていた。常にケースは満杯だったが、私は次第に自分の仕事に満足がいかなくなっていた。患者は結果に見合う以上のお金と時間を使っているように思われた。それでも彼らはその治療を感謝した。実際に予約表は精神分析的診療所からのリファーで一杯だった。有難いことに…。私が信頼する同僚やコンサルタントで同じような懸念を持っている人は誰もいなかった。後での学習のおかげで今になって思えば、そのころの患者のほとんどは犠牲者としてのラケット行動をしていて、私は異なった治療技法が必要だと直感的に感じ、その直感は的を得ていた。しかし当時はしばしば燃え尽き、ほとんどセラピストを廃業しようかとまで考えていた。

　ある日、同僚の一人で、しばしば私のフラストレーションの聞き役になっていた人が、サンフランシスコで見つけた本を「さ、ここに君と同じように精神分析に批判的な精神分析家がいるよ」と皮肉交じりに渡してくれた。その本は『TA in Psychotherapy』Berne 1961で、それを読みながら、"Aha！"体験をした。ついに！　私は、この卓越した理論の著者が、私をより良いセラピストになるのを助けてくれ、その過程で自分のセラピーをより心地よく感じることができると悟った。私は長距離電話をかけ、嬉しいことに彼はニューヨークに行く途中でシカゴに立ち寄り、私と4人の仲間にある午後に会うことを了承してくれた。

　バーンの死後10年目に書かれた彼の思い出を語る論文の中で、私は彼との最初の出会いは失望的だったとだけ簡単に述べている。しかし詳細には触れなかった。歴史的な興味を促進するために、今ここでそれを述べよう。

　約束の時間に私は彼のホテルの部屋をノックした。彼を伴って3人の仲間が待っている車に乗せ、4人目の仲間の家で会合を開くという目的だった。彼がドアを開けたとき私は用意していった歓迎の辞を述べた。「バーン博士、この度はお目にかかれて大変光栄…」

「はい」と彼は答え続いて「let's fuck」と言った。「何ですか？」私は聞き間違えたと思った。「let's fuck」彼は繰り返した。「バーン博士！」私はショックで叫んだ。「下で仲間が待っています」彼はポーカーフェースで「20分もあればOK」と言った。私は脅えた「子ども」の自我状態から、憤慨した「親」に移行し、「私たちは直ちに下に行かねばなりません！」ときっぱりと言った。私たちは沈黙のうちに待っている車に乗り込み、私は彼に男性のドライバーの横に座るように迫った。その午後は災難（大失敗）だった。彼はその後、誰も彼とディナーをとることを望まないという結果をもたらすような「親密な体験」を設定した。そして友人の誰もが再びTAのことに耳を傾けなかった。

　それにもかかわらず、私は数ヵ月後にDavid KupferとBob GouldingのTA101に参加した。彼らは新しい治療技法としてのTAを紹介する全国ツアーの最中だった。私のTAに対する熱狂は再燃した。実際に私は衝動的に彼らが作った新しい研究所にトレイニーとして参加することを申し込んだ。数ヵ月後、私は患者との長い別れに対する手はずを整えてから、カリフォルニアのカーメルに向っていた。到着して驚いたことには、たくさんの患者は治療グループにいるが、デヴィッドもボブもTAを紹介するために多くの都市を回ったにもかかわらず、一人の生徒も集められなかったので、私が最初でただ一人のトレイニーだった。

　これは1つの幸運をもたらした。デヴィッドは私を彼の保護の下においてくれた。私は多くの社交的な時間を彼の家で過ごした。必然的に私はまたエリックともトレイニング上の改まったものから、研究所の廊下や秘書のいる事務室での偶発的なものを含めて、たくさんの会話を交わした。後には彼と彼の当時の妻トーリーとも社交的な付き合いを日常的にクーファーの家で行っていた。

　研究所は一軒家でバーンとその秘書が別の一区域を占めていた。そのほかにクーファー、グールディング、メリー・エドワーズ（後にグール

ディング）のオフィスがあり、その他治療室が幾つか、その中の一つは
トレイニーのためのもので、当時トレイニーは私だけだったが、私はメ
リーが選んだクライエントにそこで会っていた。デヴィッドが私の本来
のスーパーヴァイザーだった。私は彼のグループを観察し、後でそれを
討議するように励まされたし、ボブとメリーのグループでも同じだった。
バーンのグループは立ち入り禁止だった。しかしデヴィッドと私は定期
的にバーンの仕事をサンフランシスコのセント・メリー病院やサンフラ
ンシスコ・セミナーで観察した。

　私たちが知り合った初めの頃、エリックは時には彼がシカゴでのよう
に挑発的であったが、あの時のようなセクシュアルな響きはなかった。
また時には議論の間もおかずに、理論や治療についてのすばらしい見解
を述べた。また切なそうに、あるいはユーモアをこめて人間の本質につ
いて語った。私はバーンを畏れ敬ったが、一方当時の私は48歳の経験を
つんだプロフェッショナルで、現代的で人生経験にも富み、個人心理療
法家になる前には自分で5年の間、情緒障害児の治療施設を運営してい
た。それゆえに、私たちが理論や治療に関して討議しているとき、私は
彼の発見を高く評価し、もっと学びたいと思うと同時に、彼の若い学生
たちを満足させる恣意的な断言を、不本意ながら黙って受け入れること
も時にはあった。時間が経つにつれて、エリックは私からのフィードバ
ック、とくに子どもたちに関してのものを求めることが増してきた。し
たがって私たちの会話の多くはお互いにとって建設的なものになってい
った。しかし、時には私にとっては対応しかねる痛烈な皮肉に戻ること
もあった。

　たとえば、私がはじめてサンフランシスコ・セミナーに出席した直後、
バーンは彼のお気に入りの4人の騎士たちと一緒に軽い夕食に私を誘っ
た。わたしは、きっと興味深い会話ができるだろうという期待で幸せだ
ったが、その代わりに、私は食事の間中、男たちのいかがわしい冗談に

晒された。バーンは戸惑っている新人を保護する手立てを講じないばかりか、彼はそのいかがわしい冗談やほのめかしの会話に参加した。私は非常に堅苦しく、引きこもろうとしたが、それでもなお、私は5人の男を前に立ち上がるに十分なフェミニストだった。当惑する代わりに強くはっきりと発言し、そのお返しに非常に不愉快になった。私の取り澄ました堅い行動が、いかに彼を分化させたか私は見ることができたが、これは図らずも、不承不承の支持をエリックから得ることになった。このエピソードは私にとって、エリックに関するたくさんのパラドックスの一つを示している。彼はとくに彼が「ダンスガール」「ダンスホールの女」と呼ぶ女性に対しては、彼の行動は非常なセクソシストであったが、彼の「成人」は性の平等を強く信じていた。後に私は、彼が「女性セラピストも男性と同様に「ポテント」有能になりえる」という彼の発言を聴いたときに非常に力を得た。

　デヴィッドの助けと私自身やバーンへの洞察がなければ、私は怒りとともに、すぐにカーメルから立ち去り私を最も変容に導いた経験をする機会も失っていただろう。この先、話を進める前に、私はここでデヴィッド　クーファーに心からの敬意を表したい。彼は私とバーンの交差交流を分析し、私が抑圧的な抵抗から自分の「Child」を開放し、より自律性を獲得することを助けてくれた。事実、デヴィッドは私の先生であると共に、導師となり、非公式のセラピストでもあった。

　デヴィッド・クーファーはナチの亡命者としてアメリカに移住する前はベルリンで心理療法家であり教授だった。彼はアメリカ陸軍に招集され、彼がエリックに出会ったカーメルの近くのフォート・オード陸軍基地に駐在していた。バーンはデヴィッドが退役したあと、TA研究所を一緒に作ろうと誘った。彼は非常に頭脳明晰であるとともに方法論者だった。彼はITAA設立やその後のTA101のような基本コースを作るときの大きな力となった。彼にとって、また多くの彼を愛するものにとっ

て、また ITAA の発展にとって、悲劇的なことに、エリックの死の直前にすい臓がんが見つかり、エリックの死後、ほどなくして亡くなった。彼は何も注目されるような論文は書いていなかった。なぜなら早い時期、彼の英語は十分に熟達していなかったし、彼の準備が整う前に死んでしまったからだ。ゆえに彼は若い世代からは忘れられている。しかし ITAA、私を含め誰でも彼と一緒に働いた人たちは、今でもたくさんの恩恵を感じ、彼に感謝している。

　バーンの多くの弟子たちは比較的年が若かったので、バーンはデヴィッドを同年代の経験を積んだ、理論を討議できる信頼できる仲間と評価し、デヴィッドはバーンにたゆまない影響を与えた。私はバーンの治療に関する幾つかの理論やアイデアは、デヴィッドに影響されたか、彼のアイデアを修正したものであったと思っている。われわれの討論の中で、しばしばバーンは冗談交じりに、人のアイデアを頂戴する傾向があることを警告した。きちんとした論文になっていない限り、誰もそれを盗作と訴えられないとも付け加えた。この幾つかはデヴィッドを指していたと思う。

　彼らが友達になったその頃、バーンは賞賛を得ようと望んで書いた The mind in Action 1947（後に A Layman's guide to Psychiatry and Psychotherapy 1958）によって精神分析の分野から叩かれていた。フロイトの概念を一般の人にも分かりやすく紹介しようとした試みを、あたかも秘密の文書を洩らしたかのように彼らは非難した。バーンのそれに続いた著書「TA in Psychotherapy」も同じような侮蔑をうけ、カリフォルニア以外では売れなかった。バーンは公にそれに返礼し、精神分析家には絶対に TA を教えてはならない、なぜなら彼らはそれを誤解し、「親」とスーパーエゴを混同するからだと一矢を報いた。彼はさらに彼の理論を聞きたいと望む人は、どのような精神分析家より優れたフロイド派であるとも公言した。

　私の目的は精神分析モデルを抜け出して、TA を学びたいのだと繰り返し主張してきたにもかかわらず、カーメルに到着してからでさえもバーンは過去に彼を辱めた分析家の拒否的で、くそまじめで、批判的な面を私に投影し続けた。時に彼は防衛的に、私が考えていること、正直な「子ども」や「成人」からの質問や提案に、彼の「反抗する子ども」や「批判的な親」から、私の言ったことが何であれ、あざ笑った。

　たとえば、何時のころかはっきりしないし、どういう理由か分からないが、エリク・エリクソンに受けていた彼の精神分析（トレイニング？）が突然中断した。その当時まだ私は何も知らずにエリクソンの発達の段階の説明は、「子ども」の自我状態の構造を考える上で価値があるという発言をしたら、さっと冷たい風が吹いた。うっかりと私は傷口に触れ、それで罰せられた。（それにもかかわらず、子どもの自我状態は、年齢の違う子どもを年代的に表し、そして成人したクライエントの「子ども」に働きかけるときに、何歳だったかを査定し、発達の結果を理解することが、今ここでのクライエントの「子ども」がどのように働いているかを知るのに役だつと、私は主張し続けている）。

　もちろん私の性格や主だった行動が、バーンの投影の刺激となっている。私の 5 歳の「子ども」はいまだにとても抑制的で、自発性が欠如していた。そして私の「批判的親」は1960年代のカリフォルニアのヒッピー的風潮、エリックがシカゴで示したような態度やカーメルでもカジュアルな出会いのときにすることに対し堅い反応を示した。予測するに、彼はお堅い行動には対決することを信奉していたのだろう。しかし私は彼の頻繁な自我状態の切り替えについていく柔軟性に欠けていた。たとえば、彼の「子ども」からのとっぴなコメントから、突然「親」に飛び移り、精神分析を思い出させるようなコメントをした。「忘れなさんな、TA はノータッチだよ！」

　私はしばしば困惑した。どちらのコメントをまともに受け取ればいい

のだろう？ 何が輝かしい直感がもたらしたものなのか、何が忘れられるべき冷酷な冗談なのか？ エリックが友好的で支持的であったときと、まったく敵対したように思えるときがあった。

彼の外見を超えて、どのように彼を描写すればいいのだろうか？ 彼は確かに天才だ。しかし彼の行動は予想がつかずめちゃめちゃだった。幸いなことに彼は私たちに自我状態の理論を教えてくれた。それに従って私は彼を次のように描写する。

「子ども」

直感的で、創造的、機知に富み、それは辛らつに近い、不愉快なほど性的。昔受けた傷がいまだに痛み、実際のまたは想像上の蔑視に対して、防衛的かつ反抗的に反応する。その代償として、誇張がある。社交の場においては盲目に等しく、適応や基本的な社会上の作法にはまったく不能である。

「親」

教師として、セラピストとして支持的で、養育的でさえある。彼の理想とした、才能あるが社会には十分に認められなかった医者である父親と、早期の苦闘していたユダヤ人、フロイド、そして生産的で勤勉な母親が混ぜ合わさっている。

「成人」

傑出し、英知に富み、複雑な主題を分かりやすく解釈する能力、そして「子ども」の創造力を効果的に使うこと、しかし時には社会的な到達点や目標をサボる誇張した「子ども」からの汚染がある。

時が経つにつれて、私はリラックスし、私の「親」を使いすぎないように変化するに従って、エリックも私に対する懐疑心を解いていった。そして、私の「子ども」はより禁忌的で傷つきやすくなくなると、私は彼のあざけりに対しても、同様の苦味の利いたコメントを返すようになった。その結果、たぶん驚いたことに、私たちは奇妙な「子ども」と

「子ども」の関係を発現させた。理論に関する討議の中で、特にわれわれが最大の関心を持っていた脚本に関しては、ときには騒々しい若造のように、否定的なストロークを情け容赦なくやりとりした。これがどういうものか、読者にお任せする。ごくまれにバーンは、「子ども」と「子ども」の交流は、そこで交換されたストロークが否定的なものでも肯定的なものでも、親密さを表していた、と述べている。

　このような一つの場面で、彼が特に挑戦的だった時、私はカーメルに来る前に「Games People Play（Berne1964）を読んでなくてよかった、もし読んでいたらここにはいなかったと」バーンに言った。実際、「強姦」「悪魔の子」と言うような見下した調子や語彙が大嫌いであったし、今も好きではない。この場合、エリックが言い返すというより彼の述べたことは胸に迫った。記憶から彼の言ったことを要約すると「人は私の他の本を読まないんだ。この本のおかげで、無料でサンフランシスコ・セミナーを開き、TA を教えることができている。他に何がある？」

　私がカーメルを去るときまでに、エリックと私は相互に尊敬の念を持つ特別な友情を築いた。それは彼の1970年の突然の死に至るまで、長距離の電話や ITAA の大会で続いた。思い返せば、エリックが投げかけたさまざまな挑戦、当時は動揺するものではあったが、それによって私は恩恵を受けた。中でも最も感謝するのは、精神分析医が 8 年間かかっても治せなかった私の「もの書き恐怖 writing phobia」を、彼独特のやり方で治してくれたことだ。私はそのプロセスを「バーン、フォビア、エピスクリプト、ラケッティアリング」（1996）で述べている。この論文（1996 TAJ）で感謝の念をバーンにささげている。

　すぐその後からは、「にせもの」と思われる感情の表現や行動に関しての私の考えを書くことに忙しかった。バーンはある患者たちが、彼らが装っている感情を捨て去るように対決しても、彼らの「成人」を使わないことに悩まされ、これらの感情を「ラケット」と名前をつけた。私

はこのラベルは、その感情を持っている人には屈辱的であることを見出し、この感情、ラケットと呼ばれる感情をあらわす患者たちは、それを手放すことができないと、彼と議論した。私は無意識レベルの理由はなんだろうと考え、ついにラケットは子ども時代に学んだ、本来持っていた恐れ、養育者から認められない、また値引きされるといったものの代わりに示す感情、態度であると悟った。これらの代理品は、非常に早期、子どもが感情を言葉で表すことを学び始めるあたりであるから、クライエントにとってそれらを破棄することは困難である。彼ら自身が言葉をもつ以前の本来の力強い感情をカバーするラケットと呼ばれるものは意識していないからだ。

　ついに私は、私のアイデアの幾つかを、議論を重ねることより、書き示すことができた。エリックがラケットと言うネーミングを換えてくれることを望みながら、1970年の学会で論文として、彼に示すことに同意した。しかしそれは起こらなかった。彼は会議直前に亡くなり、それは私がバーンに示したい論文が載っている TAJ 第１号が発行される前だった。従って、ラケットは、本来の感情がその下にある、その代わりの無意識の感情につけたラベルと定義され、TA の英語の語彙として存続している。幸いなことに、他の言語ではラケットは代理感情（Ersatz-ge-fuehle　ドイツ語）（sentiments substitus　フランス語）などに訳されている。私は、彼にラベルを変えることを説得できなかったが、私のラケットに関する仕事、後にラケッティアリング（ラケットを、ストロークを補償するためにつかう）に、エリックとの幾つかの議論が思い起こされる。私は彼が認めたであろうと信じているし、そしてエリックを非常に悩ました、知らず知らずに代理感情を操作する気の毒な患者個人に対し、より同情的になるように彼を説得できたかもしれない。

　彼のすばらしい仕事に対し、感銘し畏敬の念をも増すにつれて、私は痛みを伴って言わねばならないことは、長年の道のりを経て、エリック

の「子ども」は早い時期に見た生意気で元気のいい「子ども」とともに
悲しい、傷ついた「子ども」がいることである。残念なことに、たぶん
彼は「下に見られる」恐れの感情を克服できなかったのだろう。そして
私は彼がある種の誇張をその代償として使い、社会の常識を受け付けず、
それによって、時には彼のゴールをも破壊した。次のエピソードは初期
の出会いの付加的な一つの例である。

　エリックがカリフォルニアの外で認められるのを強く望んでいること
を知り、1966年に、まだシカゴ TA グループを続けているメンバー、
ナタリー、モリス・ハーモウイッツ、テッド・ノベイ、そして私は、バ
ーンがまだシカゴで無名であるにかかわらず、公的にも大きな存在であ
るミカエル・リース病院のシンポジウムに、討論者の一人として招かれ
るように時間とエネルギーを使った。1963年の最初の失敗のあと、今回
はバーンと TA がシカゴの専門家集団に肯定的に受け入れられるだろ
という望みがあった。その日が来た。

　バーンは病院のスタッフである有名な医師の発表を演台で聞いていた。
このときバーンはヒッピースタイルではなく、適当にフォーマルであっ
た。しかし、討論に当たっては、少なくともいくらかの賛賞かまたは最
小のお祝いの言葉を、TA を紹介する前に如才なく述べることをせず、
直ちに精神分析医の技法を TA の理論で分析し、セラピーの全体をこ
き下ろした。そして、この場で精神科医が発表した長年にわたる効果の
ない治療の代わりに私なら「2、3ヶ月で治せる」（バーンの言葉）と公
言した。

　技術的にはたぶんバーンが正しかったが、私は「おー、エリック」と
泣きながら言葉にならない声で言い、発表者とシンポジウムの出席者が
彼を睨みつけるのを見つめていた。

　「何であなたはあなた自身のストローク理論を忘れてしまったの？
あなたの虚勢のせいであんなに望んでいた、認められ、また招待される

チャンスを逃してしまったのよ」

　言うまでもなく、これでイリノイでのエリックは終わりだった。しかし幸いなことには、私たち TA 実践家の小さなグループは、暫く経ってから TA を栄えさせることができた。

　もう一つの彼の誇張の例は、それは上手にユーモアで覆われていたが、私がシカゴからフィラデルフィアに移ることを知らせたときの手紙の返事である。彼は、あなたがフィラデルフィアの太守になったことが嬉しいとあった。（バーンの個人的手紙 5 月29日1970）太守は東洋の帝国（トルコを初めとする東洋諸国）の王の代理人と言う意味で、もし私が太守であれば、バーンの意味することは、バーンがサルタンであり、ITAA がその帝国であるということだ。フィラデルフィアにおいては、当時誰も TA を聞いたことも無かったということを除いては。

　実際、TA が他のどの治療理論より優れているという、エリックの TA の関する偉大な特別視は、たとえそれが正しくても、彼に従うものでない限り、当時の他のセラピストたちを蔑視する結果となった。たとえばバーンと同じように、アルバート・エリス、アーロン・ベックは精神分析医であったが、同じ時期に精神分析的治療を拒否した。しかし彼らは多大なエネルギーを精神分析家との戦いに使う代わりに、今ここでの実際的な治療技法を精力的に開発し、他の患者の認知に働きかけるセラピストとも協力的に仕事をした。これはバーンや TA が、治療の過程においてクライエントの「成人」の積極的関与を強調することと何が違っているのだろうか？　まったくのところ、TA は沢山の付加的な面を持っているし、たぶん他の認知的セラピーより質は高いだろう。しかしだからと言って傲慢に隔絶をする十分な理由にはならない。

　結果として、いろいろな形の認知療法は、標準的心理学の本に載せられ、大学で教えられ、一般の大衆に薬や精神分析の代わりとして提供されているが、TA はほとんど言及されていない。不幸なことに、バーン

は私たちに TA の利益を与えてくれたが、彼の傲慢なスタンスも私た
ちに手渡したのだ。

　たぶんバーンは彼に対する差別から、大学の外に研究所を作ったフロ
イドと張り合う道を探していたのかもしれない。しかしフロイドは実り
ある古い時代に暮らしたし、エリスもベックもまた然りである。彼らは
彼らのアプローチを長年にわたって推進してきた。事実フロイドは彼の
理論を、はじめの「夢の解釈」1900年から、1939年の彼の死に至るまで、
39年かけて発展させてきている。彼の多くの初期の仮説はその間に徹底
的に改定されている。

　一方、バーンは未完成のうちに死んだ。彼は最初の「TA In Psycho-
therapy」1961、出版からたった 9 年で時ならぬ死に見舞われた。その
間彼がずっとあこがれ、競い合ったフロイド（精神分析への反発とは反対
に）と同様に、常に理論を進歩させていた。彼の早すぎる死の悲劇は、
彼がまだ60歳のときにおき、彼の理論を修正するにはほんの少しの時間
きり無かったということも含まれる。彼は常に理論は臨床で証明されな
い限り修正されるべきだと言っていた。ゆえに、彼の What do you say
after you say hello は沢山の固有の矛盾がある。特に脚本の定義におい
て、彼は本を書いている間にも彼の推定を新しい経験の光の元で、また
私のものを含めて沢山の多種多様な提案を受けて、問い直していった。
彼が死んだとき、修正は完成されていなかったが、本は死後に出版された。

　かくして、バーンによって始まった誇り高い孤立は、私は関与しうる
のを嫌ってはいたが、不運にも私を含め多くの後継者によって永続され
た。その結果アメリカでは TA は認知される機会を失った。これはも
しデヴィッド・クーファーがバーンより数年先まで生きていてくれたら起
こらなかったことかもしれない。しかし悲しいことにそうはならなかった。

　脚本と言う主題はまったく複雑なものだ。そして今日では、一方の極
には、脚本は本来的に有害で自己抑制的なもので、親的な人から出され

た危険なメッセージを元に作られたものである、というものから、もう一方の極では脚本は基本的には創造的な物語で、個人のより肯定的な発展をさらに進めるものだ、という見解もある。簡単に言えば、脚本は悪いもので、取り除く必要のある病理性を表している、あるいは良いもので、個人の養育され広げられるべき創造性を表している、たとえ人生の中でいくらかの見直しが求められるかもしれないが？　バーンは彼の脚本に関する見直しの機会が十分には無かったので、それらの矛盾した定義について彼を引用することが可能である。

　私自身の見解は、私の発見、1968によるところが多い。自殺や殺人という危険な人生の課題をエピスクリプトの提供者から、傷つきやすい受託者に渡すというものだ。私はこのプロセスをすでに述べているので(1996) ここでは繰り返さないが、ただこれだけは言いたい。バーンを含め他のセラピストたちが、もともと悪い危険な脚本と考えたものは、認識されなかったとしてもエピスクリプトであっただろう。エピスクリプトの悲劇的なクライマックスは 9 月11日に実行された。完全に知的で、教育を受けた若い男性たちがニューヨークの世界貿易センタービルを攻撃した。注意深く十分に準備され、彼らの命と引き換えに、オサマ・ビンラディンから手渡されたエピスクリプトに従った。

　バーンはこの恐ろしい事例を見るほどに生きていなかったが、彼は私の示した幾つかの例、彼の hello book 1972 に引用されたものを含めて、彼は十分に確信していた。1970年 5 月29日付けの彼の私にあてた最後の手紙に彼はこう書いている。「あなたのエピスクリプトは誰にでも強い印象を与えるでしょう。私は来年出版される予定の私の本に 1 章を設けます。これは私たちが気づいている以上に勢力を振るうと思います。私は臨床において多くの時間と注目をこれに費やしたいと思っています。どうぞ連絡を密にお願いします」。

　悲しいことに、彼の死は非常な実りある結果をもたらしたであろう、

多くの時間を彼が持つことを妨げた。時間があったら、私のスクリプトに関する再考を付け加えたであろうと確信している。私は彼が、グロサリーの中に「オーバースクリプト」としてエピスクリプト理論の詳細な引用を含めたことに、彼が計画した全体の章ではなくても、幸運だと思っている。

　今ここに、彼の生誕記念にあたり、彼が存在し、私たちおよび未来の世代に、私たちを鼓舞するアイデアのコレクションを残してくれたことに喜びを感じることができる。あなたの死を考えれば考えるほど、エリック、私は悲しみます。それは私にとって、私たちすべてにとって、いや世界にとって、あなたの天才的創造力、そしてあなたの大きさ、それらは、すでにあなたが与えてくれたものに、さらに多くのものを付け加えてくれました。

　私はこれらのことを嘆きます。そしてまたあなたが望んでいた幸せを成し遂げられなかった、あなたの中にいる、傷ついて防衛的な小さな少年を悼みます。

2011. 7. 19

繁田千恵　訳

Personal Encounters with a Flawed Genius: Eric Berne

Fanita English

Abstract

　The author describes some of her personal transactions with Eric Berne before and after training at the Carmel TA Institute in 1964; the role of her mentor, David Kupfer, in sustaining her after some of the difficulties she had with Berne; and her retroactive "analysis" of Berne's three ego states as she had experienced them in action.

In 1963 I was practicing as a psychoanalytically trained therapist in Chicago. I had a full caseload but was increasingly dissatisfied with my work. It seemed to me that patients were investing much more time and money than was justified by results. Yet they indicated that they appreciated the treatment; in fact, I even had a waiting list thanks to their referrals and those of the Psychoanalytic Institute. None of the colleagues and consultants to whom I turned had similar concerns. With the benefit of hindsight, I now know that far too many of my patients were racketeering as victims and that my intuition about needing a different method of practice was accurate. However, at the time I often felt "burned out" and almost ready to give up on being a therapist.

One day a colleague who had frequently heard me express my frustration handed me a book he had picked up in San Francisco saying, sarcastically: "Here's another psychoanalyst who is as critical of psychoanalytic practice as you are!" The book was Berne's (1961) *Transactional Analysis in Psychotherapy*, and reading it became an "Aha!" experience for me. At last! I saw that the theories of the extraordinary author could help me become a better therapist and, in the process, feel better about my practice. I called him long distance, and to my joy, he agreed to come to Chicago on his way to New York and meet with me and four colleagues for an afternoon.

In an article memorializing him, written 10 years after his death, I (English, 1981) indicated that the first personal encounter with Berne was disappointing. However, I did not spell out the details. In the interest of history, I want to now.

At the appointed time I knocked at his hotel room door to accompany him down to the car where three colleagues were waiting to take us to the home of the fourth, where we were to meet. As he opened the door, I started with my prepared welcome: "Dr. Berne, it is a tremendous honor to..." "Yes," he said "let's fuck." "What?" I said, sure I had heard wrong. "Let's fuck!" he repeated. "Dr. Berne!" I exclaimed in shock. "They're all waiting for us!" "Well, we can take 20 minutes," he said, with a poker face. That moved me from scared Child into indignant. Parent, and I firmly said, "We must go down right now!" We then proceeded silently to the waiting car, where I insisted that he sit next to the male driver. The afternoon was a disaster. He set up some "intimacy experiments" to the point where none of us later even wanted to have dinner with him, and none of my friends ever wanted to hear about transactional analysis again.

Nevertheless, a few months later I attended a TA 101 given by David Kupfer and Bob Goulding, who were on tour promoting "a new method oftherapeutic treatment, transactional analysis." My enthusiasm for transactional analysis was rekindled. In fact, impulsively, I signed up for training at their newly formed institute. A few months later, having made the necessary arrangements with my patients for what was to be a prolonged absence, there I was in Carmel, California. On arrival, I was surprised to discover that although they had plenty of patients in treatment groups, David and Bob had not been able to recruit any students on their introductory tour through various cities, so I was the first and only trainee.

This turned out to be an advantage, because David took me under his wing, and I spent much of my social time at the Kupfers' home. Inevitably, I also had numerous conversations with Eric, both formal ones as a part of training and incidental ones in the hallways of the institute or in the secretary's office. Later there were also social encounters with him and his then wife Torre, usually at the home of the Kupfers.

The institute consisted of a house where Berne and a secretary had a separate section. Then there were offices for Kupfer, Goulding, and Mary Edwards (later Goulding), and several group treatment rooms, including one in which trainees (only me, at that point) saw clients evaluated by Mary. David was my principal supervisor. I was encouraged to observe and later discuss his groups and those of Bob and Mary. Berne's groups were off limits; however, David and I regularly observed him work at St. Mary's Hospital in San Francisco and at the San Francisco Seminars.

In the course of our early contacts, sometimes Eric was as provocative as he had been in Chicago, though with no more overt sexual . undertones. At other times, he made some brilliant statements about theory or treatment, without pausing for discussion, or some wistful or humorous comments about human nature. I was awed by Berne's genius, but I was also a 48-year-old seasoned professional, almost a contemporary, with much life experience, including having run a treatment institution for emotionally disturbed children for 5 years before starting in private practice. Therefore, when we discussed theory or treatment, however much I admired his discoveries and wanted to learn from him, there were times when I was unwilling to accept unquestioningly some arbitrary pronouncements that might have sufficed for a younger student. As time went on, Eric became increasingly interested in feedback from me, especially with regard to children, so many conversations were constructive for both of us. However, here and there, he would revert to taunts that I was not able to deal with.

Nevertheless, had it not been for David's help and the insights about Eric and myself that I gained thanks to him, I would have left Carmel in anger soon after my arrival and would have lost out on what turned out to be the most transformative experiences of my life. Before proceeding, I want to digress and pay homage to David Kupfer. He helped me analyze the crossed transactions between Eric and me and supported me as I liberated my Child from con-stricting inhibitions and became more autonomous. In effect, David became my mentor and informal therapist in addition to being my teacher.

David Kupfer had been a therapist and professor in Berlin before coming to the United States as a refugee from Nazi Germany. He had enlisted in the U.S. army and was stationed at Fort Ord, near Carmel, where he and Eric met. Eric invited David to join in founding the TA Institute after he was discharged from the, army. David was methodical in addition to being brilliant. He became instrumental in founding the ITAA and in structuring basic courses like the TA 101. Tragically for him, for those who loved him, and for the development of transactional analysis, David was stricken with pancreatic cancer shortly before Eric's death and died soon after him. He never got around to doing any significant writing because early on he was not proficient enough in English, and he died before he was ready to do so. Consequently, he is being forgotten by the younger generation. However, the ITAA, and all those who worked with him inany way, including me, still owe him a big debt of gratitude.

David often had a steadying influence on Eric, who must have valued him as an experienced peer of the same age with whom he could discuss ideas, especially because initially, almost all of Eric's followers were considerably younger. I have no doubt but that some of Eric's theories and ideas for treatment were affected or modified by David. In discussions, Eric often jokingly offered warnings about how he tended to take over other people's ideas, adding that unless you wrote them out, you could not complain about plagiarism. I suspect some of this was directed at David.

Although I repeatedly indicated that my goal was to drop the psychoanalytic model of therapy and learn transactional analysis, even after my arrival in Carmel I felt that Berne kept projecting onto me the figure of a rejecting, supercilious, critical psychoanalyst, like those who had humiliated him in the past. Sometimes he reacted defensively to what I still think were some of my honest Child or Adult questions or suggestions, responding with his rebellious Child or critical Parent, mocking whatever I had said.

For instance, at the time I did not know that way back, his psychoanalysis (or training?) with Erik Erikson had been abruptly discontin-ued for mysterious reasons. Yet on one occasion, when I innocently referred to Erikson, suggesting that his descriptions of stages of child development were worth considering with regard to the structure of the Child ego state, I was met with a blast of cold air. Inadvertently, I had hit a sore spot and was punished for it. (Nevertheless, I still maintain that the Child ego state represents many chronological children of different ages, and that in working with the Child of a grown-up client it is important to assess what age, and consequent stage of devel-opment, the client's Child is operating with at a given moment in time.)

Of course, my own personality and initial behavior may have stimulated Eric's projections. My own 5-year-old Child was quite repressed and lacked spontaneity, and my Critical Paren't responded stiffly to the California 1960s "hippie" attitude that Eric had exhibited in Chicago and used in Carmel for casual encounters. Presumably, he believed that he thereby "confronted" stuffy behavior. However, I lacked the flexibility to follow his frequent shifts of ego states. For instance, right after having made an outrageous remark from his Child, he could jump into his Parent and come on with a sudden edict, reminiscent of psychoanalytic practice, such as, "Remember, TA is 'no touch'!"

I was often quite baffled. Which comment was I to take seriously? Was it due to a brilliant intuitive flash, or was it a heavy-handed joke to be forgotten? So we had many crossed transac-tions. There were times when Eric was friendly, even supportive, and then at other times he seemed totally antagonistic.

How to describe this man beyond his appearance? He was certainly a genius. However, his behavior was unpredictable and disorienting. Fortunately, he provided us with ego state theory, according to which I would describe him as follows:

CHILD: Creative, intuitive, and witty, verging on sarcastic. Uncomfortable sexually. Smarting from ancient wounds, therefore ready to react defensively and rebelliously to any real or imagined slight. Compensatory grandiosity. Blind to social circumstances and totally incapable of adaptation and elementary social niceties.

PARENT: Supportive, even nurturing when in role of therapist or teacher by identification with his idealized, inventive, insufficiently rec-ognized doctor-father blended into an image of the early struggling

Jewish Sigmund Freud plus Berne's hardworking, productive mother. ADULT: Outstanding, brilliant, capable of translating complex subjects into comprehensible ones and capable of very effective use of Child's creativity, though sometimes contaminated by grandiose Child who sabotaged social goals and opportunities.

As time went on, and I relaxed and reduced my tendency to overuse my Parent, Eric apparently relinquished his suspicions about me. Then, as my Child became less inhibited and less vulnerable, I began to respond to some of his taunts with comparable acerbic comments. Consequently, perhaps surprisingly, we developed a strangely satisfactory Child-Child relationship. Along with debates about theory—especially script theory, which was a subject of fascination for us both—sometimes we got to be merciless in batting negative strokes back and forth like two brats. I leave it to the reader to determine what this says about us. According to statements made by Berne on a few occa-sions, Child-Child transactions represent intimacy, regardless of whether the strokes are positive or negative.

By the time I left Carmel, Eric and I had established a special friendship with mutual respect. It continued by correspondence and long-distance telephone as well as during the ITAA conferences that followed until his unexpected death in 1970. Thinking back, I know I benefited from the many challenges Eric threw at me, however upsetting they were at times. Most of all, I am grateful for his having thus cured me, in his own inimitable way, of my writing phobia when 8 years of psychoanalysis had failed to do so. I have described the process in my article "Berne, Phobia, Episcripts, and Racketeering" (English, 1996). Thanks to him, my first article appeared in the October

1969 *Transactional Analysis Bulletin.*

Soon thereafter I got busy writing out my thoughts about behaviors or expressions of feelings that seem "phony." Berne was annoyed that certain patients did not use their Adult to drop manifestations of what he saw as "put on" feelings when he confronted them about these; he thus labeled these feelings "rackets." I found the label demeaning to those who carried them and argued with him about the fact that in most cases, the patients who exhibited these so-called "rackets" seemed unable to drop them. I wondered what might be the unconscious reasons and finally recognized that rackets are substitute feelings or attitudes learned in childhood to replace or cover up underlying feelings that were originally feared, disapproved of, or discounted by caretakers. Because such substitutions usually occurred very early, around the time when children learn to designate feelings with language, it was difficult for clients to discard them; they themselves were unaware that their so-called rackets covered over powerful genuine feelings for which they had no words.

While increasingly impressed and grateful for his remarkable achievements, I must also say, with pain, that over the course of the years, I became more and more aware of Eric's sad, wounded Child along with the perky, difficult Child I had seen early on. Regrettably, perhaps because he never overcame the fear of feeling "one down," I also got to witness how he overcompensated with a certain kind of grandiosity and imperviousness to social circumstances, whereby he sometimes sabotaged his own goals. The following episode is an additional example to the one about our first encounter.

Knowing how eager Eric was to be recognized beyond California, the few people who constituted the Chicago TA group in 1966—namely, Natalie and Morris Haimowitz, Ted Novey, and me—devoted much time and energy to arranging for Berne to be invited as a discussant at a nationally important Michael Reese hospital symposium, even though he was still unknown. The hope was that Berne and transactional analysis might be introduced to the Chicago professional community in a positive way after the failure of our meeting in 1963. The day came; Berne was on the podium to discuss a case proudly presented by a famous staff psychiatrist. This time Berne avoided coming on like a "hippie" and was appropriately formal. However, in his discussion, instead of tactfully praising at least some of the therapy or offering minimal congratulations to the therapist before introducing some TA, he proceeded with an analysis of the psychiatrist's technique, using transactional analysis to demolish the entire therapy and showing how he, Berne, could have "cured" (his word!) the patient in a few months instead of struggling with him ineffectively for years as had the presenting psychiatrist.

Technically, Berne was probably right, but "Oh, Eric," I was silently saying to myself as I cringed and watched the psychiatrist and other members of the symposium scowl at him, "how could you have forgotten your own theory of strokes? Don't you see that for the sake of bravado you are ruining all chances of being acknowledged and invited again, as you had wanted?" Needless to say, that was the end for him in Illinois, although fortunately our little group of transactional analysis practitioners managed to flourish anyway after a while.

In fact, I believe that Eric's grand views about TA's exclusive value—beyond any other system of therapy—even if accurate, led him to disdain any cooperative contacts with contemporary therapists if they were not his followers. For instance, like Berne, Albert Ellis and Aaron Beck had formerly been psychoanalysts but had rejected the psycho-analytic treatment method around the same time that Berne did. How-ever, instead of overinvesting in fighting psychoana-lysts, each one en-ergetically promoted his method of practical here-and-now treatment and cooperated with other therapists who focused on working with the "cognitive" self of patients. Was this not what Berne and transac-tional analysis also stood for with our emphasis on enlisting the Adult of our patients in the treatment process? True, transactional analy-sis has many additional aspects and may be of higher quality than other cognitive therapies, but was this a sufficient reason for arrogant isola-tion?

As a result, while various forms of cognitive therapy are listed and described in standard psychology textbooks, taught at universities, and presented to the general public as alternatives to treatment by medication or psychoanalysis, there is seldom mention of transactional analysis. Unfortunately, along with giving us the benefits of transac-tional analysis, Berne also passed on to us the consequences of his ar-rogant stance.

Perhaps Berne sought to emulate Freud, who built up psychoanalyt-ic institutes outside the university systems that had originally looked on him with disdain. However, Freud lived to a ripe old age, as did El-lis and Beck, and they all had many years to promote their approach-es. In fact, Freud had 39 years to work on his theories from the date of his first psychoanalytic publication—*Die Traumdeutung* [*The Inter-pretation of Dreams*] (1900/1925)—until his death in 1939. During those years, he radically revised many of his early hypotheses.

Berne, on the other hand, died prematurely. He only had 9 years from the publication of *Transactional Analysis in Psychotherapy* (1961) to his premature death in 1970. Like Freud, whom he continued to admire and emulate (in contrast to his rejection of psychoanalysts), Berne was constantly improving his theories. The tragedy of his early death, when he was barely 60, was thus compounded by the fact that he had so little time to revise his theories. He often said that theories must be changed if they cannot be validated clinically. Thus it is no wonder that his book *What Do You Say After You Say Hello* (Berne, 1972) contains many inherent contradictions, especially with regard to definitions of scripts. While he was writing the book, he was still questioning some of his own assumptions in light of new experience and various divergent suggestions he was receiving, including mine. He had not completed revisions when he died, and the book was published posthumously.

Then the stance of proud isolation that was started by Berne himself was, unfortunately, perpetuated for too long by many of his followers, including me, although I hate to admit it. As a result, in the United States, transactional analysis lost opportunities for recognition. This might not have happened had David Kupfer lived on for years beyond Berrie, but sadly, this was not the case.

The topic of scripts is, indeed, a complicated one, and nowadays there are definitions ranging from one extreme—that scripts are inherently harmful and self-limiting, having been created on the basis of destructive harmful messages from parental figures—to the other extreme—that scripts are essential creative nar-ratives that further the positive development of the individual. In short, are scripts "bad" and representative of pathology to be gotten rid of or "good" and representative of the person's creativity, to be nurtured and expanded, even if some aspects require revision in the course of a lifetime? Because Berne did not have a chance to clarify fully his own revised views about scripts, it is possible to quote him in support of either of these contradictory definitions.

My own views are affected by my discovery, in 1968, that it is possible for a "donor" to "episcript" a "vulnerable recipient" into taking on a harmful life task, such as murder or sui-cide. I have described this process in detail elsewhere (English, 1996) and will not repeat it here, except to say that I believe that what other therapists, including Berne, originally thought were bad or "hamartic" scripts may have actually been episcripts that were not recognized as such. A tragic demonstration of the culmination of an episcript was offered on 9/11, when perfectly intelligent, educated young men attacked the World Trade Center Towers in New York at the cost of their own lives after having carefully planned to do so because they had been episcripted by Osama bin Laden.

Berne did not live to see this terrible example, but he was convinced enough by other examples I offered him to include a reference and brief description of episcripts in his Hello book (Berne, 1972). In his last letter to me, dated May 29, 1970, he wrote: "Your episcript has certainly made a big impression on everyone, and I have a section on it in my book on scripts that will be out next year. I think it is much more pervasive than we are yet aware, and I am devoting considerable time and attention to clinical indications about it. Please do keep in touch with me."

Sadly, death prevented him from having the "considerable time," which, I am sure, would have been so fruitful. I believe that he might have added some of my revisions about scripts had he had the time. I feel fortunate that he still got around to including a detailed reference to episcript theory, renaming the process "over-script" in the glossary, although he did not get to write the full section he had planned.

Now, at the anniversary of his birth, we can rejoice that he existed and left us with a large treasure trove of ideas to inspire us as well as future generations. I feel sorrow as I contemplate the loss of you, Eric—to me, to all of us, and, yes, to the world, of what your creative genius and your generosity might still have added in addition to so much that you already gave us. I grieve about this, and also about the hurt, defensive little boy you carried around in you who, I believe, did not manage to achieve the happin6ss for which he yearned.

Fanita English, M.S.W., TSTA, is a two-time winner of the Eric Berne Award from the ITAA and the 2010 Gold Medal from the European TA Association. She has concluded 38 years of conducting workshops in Europe and now plans to offer consultation services at 1, Baldwin Ave. San Mateo, CA 94401, U.S.A.; e-mail: Fanitae@aol. com.

REFERENCES

Berne, E. (1947). *The mind in action: A layman's guide to psychiatry.* New York: Simon and Schuster.

Berne, E. (1957). *A layman's guide to psychiatry and psychoanalysis* (2nd ed.).

New York: Simon and Schuster. (Originally published 1947 as *The mind in action*)

Berne, E. (1961). *Transactional analysis in psychotherapy: A systematic individual and social psychiatry*. New York: Grove Press.

Berne, E. (1964). *Games people play: The psychology of human relationships*. New York: Grove Press.

Berne, E. (1972). *What do you say after you say hello? The psychology of human destiny*. New York: Grove Press.

English, F. (1969). Episcript and the hot potato game. *Transactional Analysis Bulletin, 8* (32), 77-82.

English, F. (1981). Letters to John McNeel, Editor, TAJ and Dr. Eric Berne. *Transactional Analysis Journal 11*, 46-49.

English, F. (1996). Berne, phobia, episcripts and racketeering. *Transactional Analysis Journal 26*, 122-131

Freud, S. (1925). *Die traumdeutung [The interpretation of dreams]*. Leipzig: Franz Deuticke. (Original work published 1900)

3．エリック・バーンの TA　信条・哲学・成り立ち

1）TA（Transactional Analysis）とは

"1つのパーソナリティ理論であり、個人が変化し成長するための系統だった心理療法の1つである"（International Transactional Analysis Association. ITAA、国際 TA 協会. 2020）これが定義として、1958年以来掲げ続けられてきました。

　1957年にアメリカグループ療法学会の西部地区会議で発表されたバーンの論文（Ego States in Psychotherapy. 1957）が、1958年のアメリカ心理療法ジャーナルに「TA：新しい有効な心理療法」というタイトルで掲載され、その時点で TA は精神科診断の治療の一つの体系として認められました。拠って TA の社会的誕生は1958年と考えられています。

（1）TA の 3 つの信条

1．私は OK、あなたは OK

人はそのままで存在する価値があり、よりよく生きる力を持っている。

2．人は誰でも考える能力を持っている

思い込みや他者に縛られず、自分で考えてよい

3．自分の人生は自分が決める。故に自分で変えたいと思えば変えることができる。

自分の生き方は自分で選んでよい

TA は 3 つの要素を包含しています。

1．人間についての哲学である。
2．個人の心理的機能、および人間関係の行動における発達理論である。
3．個人が自分の感情や行動を理解し、変化させていくのを援助するためにデザインされた有効な心理的アプローチの技法である。

これらは別個なものではなく、すべてが関連し影響し合っています。

TA の哲学　「人はみな OK」

　TA は肯定的で人道主義的な立場に立ち、数多い理論・概念を駆使し、安全で能動的に人が変化する場を積極的に提供します。

　TA の哲学は一言で言えば、人はみな OK というものです。これは個人がその行動様式に関係なく、それぞれに愛すべき存在であり、成長し自己実現に向かう欲求とエネルギーを潜在能力として持っているという意味です。その能力は,ある場合隠れているかもしれませんが、存在していることが前提ならばその部分を探し発見することが出来ます。発見すればそれに注目し、

それを育て開花させることも可能になります。

　この人間観が TA の最も基本的な信条 "I am OK and You are OK" を導きだしているのです。

　来談者中心療法でカール・ロジャース（Rogers, 1961）が提唱したカウンセラーの三条件：受容・共感・自己一致という概念と同義でしょう。

（2）TA のテーマ

　その哲学から導き出された TA 理論のテーマには以下のものがあげられます。

契約

　家庭での夫と妻、親と子供、職場での上司と部下、学校での教師と生徒、教授と学生などが、双方ともに欲求、望み、感情を持つ存在であり、どれもが重要であると認め合うことが出来、どのような人間関係においてもイコールな立場になれると TA は主張しています。さらにお互いの協調と相互関係を強めるために、TA は契約という概念を重視します。これはお互いの権利と責任を顕らかにし、双方を守るためのものです。契約のない行動は TA のアプローチと言えません。

ストローク・ゲーム・値引き

　人は OK な存在であるという考えから、存在に対する承認をストローク（存在認知の働きかけ）という概念で説明します。私たちは愛され、認められ、世話をされることで自分の中にエネルギーが湧いてくるのを感じることが出来るでしょう。すべての人が生きていく上で多くのストロークを必要としているにもかかわらず、私たちは的確な獲得方法を学んでいません。お互いに自分が価値を認めるものだけにストロークを与え、自分が好まないものには与えない、あるいは否定的なストロークをだします。この認められない部分

は気づかずに、または気づいていて、そこに注目されストロークされること
を求め、その個人の大切なエネルギーを浪費します。これを TA ではゲー
ムと呼んでいます。この認められない否定的な一部分が、他者あるいは自分
に受け入れられ適切なストロークを得られると、その部分は喜んで変化し受
け入れられたものに統合されていきます。肯定的なストロークは、いかなる
治療的アプローチより優れた関わりで個人の OK さを強め、問題解決にも寄
与することが出来ます。否定的な形で出されるストロークのあるものは値引
き（現実を過小評価する）と呼ばれ、個人の存在に対する OK さを否定し、エ
ネルギーを低下させ問題を引き起こし深刻化します。

人生脚本

　さらに TA は人生脚本という理論を掲げ、決断モデルを主張しています。
私たちは各成長段階において、自分がどう生きていこうかということに関し
たさまざまな決定を積み重ねていきます。子どもの頃に両親や周りの大人か
ら強力な影響を受けて、ある決断をします。それを幼時決断と呼びますが、
その決断に基づいて自分の人生を生きる上での筋書きを作るのです。それを
TA では脚本と呼んでいます。そして大人になった今でも、その子供時代に
自分が作りあげた脚本に知らず知らず従っているので、成人した自分との間
で葛藤が生じてきます。しかし決断したのは自分、脚本を書いたのも自分な
のですから、大人になってそれを新しい生き方に変える決断を自分自身がす
るのは、何時でも可能だという考え方です。それを再決断と言い、TA の治
療技法としてパワフルなものです。

（3）TA のスローガン
"過去と他人は変えられない、変えられるのは自分自身だけ"

　これが TA の掲げる信条です。私は私個人に対し責任があり、他者は他
者自身の責任を取る、お互いに相手の責任は相手のもの、という考え方です。

しかし一方では、私たちはお互いに強く影響し合うことも事実です。お互いにOKであるということは、それらの影響は肯定的であり、私たちの成長を促進する適切な環境を育てていくでしょう。過去に関しても、起こった事実は変えられない、変えられるのは自分が今それをどう認識するかである、と主張します。過去に経験したことを現在自分がどのように認識し受け止め、あるいは否定するかは、その個人が選択できるということです。

自律性

　TAの基本概念は、人はそれ自身で価値があり、その人の性格や人生は気づき、自発性、親密さを伴う個人の自律性を高めることで、より豊かにより強化されるという信念に基づいています。TAの基礎にある考えは、人は本来自律的な生き物として生まれ、社会の中で、さらにそれを発達させていくことができるというものです。人間は自分の過去の奴隷でいる必要はなく、自分のなりたいものになり、やりたいことが出来、感じたいように感じることができます。

　自律している人は気づきがあり、気づきがある人は、今ここで何が起こっているか知っています。自分の中にある思いこみを取り除き、聴いて、見て、嗅いで、触って、味わって、物事を真に評価しようとします。彼らは教えられた方法ではなく、自分自身ありのままの感覚で世界を知覚しようとする人たちです。

　気づきのある人は、自分の身体からのメッセージに耳を傾け、いつ自分が緊張するか、リラックスするか、自己を解放するか、あるいは閉じるかを知っています。自分の内的な世界の感覚、空想を知りそれを恥じたり怖がったりはしません。また他者の話を聴くことが出来ます。自分の心的エネルギーを表面的な質問や攻撃的な試みで使わず、代わりに他者と純粋なコンタクトを作る試みに用います。

　自律している人は、気づきばかりでなく自発性にも富み、自在であり強迫

的ではありません。彼らは多くの選択肢が見え、どれがその状況やゴールに達するために適切であるかを判断し自由に選択できます。

　自律している人は自由であるとも言えます。過去のライフスタイルの繰り返しから脱却し、新しい思考、感情、行動を探索し、常に可能な行動のレパートリーを増やしていくのです。彼らは自分の過去を受け入れますが、その運命の流れに留まるより、新たな自己決定を選択し、その自分の選択について責任をとることが出来ます。

　自律している人は、気づきと自発性と共に親密になる能力も有しています。彼らは自分の鎧を外し、より自分らしくなるのです。

　気づき、自発性、親密さを経験していない人は、彼ら自身の潜在する能力に触れることが出来ていない人ともいえるでしょう。彼らが、気づき、自発性、親密さを獲得し、自己の潜在能力を開放して変化することを、TA は援助していきます。

（4）バーンの哲学的基礎

　バーンの理論構築および実践に関し、最も影響を与えたと思われる思想には３つの流れがあることを後年の研究者は言及しています（Stewart, 1993）。

　これらは経験主義、現象学、実存主義です。

経験主義

　経験主義とはあらゆる知識の源泉は経験にあり、その検証は経験に依存するという立場をとる哲学的理論です。哲学史の上ではベーコン（Bacon, F. 1561-1626）、ロック（Locke, J 1632-1704）、ヒューム（Hume, D. 1711-76）らによって展開されました。バーンはこの哲学に共鳴し、理論を現実に結びつけること、絶えず観察で検証することを主眼としたのです。しかし TA よりやや先駆けて台頭し同時代にその地位を確固にした行動主義とはかなり異なっています。行動主義のウオルピー（Wolpe, 1958）らは抽象概念を否定し、

観察できるものだけに限定して記述はされるべきだと主張しましたが、バーンは抽象的な言葉と観察できる具体的な記述の双方を使って論理的構造を組み立てています。

現象学

　20世紀の初頭、ドイツの哲学者フッサール（Husserl, E. 1859-1938）によって提唱された哲学的立場です。19世紀末にマッハ（Mach, E.）の唱えた「現象学的物理学」に倣って、意識体系の背後にある物理的、生理的過程を一切排除して現象すなわち意識体験の場に踏みとどまって、その内的構造を記述しようとしました。すなわち、初めから自明なものも、すべて疑わしい謎に満ちたものと見なさなくてはならないと説いたのです。こうした主張は、見慣れた風景を異邦人の目によってみることで、まさにバーンの説く火星人のような観察と重なります（Berne,1961）。現象学の基本的考え方は、世界は直接的な個人の経験によって、最高の理解が得られるというものです。現象学派の人は「世界と新鮮に遭遇し、絶対的に基本的なもので、かつ我々が利用できるのは何かを直感を通じてのみ発見する」（Van. D. Smith, 1990）という姿勢をとっています。

実存主義

　存在よりも個人によって生きられた具体的な体験を強調し、概念によってのみ規定される本質より先に、人間の実存があると唱える哲学です。本質では解消され得ない主観的な個人の実存を主張したキルケゴール（Kierkegaard, S. A. 1813-55）から始まり、ドイツで現象学的分析と結びつきつつ、ハイデッカー（Heidegger, M. 1889-1976）らによって一貫した哲学説にまで組み立てられたのです。メルロ・ポンティ（Merleau-Ponty, M. 1908-1961）はフッサールの後期の現象学を継承発展させましたが、彼は「主体としての身体」という概念提示をして「意識」か「物」かという近代哲学の対立原理を根底から

超克しようとしました。彼の哲学はバーンの人間理解に大きく影響を及ぼしています。

　"実存主義は人間の普遍的本質を否定し、各個人が自己の投企を通して自由に自分自身を創り上げてゆくべきであると主張するが、各個人は自分を選択することを通し、あるべき人間像を選択し、その価値を肯定することになる。そこから自己と他者の自由をあらゆる価値に優先する社会参加が、必然的なものとして導き出される"というサルトル（Sartre, J. P. 1905-1980）の主張も、バーンの理論哲学に大きな影響を与えています。自己責任と真実であることに対する尊重は、バーンの人間観の根本的なものでありました。

　バーンはキルケゴールの著書や、ロロ・メイ（May, Rollo 1909-1994）のような実存主義的心理療法の先駆者たちの著作にも詳しく、彼らのアプローチと自分のそれを好意的に比較していたと言われています。（Berne, 1966）

（5）理論の特色

　TA はバーンの豊かな創造力からのみ生まれたのではありません。彼の考え方の多くは、それまでの学者たちの理論の明らかな展開であり、バーン自身が精神分析家を目指して受けたトレーニングは彼の理論形成に大きな影響を与えていると言えます。

観察可能な理論

　バーンの理論は精神力動的思考を基にしていますが、彼が行った一番の貢献は、現実世界での現象を直接検証できるように理論を構築し、その中心は実際に観察可能な出来事についての記述から成り立っていると主張したことです。この記述は理論の論理的枠組みに欠かせない部分であり、理論を現実世界に体系的に検証する手段を与えたのです。他の精神力動的理論の学者たちも、彼らの理論を現実世界への適用に関連づけようとしたのですが、観察を理論全体の基礎としたのはバーンが初めてでしょう。例えば、TA 理論の

最も根本的な考え方である自我状態という概念について考えてみると、この言葉と概念は、バーンが独自に発想したものではありません。自我心理学のポール・フェダーン、エドワード・ウエイス（Weiss, E.）両者の研究から採用したことを、バーンはその著作の中で感謝と共に認めています。（Berne, 1961）。

　バーンがそこに加えたのは自我状態の移動が、観察できる行動の変化と常に結びついているという指摘です。

　これはバーンの理論のほとんどがクライエントとのセラピーの中で、直接観察されたものを基盤に成り立っているからです。バーンは終始一貫して、観察の重要さを主張しています。これが他の心理療法と TA の大きな相違と言えるでしょう。

バーンが何故、観察を大切なもと主張したのか

　以下の３つの理由が考えられます（Stewart, I. 1992）

1．TA は個人心理学としてだけでなく、社会心理学としても有効であるという見地をバーンは大切にしたため、観察が重要視されました。バーンの理論は観察できる行動に焦点をあてていますが、それは行動を個人の内的経験に関連づけ、問題行動の多くは、人々の間の心理的相互作用をともなうと主張しました。TA は「個人の内的な精神エネルギーの流れと、対人行動を統合する」（Clarkson, Gilbert, 1990）働きを持ち、やりとり分析やゲーム分析で、対人関係の交流を理解し予測し、対処する方法を提供するのです。

2．観察よって TA の実践を比較的容易に模倣できるようにし、教えやすいものにしました。すべての心理療法の理論では、つねにセラピストはクライエントになにが起こっているかを気づくことが重要だと述べています。しかし、その方法は"ラポールを築く""共感的理解"と言うような一般的概念で示されているので、各人がそれについて考え、習得していかなけ

ればならなりません。また具体的スキルの教育・伝達がかなり困難であり時間がかかります。ラポールと共感は TA においても重要な概念ですが TA の実践家はクライエントを観察するときに、具体的な行動についてのたくさんの用語を活用できます。例えば、"クライエントは溜息をつき、うつむいて、頭をやや一方にかしげた。これは「子ども」の自我状態で、彼が脚本に入ったと考えられる。彼はゲームに私を誘い込もうとしているのかも知れない。私は交流を交差するために私の「成人」の自我状態から行動する"。これは、経験を積んだセラピストであるなら、一瞬の内に意識しないでこのプロセスが行われますが、初心者は一歩一歩、その理由付けをしながら進むことができるのです。TA では行動に関しても、いかに行うかを教示ことが多くあります。有能な TA セラピストとして、何をするのか、どのようにするのが効果的であるかを、他者に説明することが比較的容易であるため、実際に技法を教育しやすい利点があります。

3．観察は TA の理論を原則的に検証できるものにしています。バーンの理論は、経験的に観察により検証できる記述が多いのが特徴です。例えば自我状態の理論では、判別の方法が具体的に挙げられ、一つひとつ経験的に理解が可能です。また、多くの図式が用いられ、視覚的理解を促進しています。

2）TA 理論の成り立ち
（1）構造分析：自我状態（Ego-States）について

　自我状態は、人がある一つの主題に関して持つ一貫した感情と思考のシステムで、それは一貫した行動とワンセットになっています。より具体的に言えば、一連の行動を導き出す感情と思考の働きです。

ペンフィールドの影響

　脳神経外科医のペンフィールド（Penfield, W. 1952）は、脳の手術中に、大

脳の皮質に弱い電気ショックを与えることで、患者は自分の幼少期からの情景を活き活きと再体験した事実を発見し、脳はその個人が経験した情景のすべて整理、保存して、それがテープレコーダーのように現在でも機能している可能性があると推測しました。バーンはこの推測が正しければ、自我状態は神経学的な基礎があることになると述べていますが、検証されない仮説としてのみ発表し、神経生理学的基礎として強くは主張していません。（Berne 1961）

　しかし、その後にチャンドラー（Chandler, A. 1960）とハートマン（Hartman, M. A. 1960）がLSDの研究から、一つの自我状態は現在の状況に反応し、もう一方は非常な鮮明さで、自分の誕生の瞬間を再体験していたという自我状態を報告しています。

フェダーン、ウエイスの影響

　自我状態という概念、言葉を創ったのではなくバーンではなく、フェダーン（Federn, P. 1952）の自我心理学から借用したものです。遡ればフェダーンもバーンもフロイト（Freud, S. 1923）をはじめとする早期における精神力動の理論家たちの業績から多大な影響を受けているのです。

　フロイトの理論では ego はまったく抽象的な言葉であり、フロイトは ego を直接観察することについては何も言及していません。また ego の存在、その活動を示す観察できる具体的事柄についても述べていないのです。

　フェダーンの自我心理学では、自我状態とは人のある瞬間の精神的、肉体的経験の全体を指していると述べています。フェダーンは個人がその人生の早期に経験した自我状態を、現在においても再体験することがしばしばあるとも言っています。フロイトの ego が抽象的概念だとしたら、フェダーンの ego-state は経験できるもの、という違いがあります。しかし、フェダーンは ego-states が観察できるとは述べていません。フェダーンの弟子ウエイスは"今まで生きてきた全ての内容を伴った個人の精神的また肉体的自我が、

実際に体験している現実"（Weiss, 1950）と自我状態を説明しています。これに関連してフェダーンも"日々ごとの自我状態"という言葉で、体験の逐次性を表現しているのです（Federn, 1952）。

　ウェイスはペンフィールドが証明した脳神経学の事実を、その個人の過去の自我状態はその性格に潜在していると述べています。これは臨床的にはすでに明らかなことで、このような自我状態は特別な状況下、例えば催眠、夢、精神病などで顕在化します。彼は更に続けて"2つまたはそれ以上の自我状態は統合しようとして戦う、そして意識下に置いては一度に存在する"（Weiss, 1950）と述べています。フェダーンによれば「自我状態すべてに関して、抑制することのみを通して、外傷体験の記憶や葛藤はコントロールすることが可能になる。また早期の自我状態は、解き放たれるのを待って潜在する」（Federn, 1952）とも述べています。更に、自我状態のカセクシスについて、フェダーンはカセクシスそのものが自我状態のエネルギーとして経験されると述べています。

　ウェイスは"大人の中にある幼児的自我状態は通常カセクトされているが、何時でも解き放たれる状態にある子どもの自我状態のようなもの"（Weiss, 1950）と言っています。また一方で、彼は"精神的存在"と呼ぶ影響について言及しています。これは"他の自我状態の精神的イメージ"で時には親的なもので、個人の感情や行動に影響を及ぼすと言っています。ウェイスはこれらの状態を以下のようにまとめました。

a．子どもの自我状態の残余

b．現在の自我状態

c．個人の反応を決定する精神的なもの

　バーンはフェダーン、ウェイスの自我状態モデルに2つの修正を加えました。

　第1は、フェダーンの主張している内的に経験されるものと同時に、それは一連の行動に現れ、観察可能であると主張したのです。

　第2は、フェダーンの主張では2つであった自我状態（ego-states）にウェイスの主張に類似した第3の自我状態があることを提案しました。

　バーンのモデルではフェダーンと同様、自分自身が経験して自我状態を知ることに加えて、自我状態は具体的な一連の行動を伴って現れるため、観察可能であるという特徴があります。バーンの自我状態は内部からも経験でき、また外部からも観察によって分かるということが特徴です。

フェアベーンの影響

　バーンはフェアベーン（Fairbairn, 1952）の理論モデルにも影響されています。フェアベーンは自我に関して、対象を求める"リビドー的 Ego"、観察する"中心的 Ego"、3つ目に"反リビドー的 Ego"を挙げました。この第3の"反リビドー的 Ego"はフェアベーンの概念では批判的、抑制的機能を持ち、支配的親の機能に似ていますが、バーンは親的 Ego の機能には、養育的、保護的な働きもあるとしていています。（Clarkson, 1991）

　このように、自我状態の研究は心理学、心理療法の一つの重要なアプローチとなったのです。しかし、大半の治療者は精神分析のオーソドックスな考え、用語を使って仕事をするため、この自然主義的アプローチは充分に広がることはありませんでした。ペンフィールドとフェダーンに偉大な感謝を捧げながら、自我状態と交流の分析を発見、また再発見していきたいとバーンは初めての TA に関する著書 Transactional Analysis In Psychotherapy で述べています。（Berne, 1961）

（2）交流分析（やりとり分析）
社会精神医学

　バーンは TA を社会行動の理論として開発することに意欲的でした。彼は TA を社会精神医学とも名付けましたが、それは個人の内的心理ばかりでなく、対人関係で起こる外的心理交流にも目を向け、それを心理学、心理

療法として発展させようという意図をもっていました。彼は人々が相互に交わすコミュニケーションを、その個人が使う自我状態によって分析しました。これが交流分析プロパーといわれる理論で現在は"やりとり分析"と呼ばれているものです。人々がお互いに交流しているときに示す自我状態の移動を観察できるという考えが中心テーマで、この観察可能な典型的パターンを様々な形で示しコミュニケーションに与える影響を推論しています。

転移・逆転移

　交流分析（やりとり分析）理論は自我状態理論の延長線上にあります。自我状態理論がしっかり理解されると次の段階として、やりとり交流の理解が容易になります。しかし自我状態の理解、特にそれぞれの自我状態が持っている時間の次元が理解されないと、精神力動論での転移・逆転移の理論を無視する結果となり、交流の分析は表層的理解に留まることになるでしょう。コミュニケーション理論としては、外に現れた交流の理解に役立ちますが、心理療法として役立てるためには自我状態の成り立ちを詳しく分析した2次構造分析の理解が不可欠とされます。

（3）ゲーム理論
フロイトの影響

　フロイトは神経症者には、その生活史の中で運命的に繰り返される心的葛藤およびその解決（防衛機制）のパターンが見られることを明らかにし、"反復強迫"という用語で概念化をしています。フロイトは「自我は一般的に表現すれば、危険、不安、不快を避けるために種々の手段を用いる…自我の発達過程において、その選ばれた防衛機制は、自我の中に固着し、その性格の規則的な反応様式となって、その人の全生涯を通して幼児期の最初の困難な状況に類似した状況が再現するたびに反復される」（Freud, 1971）と述べています。個人は、その行動が苦痛や不愉快な感情を伴うことであっても、しば

しばその行動を繰り返します。バーンはフロイトの観察に基づき、自分の理論を作りました。

バーンの理論

　まず第1に、これらの反復される苦痛を伴う行動に、幾つかのパターンがあり、当事者はそれに気づかないで行動しているということです。また、これらのパターンを、バーンは罠、弱み、引っかけ、混乱などの行動を表す言葉で表現しました。ここでも彼の理論は観察可能な予測に基づいていることが分かります。これが心理ゲームの理論です。バーンの著書 Games People Play（1964）は世界的に売上数をのばし、TA はアメリカで一躍有名になったのですが、この出版に先立つ数年前にゲームの考え方を発表しています。最初に書かれたのは1958年の論文 "Transactional Analysis: A New and Effective Method of Group Therapy" の中です。バーンを最も有名にした著作 Games People Play はバーンのゲーム理論としてはまだ不完全なもので、ゲームについての彼の考え方は後期でかなり修正をされています。

　バーンはゲーム理論の構築に関して、具体的な影響をホイジンガ（Huizinga, J. 1872-1945）の研究から受けています。ホイジンガは『ホモ・ルーデンス』の中で、人間の〈遊び〉は遊び戯れると言ったものではない場合が多く、逆に非常に深刻な問題になるときもあると指摘しています（Huizinga, 1938）。さらにベイトソン（Batson, G. 1904-1980）とその共同研究者による研究も引用しています。彼らはバーンが裏面交流のモデルとした2つのレベルのコミュニケーションを研究し、分裂病の原因には親から与えられた裏面交流があると考え、これをダブルバインドと名付けました。これは〈遊び〉というメッセージの下には〈遊びなんかじゃないよ〉というメッセージがしばしば隠されていることを指摘しているのです。（Berne, 1961, Batson et al. 1956）

ゲーム理論の協力者

　TA のゲーム理論のもっとも重要な諸要素は、バーンおよびサンフランシスコ・セミナーにおける初期の同僚たちの独創的研究によるものだったと言えるでしょう。中でもスティーブ・カープマン（Karpman, S.）の研究が特に貢献度が高いのです。古代ギリシャの演劇では、役者は３つの役割からドラマを演じ、それと同様に我々は日常生活でのゲームを３つの役割、すなわち迫害者、救助者、犠牲者から演じるとカープマンは説明しています。ドラマが最高潮に達すると突然役割が切り替わり、他の役割に転じる、その役割切り替えからバーンはＧの方程式を考え出し２年後に発表しました。カープマンの提唱したゲームにおける役割の切り替えという考えは、バーンのゲーム理論に非常な貢献があったとバーンは謝意と賞賛を述べています。

（4）人生脚本：脚本分析

TA における中心理論

　TA 理論を形成する中心の理論として、自我状態の理論と同様に重要なのが脚本理論です。1958年に American Group Psychotherapy Association の学会誌に Transactional Analysis: A New and Effective Method of Group Therapy の一部として、バーンの脚本に関する論文が初めて掲載されています。「人生脚本は、転移反動とか転移状況ではなく、演劇の脚本のように、行動に分割される転移ドラマを派生的な形で繰り返す試みである。それは幼児の基本的ドラマから直感的、芸術的に生まれる。人生脚本は本来繰り返されるものであるが、完全な上演には一生を必要とする場合もあるので、必ずしも反復されるとは限らない」。(Berne, 1958)

　バーンの最後の著作、What do you say after you say hello? のなかで最後の定義が載っています。「幼児期の決断に基づく人生計画で、両親の影響によって強化され、引き続いて起こる重大な出来事によって正当化され、自分の選択によって最高潮に達し終わるもの」（Berne, 1972）。さらに人生脚本は

前意識のものであるとつけ加えています。（Berne, 1972）

精神分析の影響

　脚本に関するバーンの研究は、バーンが学んできた精神分析の考え方に由来しています。彼らは神話、伝説、ギリシャ演劇等が人間心理に及ぼした影響について多くの言及をしてきました。フロイト自身も彼の理論の多くをギリシャ神話に基づいて作っています。エディプス・コンプレックスはその代表的なものでしょう。ユング（Jung, C.）も元型とペルソナの概念、神話とおとぎ話に大いなる関心を寄せ研究していました。最も脚本分析に近い考え方をしていたのはアドラー（Adler, A.）です。バーンはアドラーの"人生目標"の考え方と、「この目標に向かって人は無意識に人生計画を導いていく、それは劇が最終場面に向かって進行していくのと同じようである」というアドラーの提案を認め引用しています。また、ジョセフ・キャンベル（Cambell, J.）の影響も強く受けています。歴史を通じて神話やおとぎ話が人間心理に与えた中心的役割についての著作"The Hiro with a thousand faces"を脚本分析のための最高のテキストと評価しています（Berne, 1972, Cambell, 1949）。

　バーンは1940年代後半にニューヨークからカリフォルニアに移住し、教育分析をエリク・エリクソン（Ericson, E. 1950）に受けています。エリクソンの「発達の8段階　人間は生まれてから死に至るまで、そのライフサイクルに従うという」理論も脚本理論に影響を与えていると、バーンは述べています。

理論への貢献

　TAの分野では、脚本理論の早期の重要な貢献はサンフランシスコ・セミナーにおけるバーンの同僚たちによって成され、特にクロード・スタイナー（Claude Steiner）は脚本のマトリックスを開発し注目されました。脚本理論においてバーンの行った最大の仕事は、脚本も観察可能であることを強調し

て述べたことでしょう。「どんな社会集団であっても個人は自分の好みのゲームに関連した交流を行おうとする。つまり自分の脚本に合ったものだ。社会的交流で重要な影響を与えるのは、個人が持っている脚本であり、脚本は早期の親との経験から作られたものであるから、この経験がその個人の現在の仕事や仲間を選ぶ際の主たる決定要因になる。脚本は精神分析理論で言われる転移の概念より一般的な表現であり、どんな社会集団にでも適用できる。これは充分にトレーニングを受けた観察者であれば誰でも、どんな場所でチェックできるもので、非常に役立つ」（Berne, 1961）と書かれています。

4．基礎理論

1）自我状態分析

（1）自我状態の構造

自我状態の定義

　関連する行動パターンを伴った、一連の思考と感情のシステムである。（Berne, 1972）

　エリック・バーンは自我状態を、一連の感情と経験に直接関連する行動のパターンを伴う、3つのカテゴリーから成り立っていると説明しています。これは個人の心の状態と、それに伴う行動を理解するためのものです。直接関連するということは、ある感情や経験をしているとき、同じ自我状態を特定する行動を起こしている、という意味です。自我状態モデルの重要なポイントは、行動と経験と感情の間に確実な関連があることを明確にできるということなのです。

自我状態の構造

　「親」Parent Ego State

　両親、または親的な役割をした人たちを、そのままコピーして取り入れた、

感情、思考、行動パターンのセットで、自分の性格の一部となっている部分です。借りものの自我状態ともいえるでしょう。

「成人」Adult Ego State

〈今、ここ〉の状況に対する自主的な反応として表現される、感情、思考、行動のセットです。両親や親的な人たちからの借り物ではなく、また自分自身の子供時代の再現でもない、現在の大人としての心の状態と言えます。

「子ども」Child Ego State

その個人の幼年時代から持っている感情、思考、行動の組み合わせです。

すべての本能、欲求、生理的感覚、知覚、感情、などが含まれています（Berne, 1961）。

Mr. Segundo のケース

バーンは Mr. Segundo のケースを自我状態理論の確立に寄与した例としてあげています。彼は有能な弁護士ですが、ギャンブル好きでバーンの治療を受けに来ていました。ある時、彼は次のような話をしました。「8歳の時、両親と休暇で牧場に行ったのです。カウボーイの服を着て本物の牧童の手伝いをしたら、その牧童のおじさんに"ありがとう！　カウボーイ君"と言われました。僕は"違うよ、僕はカウボーイじゃない、8歳のただの少年だよ"と答えたのです。私が日頃感じていることが、まさにそれです。時に私は法廷に立っているときにも、私は弁護士なんかではなく8歳の子どもだと感じるのです」と言いました。Segundo 氏は有能な弁護士で良い家族を持ち、地域社会に貢献し社交界でも有名人でした。しかし、セラピーではしばしば小さい子どものような態度を示しました。彼の中で「成人」の部分と「子ども」の部分が識別された後、彼はそのどちらにも属さない第3の自我状態を示しました。これは先の2つの自我状態と比べて自律性に欠け、どこからか借りてきたもののようだったのです。この部分にバーンは注目し「親」と命名しました。Segundo 氏は、彼の金銭の取り扱いについて3つの

異なった自我状態が関与しているのが顕らかでした。「子ども」の自我状態では、ケチで小銭を惜しみドラッグストアーでガムを万引きするなど、彼の社会的地位からは考えられない無謀な行為をしていました。「成人」の自我状態では銀行家のように堅実に計画的にお金を投資し儲けていました。しかもそのお金を彼の父親が行ったと同じように「親」の自我状態から教会に寄付し社会のために費やすことに熱心だったのです。(Berne, 1961)

仮定の脳の器官

　この Segundo 氏の状態から、バーンはもう１つの自我状態を考え、エクステロサイケ（Extero-psyche）という脳の器官を仮定し、「親」と言う名称を付けました。

　「親」の自我状態にいるときに Segundo 氏は、彼の父親の価値観や行為を取り入れて行動しています。「子ども」「成人」「親」は実際にその個人の体験であり、抽象的な概念ではないことを、バーンは強調しました。バーンは Segundo 氏をはじめとする，多くの患者との臨床経験を通して、脳の器官としてのエクステロサイケ、ネオサイケ（Neo-psyche）、アーケオサイケ（Archaeo-psyche）を想定し、これに「親」「成人」「子ども」という名称を付けました。

　現実適応が可能で論理的思考が出来る（二次過程）自我状態が「成人」で、自閉的思考と原初的恐れと期待を持つ（一次過程）自我状態が「子供」であります。(Fig. 1)

パーソナリテイの構造モデル

　"パーソナリティの構造"と言う言葉はバーン自身が作ったものです。(Berne, 1961)。このモデルの目的は構造分析でした。バーンは個人のパーソナリティを構成する無数の思考、感情、行動をモデルを作ることで理解しようとしました。この目的はより効果的な心理療法を開発することだったので

す（Berne, 1957）。モデルはセラピーの中でセラピストが受け取る大量のデーターを、ある一つの構造にあてはめることに役立ち、情報をモデルによって分類することが可能になり理解も容易になるのです。

バーンの自我状態モデル

　バーンは彼の自我状態モデルを創るに当たって、フェダーンの ego-states の考え方、即ち「生きてきた期間の内容を含む精神的、肉体的自我が実際に経験されるもの」から出発し、「人は現在の ego-state を経験するか、幼児の経験の再体験をしている ego-state を経験することが出来る」という考え方を基本にしました。バーンはここに 2 つの修正を加えたのです。

1．ego-state は内部に体験されると同時に、一連の独特な行動にも示される。それは観察可能である。

2．第 3 の ego-state を加えた。

　Segundo 氏のケースで述べたように、バーンはフェダーンの理論では十分に説明されない経験や行動が人にはあると考え，ego-state に第 3 のカテゴリーを導入したのです。それは人の経験と行動は、誰か他人の模倣であることが多いという事実で、親や親的存在の人から取り入れた第 3 の ego-state「親」を、「子供」「成人」に加えました。ワイエスがもう 1 つの ego-state について、精神的なものの存在と語っているし、フェアベーン（Fairbairn, 1952）も、対象を求める〈リビドー的 ego〉、観察する〈中心 ego〉に、〈反リビドー的 ego〉を加えました。

　この第 3 のカテゴリーは批判的、良心的で、ある程度「親」の活動に類似しています。しかし、フェアベーンもこの 3 つの ego-states の観察される行動には触れていません。

　バーンは親的行動には、フェアベーンの支配的機能だけではなく、養育的あるいは保護的機能もあると考えました。

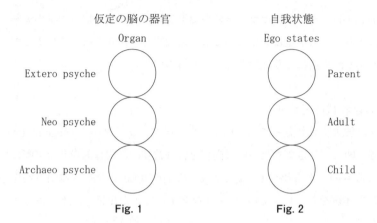

Fig. 1　　　　　　Fig. 2

バーンの口語的表現

　バーンは彼のモデルのカテゴリーを記述するのに口語的表現を好みました。

　今ここでの ego-state には「成人」、旧い初期の ego-state を「子ども」、誰からか取り入れた ego-state は「親」と言う言葉を選択しました。(Fig. 2)

（2）自我状態の機能
「親」の機能的側面

　バーンは「親」の自我状態はアクティブで、かつ影響力の大きい自我状態として個人の心の中で機能する、と言っています (Berne, 1961)。本人が親的な人のように行動すれば、「親」の自我状態が活動している事を示しているのです。親的な人が好むように行動すれば、これは「子ども」の自我状態からの行動と観察されます。「親」の自我状態は、その個人に影響を与えるものとしても機能しているのです。これは個人の内部で「親」と「子ども」の自我状態が対話をしていることで、その結果「子ども」の反応が行動に現れるという意味です。

　「親」の自我状態は2つの異なった機能が有ります。1つは「養育的な親」Nurturing Parent であり、一方は「支配的な親」Controlling Parent です。

慈しみ育てる働きと、きちんとしたルールに則って支配しようとする働きです。

　バーンは最後の著書"What Do You Say After You Say Hello?"の中では、描写的側面を表す言葉は、Nurturing Parent とか Adapted Child と頭文字に大文字を使うことを規定しています。日本語では必ず「　」をつけて自我状態を表します。

「子ども」の機能的側面

　「子ども」の反応は2つに分けられます。「適応した子ども」Adapted Child は「親」の影響を受けた早期の自我状態であり、「自然な子ども」Natural Child は「親」の影響から自由な、または自由であろうとする初期の自我状態です。また、「子ども」の自我状態に「反抗する子供」Rebellious Child を加えました。（Fig. 3）

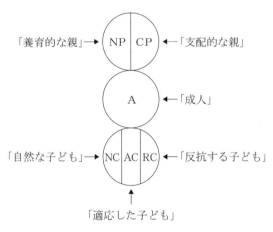

Fig. 3

「成人」の機能的側面

　「成人」の機能は、外部からと自分の「親」「子ども」から取り入れた情報を元に、今ここでの適切な反応を選択するコンピューターのような働きです。

個人的なもの

　バーンは「子ども」の自我状態の働きは、その個人が子供時代に経験した行動の再現であり、決して一般的な子どもの反応ではないと言っています。そして「親」の自我状態の働きは、その個人の親的な人々の行動の再現であり、一般の親としての行動ではないと述べています。

　自我状態を定義するときに、「子ども」と「親」は過去の反映であり、「成人」だけが現在に対する直接の反応であるということです。

エゴグラム

　バーンのサンフランシスコ・セミナーのなかで、若き同僚であった精神科医ジャック・デュセイが、個人の持つ自我状態のエネルギーを計る方法として、エゴグラムを開発しました。バーンはフロイトのエネルギー理論から派生させた自我状態のエネルギー理論を述べていますが、その計測方法までは至りませんでした。

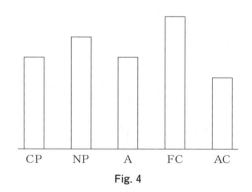

Fig. 4

デュセイは以下のような、エネルギーの恒常性仮説を唱えています。

"一つの自我状態がその強度を増したときには、他の自我状態はその分を補うために強度を減じなければならない。この精神的エネルギーの移行は、個人のエネルギーの総和が恒常性を維持するために起こる"（Dusay, 1972）。

デュセイはサンフランシスコ・セミナーにおいて、バーンを含め何人かでお互いのエゴグラムを描いたり、一人のエゴグラムを他のメンバー達が描いたりしながら、エゴグラム理論を洗練させていきました。（Fig. 4）

（3）自我状態の診断

バーンは自我状態が観察可能であることを強調し、彼の自我理論を他の理論と異なったユニークなものにしています。

彼はその観察方法について 4 つの方式を定めています。

Table. 1　判断基準表

	CP	NP	A	FC	AC
言葉	良い、悪い、べき、ねばならぬ、馬鹿らしい、いつも〜だ	元気でね、気をつけて、かわいいね、してあげる	何時、どこでどのくらい？どうして？何があったの？	ワーイ！やりたい！ほしいー！いやだあ！	できない……やってみる、ごめんなさい、どうぞ
音声	批判的、強い	優しい、暖かい	冷静、単調、明瞭	活き活きした、感情的	控えめ、心細そう、弱々しい
動作	指差し、眉をひそめる、肩をそびやかす	腕を広げる、微笑む、抱きしめる	きちんと立つ、落ち着いた、オープンな	エネルギッシュ、すばしこい、情熱的	人の陰に隠れる、うつむく
態度	判的、道徳的、きびしい	受容的、母性的、受け入れる	論理的、理性的、きちんとした	活き活きした、子どもっぽい	素直な、物静か、すねている
表情	厳しい	柔和	冷静	感情豊か	いい子ちゃん

1．行動による診断
2．社交的診断
3．生育史による診断
4．現象学的診断

行動による診断

　行動による診断は、態度、物腰、ジェスチャー、声音、話し方、表情等、を通して行われます。（Table. 1）

社交的診断

　社交的診断は個人が他者といかに交流しているかを観察することで診断します。会議の席で相手の「成人」からの反応が多ければ、おおむね本人も「成人」の自我状態にいるでしょう。もし相手が「養育的親」から反応すれば、当事者は"私ってダメなの"という「適応した子ども」か、"助けて！"という「自然な子ども」の自我状態にいることが分かります。自分の中でどの自我状態が相手からの刺激に反応しているかを感じ取ることで、相手の自我状態を判断することもできます。もし受け手が相手と一緒に楽しみたい、という気持ちになったときには相手は「自然な子ども」の自我状態にいるでしょう。もし自分が事実を元にきちんと答えようと感じれば、相手は「成人」の自我状態にいると言えます。

歴史的診断

　歴史的診断は個人の生育歴を訊いていくことで、その人の自我状態を判断することです。小さい時、親からの刺激にどのように反応したかを聴き、それと同じ反応を今ここで行っているとしたら、その人は「子ども」の自我状態にいると考えられます。もし、親的な人とそっくりな行動をしているならば、「親」の自我状態にいると言えるでしょう。

現象学的診断

　現象学的診断は今ここで、自分がどの自我状態にいるか判断することです。
これは一番正確な方法ですが、時には「適応した子ども」の自我状態が、そ
の個人の「成人」が今ここで起こっていることを知るのを妨害することがあ
ります。アンナ・フロイドが完成させた精神分析で述べられる防衛規制です。
それ故に正確でない場合も起こります。的確な診断をするためには、動作を
誇張したり、エンプティーチェアーを使ったり、エンカウンターを行ったり、
様々な技法を用いることができます。

　現象学的診断は、強く感情を再体験する行動の中で、より正確に行われま
す。その感情が高まるに連れて、同時に行動の特徴はより明らかになり、周
りの人の社交的反応も強く生じます。しばしば、このような体験の間に歴史
的診断がおこなわれ、それは行動的、社交的診断、現象学的診断の裏付けと
なるのです。

（4）各自我状態の留意点

　「親」の行動による診断は、その行動がどの特定の親的人物からのコピー
であるかを確かめる必要があります。「子ども」の自我状態を診断するとき
にも、観察された行動は、幼児期に起こった重大な出来事に対し、その人が
とった行動の再現であることが多いのです。心理療法の中では幼児期に遡り、
それが何時頃のことだったのかを調べる必要が起こる場合も多くあります。
社会的診断に関しては、他者からの刺激に対する反応から判断しますが、一
般的なのは親的行動に対する「子ども」からの反応行動、またはその逆も多
く見られます。生育史による診断は、本人が自分の過去のある時期を想起で
きる場合に可能です。そして現象学的診断は、今ここでの自分の自我状態を
経験することで、自分が判断するか、あるいは過去にさかのぼり、その当時
に経験した自我状態を、ありありと再体験するときに確認できるのです
(Berne, 1961)。

「成人」の自我状態は"今、ここで"ということですから、歴史的診断は使えません。「成人」の現象学的診断には、現在の瞬間における感情と経験を自分が診断するか、または他者に関する診断であれば、その個人からの完全な報告が必要になります。「成人」の行動的診断は当人の現在の年齢にふさわしい行動から判断します。社交的診断は多くの場合、相手の「成人」の行動に対する反応として示されます。バーンの強調している点は以下の3つです。

バーンの強調点

1. 最初の診断は行動による印象から得られる。しかし信頼性を高めるためには他の方法での確かめもまた必要である。
2. 4つの診断は、最初はこの順序で行われるが、その後は再度行きつ戻りつすることがある。
3. 最初の行動による診断を最終的に立証するのは現象学的診断である。これはバーンが経験論と現象学の考え方をどのように結合したかを示している。

（5）自我の境界
経験されている自我状態

自我状態の理論を明確にするために、個人はある時点では1つの自我状態にいるという仮定で自我状態の理論を説明してきましたが、実際には同時に2つの自我状態を経験していることもあるのです。会議の席上で、「成人」を使って話をしている最中に、ふと昨夜の妻との口論を思い出し、不安に駆られ「子ども」の自我状態になることを、自分で経験するかもしれません。しかし、観察できるのは「成人」の言葉、態度を示してその場にいる個人です。他者から観察されるその自我状態は、内部の自分の経験している自我状態とは一致していません。この状態を説明するために、バーンは遂行する自

己（executive self）と本当の自己（real self）という言葉を使って区別をしました。一つの自我状態が、その個人の行動を指示しているとき、その自我状態は"遂行する力"を持っているといいます。またその個人がその時に経験している自我状態を本当の自己（real self）と呼びます。遂行する力を持っている自我状態が、本当の自己として認識される場合が多いのですが前述の会議の場合は異なります。初めのうちは、遂行する力を持った自我状態「成人」は、そのまま自己として経験されていました。しかし途中で不安になったとき、観察されている自己は「成人」の自我状態ですが、本当に経験されているのは「子ども」の自我状態なのです。

　その後、会議が長引き家に電話をする時間が過ぎていくと、どんどん不安は増し、観察できる行動もそわそわして落ち着きのない「子ども」の自我状態になっていきます。この時点で遂行する力を持った自我状態は「成人」から「子ども」に移行し、同時に自分の内部でも「子ども」の自我状態を経験します。この不一致は比較的その個人の行動が不活発な場合分かりにくいのです。座って講演を聴いて、背筋をきちんと伸ばし思慮深く「成人」でうなずいている場合でも、内面では眠いな早く終わらないかなと考えて、「適応した子ども」の自我状態で我慢をしている可能性もあるでしょう。しかしよく観察していると不一致が見いだされることが多いのです。一見「成人」の自我状態で講義を聴いているようでも、指遊びをしたり、あくびをかみ殺したりしていることが分かります。そこでは遂行する力を持った自我状態は「成人」ですが、現象学的に経験されているのは「子ども」の自我状態であると言えでしょう。

（6）精神的エネルギーの備給（カセクシス）

　精神的エネルギーという概念を仮説化する上で、バーンはフロイトの理論に従いました（Frend, 1905）。このエネルギーは１．束縛された　２．開放された　３．自由な　という３つの形で存在すると言っています。そして開放

されたエネルギーと自由なエネルギーの総和を活動的なエネルギーと呼んでいます。バーンは 3 つのエネルギーの違いを、木の上の猿という比喩で説明しています。

　猿が木の枝に座っているとき、猿にはエネルギーが潜在しているが、それは開放されていない。すなわち束縛されたエネルギーを持っているということです。猿が木から落ちれば、そのエネルギーは開放される。これが開放されたエネルギーです。しかし猿は自分の意志で木から飛び降りてそのエネルギーを開放することもあります。これが自由なエネルギーと呼ばれるものです。

　それぞれの自我状態は境界を持っていると見なされ、そこにはある量のエネルギーが内蔵（備蓄・カセクシス）されています。そのエネルギーが使われなければ、これは束縛されたエネルギーです。この自我状態が使われるとき、そのエネルギーは開放されます。バーンは遂行する力を持つ自我状態とは、開放されたエネルギーと自由なエネルギーの総和がその時点で一番多量に存在する自我状態だと述べています。本当の自己を経験する自我状態は、その瞬間にもっとも多量の自由なエネルギーを有しているのです。

（7）自我状態の病理

　バーンは人間観察を基にして、パーソナリティと心身症的問題は自我状態の境界に、ある種の病理的症状が起こっている場合であると述べ、境界の病理に関し 4 つの主なタイプを挙げています。

「成人」の汚染

　第 1 の問題は「成人」が「子ども」または「親」またはその両方に汚染された人に起こります。彼らの今ここでの現実的思考能力は子供時代の経験と決断、あるいは親の偏見とライフスタイルによって歪曲されています。汚染は通常誰にでも起こっていることなのです。

　「親」からの汚染の場合、その人は「親」の自我状態の内容の一部を、今，ここ，での現実として経験します。もし偏見を指摘されると本人は、それは世の中で明々白々の事実だと主張し防衛します。この時本人は「親」の内容を「成人」の自我状態に同調させて経験していると言えるでしょう。「女は感情的で、弱虫」という親からの偏見を「成人」に取り入れていれば、現実では理性的で思考型の女性に出会っても、それを受け入れることは出来ず問題が発生するでしょう。それが自分の両親から受け取った「親」の思いこみであることが理解されれば、現実への対処も出来るようになります。「女性は感情的で弱い人もいれば、理性的で自分で考える人もいる」というように修正されれば、「女性はすべて優しく弱いもの」という思いこみは、「成人」の自我状態と非同調的になります。

　「子ども」からの汚染は「子ども」の思いこみが「成人」の現実吟味を曇らせているのです。「私は話すのが苦手だ、数字が苦手だ、絵が描けない、音痴である…」小さいときに親や先生から言われたことが、いまもって自分に関する思いこみになっていることが多くあります。汚染の内容がごく幼児期のものだったりすると、この思いこみはもっと奇怪な妄想にもなるでしょう。「私が側にいるだけで人は不幸になる」「私が死ねばママは私を愛してくれる」「人はみんな私を殺そうとする」などは、その人の子供時代がより危

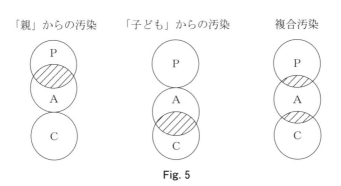

「親」からの汚染　　　「子ども」からの汚染　　　複合汚染

Fig. 5

険と悲しい経験に満ちていた場合に起こりがちな思いこみです。　最近の
TA 理論では、ほとんどの汚染は複合汚染だと考えます。「親」の「女の子
は大人しく優しい子が一番だ」というものと、「私は黙って大人しくしてい
るのが一番だ」という「子ども」の反応が組み合わされ、何事も自分の主張
をしない生き方をしている人などがその例です。(Fig. 5)

疎外・固着

　第２の問題は自我状態の境界が非常に堅い時に疎外という現象が起こるこ
とです。硬直した自我状態の境界はエネルギーを自在に行き来させるのに非
常な障害となります。堅い境界は１つまたは２つの自我状態を除外したり、
制限します。一般的なパターンの１つは、「子ども」を除外して、「親」「成
人」だけを終始使っている人です。彼らはしばしば伝統的思考に価値を置き、
自分自身を客観的、論理的であると考え、「子ども」の怒り、喜び、悲しみ、
恐怖などを除外します。これは子供時代にこうした感情表現が許されなかっ
たか、あるいは感情を表現すると、なにか取り返しのつかない悪いことが起
こると信じてきたからなのです。

　別の除外として、自分の「親」「成人」を閉め出している人もいます。こ
れはとくに自己愛的で衝動的な性格の人に多く見られます。彼らは明確な思

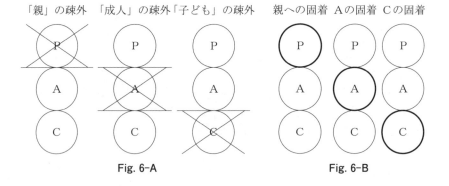

「親」の疎外　「成人」の疎外「子ども」の疎外　　親への固着 Ａの固着 Ｃの固着

Fig. 6-A　　　　　　　　　　　　　　Fig. 6-B

考や客観的な評価より自分の感情の方を重要と見なしているのです。(Fig. 6)
また、3つの自我状態の1つだけを使っている状態を固着と呼びます。

曖昧な境界 (lacks of ego-boundary)

　現実と遊離した行動をしばしばとる人に起こります。彼らの自我状態の境
界は曖昧で、きちんと分かれていないのです。その思考様式や感情の混乱、
行動の一貫性の欠如など、すべてにおいて混乱を示しています。人間は誰し
も生まれたときは自我状態の境界は曖昧です。しかし成人してもこの状態で
いる人は、「境界の欠如」と呼ばれ、しばしば入院治療が必要な状態になり
ます。バーンは「自我状態が曖昧でゆるんでいるとき、その人は全体がだら
しなく杜撰なパーソナリティという印象を人に与える」(Berne, 1961) と述べ
ています。(Fig. 7)

自我状態の外傷

　第4の問題は自我状態に傷がある場合です。傷口は過去の傷がまだ癒えて
いない状態で、個人の「子ども」あるいは「親」の自我状態にあります。こ
れがあると、もともとの傷の原因となった特定の刺激に類似した刺激に対し
敏感で、過剰な反応をします。(Fig. 8)

Fig. 7

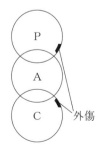

Fig. 8

（8）自我状態の発達過程：2次構造分析

　個人が1つの刺激に、さまざまな異なった反応をすることは、行動の観察から明らかです。それを説明するために、バーンは自我状態の2次構造分析という理論を作りました。これは我々の自我状態の中に何が入っているのか、その内容をさらに詳しく吟味し、必要なときに取り出せるようファイリングシステムに入れておく作業といえます。

「親」の P_3, A_3, C_3

　2次構造分析モデルでは、両親または親的役割をした人から受け取ったメッセージは P_3 にファイルされます。それが何故重要かという理由は A_3 にファイルされ、そのメッセージに伴った感情は C_3 に蓄えられます。こうしたさまざまなメッセージに関する、その個人の考えは A_2 の内容の一部となるのです。こうした親のメッセージに従う、従わないときに何が起きるかについて創り上げた空想は P_1 の一部になり、それに関する感情は C_1 に貯蔵されます。それによってこれからどうしようという決断が A_1 で行われ、そしてどのように生きていくかという自分の脚本として P_1 に貯蔵されます。
（Fig. 9）

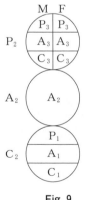

Fig. 9

P_3＝親からのメッセージ、プログラム。代々伝えられ
　　てきたものなど。

A_3＝その理由付け。

C_3＝その裏にある秘密のメッセージ。親の「子供」の
　　自我状態がここに入っている。

P_1　魔法の親　Magical Parent

A_1　小さな教授　Little Professor

C_1　赤ちゃん　Somatic Child

例：P_3＝繁田家の男は法律家になるのがきまりだ。

　　A_3＝法律家は世の中に必要だ。

　　C_3＝それに尊敬されるしね。

例：P_3＝目上の人に盆暮れの挨拶はするべきだ。

　　A_3＝それが世の中の礼儀です。

　　C_3＝そうしておけば何かの時には助けてくれる。

「子ども」の P_1 A_1 C_1

　子ども時代（6歳ごろまで）は主に「子ども」の自我状態だけが存在し、そこで日々生きる営みをしていきます。もちろん「成人」の自我状態も発達中で存在はしますが、まだ微力で現実適応能力としては助けになりません。そこで「子ども」の自我状態の中にも私たちは「親」「成人」「こども」を持っていると考え、6歳ぐらいまでは主にその子供の中の「親 P_1」「成人 A_1」「子ども C_1」を使います。

P_1　魔法の親　Magical Parent

　子どもは3歳ごろから、世の中には従わねばならない規則が在ることを、親から知らされます。しかしその理由をわかったり判断が出来ない幼児期には、自分で自分を怯えさせて、その規則に従うように自分をしむけます。このような恐ろしいメッセージが貯蔵されているのが P_1 で、大人になっても子どもの自我状態にいるとき、しばしばこのメッセージを自分で聞いて、小さい時に創り上げた脚本（プログラム）に従うのです。人生脚本は A_1 で作られ、ここに貯蔵されています。

　例：いい子でないと、ママはどっかへ行ってしまう。

　　　私が静かにしていないと、パパとママは喧嘩するだろう。

　　　一生懸命弟の世話をしたら、ママは私を弟より愛してくれるだろう。

A₁　小さな教授　Little Professor

直感、ひらめき、創造力

思考ではなく、どうしたらママに愛してもらえるのかを直感的に察する働きをします。幼時決断はここで行われ、プログラムが作られ、P_1 に脚本として、貯蔵されるのです。

C₁　赤ちゃん・生物学的子ども　Somatic Child

身体的感覚を通して社会を知覚し、それが「子ども」の中の C_1 に貯蔵されています。快、不快、その他、本能、知覚、身体に備わっている感覚すべてで、最も「子ども」そのものです。

自我状態の発達ステージ（Vann Joines, 1994）

第 1 ステージ：結合の時期（bounding stage）0 歳〜 6 ヶ月

母親と未分化です。この時期は C_1 のみ（Fig. 10）が存在します

第 3 次構造図式（Fig. 11）　C_1 の中に P_0，A_0，C_0，があると考える。

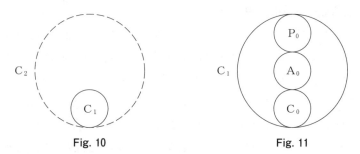

Fig. 10　　　　　　　　　　　　Fig. 11

C_0 ＝空腹、生き延びるための食べ物への欲求。

P_0 ＝泣く。（プログラムとして組み込まれている）乳首を探す。

A_0 ＝強く泣く（もし要求がすぐに叶えられなかった場合）。

　　　乳首を強く吸う（ミルクの出が悪かった場合）。

　　　空腹を感じない（いつもミルクがもらえない場合）。

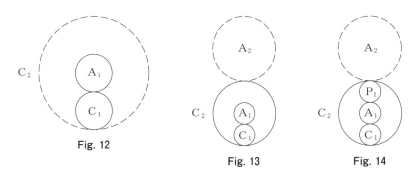

Fig. 12　Fig. 13　Fig. 14

第2ステージ（Fig. 12）：探索の時期 6 ヶ月〜18ヶ月　exploratory

A_1 が発達してきます。ここは直感・模倣・好奇心の源です。

第3ステージ（Fig. 13）：分離の時期　18ヶ月〜 3 歳　separation

母親から離れていく時期です。

A_2 が発達してきます。物の名前、数、読み書きができはじめ、思考能力が芽生えてきます。

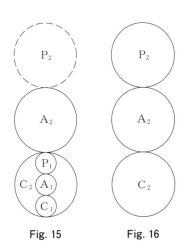

Fig. 15　Fig. 16

第4ステージ（Fig. 14）：社会化の時期 3 歳〜 6 歳　Socialization

P_1 が発達をはじめます。躾、教育が始まるため子どもは自分が嫌でも従わなければいけないルールがこの世の中にあることが分かります。しかし A_2 はまだ充分に発達していないので、きちんとした論理的理由付けは出来ません。そのため P_1 で魔法の物語、空想を作って、自分を脅かしたり、なだめたりして、従わせるのです。

第5ステージ（Fig. 15, 16）：現実検討の時期　6歳〜12歳　reality testing

　P$_2$が発達してきます。おとぎ話と現実の区別が出来、人の世話、動物の世話などがきちんと出来るようになります。大体12歳までに自我状態は一通り完成されます。

2）交流分析

社会行動理論

　バーンが交流分析理論を作った1つの目的は、「社会行動の理論」を開発することでした。彼の火曜日ごとに行った精神療法の研究会を「社会精神医学研究会」と名付けたことにも、バーンが TA をどのように発展させていこうとしているのかがうかがわれます。彼は人々が相互に交わすコミュニケーションを、それぞれの個人が使う自我状態によって分析し、交流分析理論を完成させたのです。自我状態の行動の手がかりは観察可能であることは前述しました。ゆえに私たちはコミュニケーションにおいても、その時使われている自我状態から、そのコミュニケーションの質が観察可能となるのです。

　バーンは観察された交流のパターンを分析し、それを類型化しています。交流分析理論は自我状態理論の延長線上にあるのです。自我状態の理論における時系列をきちんと理解しておけば、交流理論の中心的特徴である転移と逆転移の理論を見過ごすことはありません。

交流の定義

　言語・非言語による単一の刺激と単一の反応からなるやりとりが、社交的行動の基本単位であり、これを交流と呼びます。→は刺激と反応を意味している。それぞれに矢印はコミュニケーションを始める人の自我状態から、相手がそれを受けてくれると思う自我状態に進みます。多くの場合、1つの交流の反応は更なる交流の刺激となるのです。

交流のタイプ
相補交流

　交流のベクトルが平行で、発信者が向けた相手の自我状態から反応が返ってくる形です。その反応は発信者が用いた自我状態に向けて返ってきます。バーンはコミュニケーションの原則と言うことを述べていて、第1原則がこの相補交流です。すなわち、交流が相補である限り、コミュニケーションは延々と続く可能性がある、ということです。(Fig. 17)

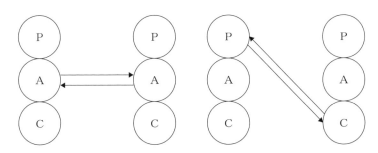

Fig. 17　相補交流

交差交流

　刺激と反応のベクトルが交差しているものを指します。または刺激が向けられた自我状態以外の自我状態から反応している状態も然りです。コミュニケーションの第2原則によれば、やりとりが交差した際には、結果としてコミュニケーションが中断し、それを再開するためには両者が自我状態を移行させる必要があるということです。(Fig. 18)

交差交流タイプ　その1

　相手の「成人」からの刺激を「子ども」の自我状態から反応し交流しています。あたかも自分がまだ子どもであったときに行ったと同じ反応を示し、相手を自分の親的役割をとった1人であるか、過去に関係のあった誰かであるように見ている可能性があります。これは心理療法での典型的転移反応で

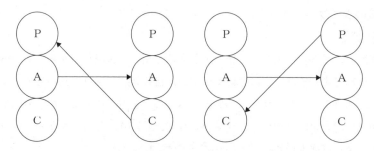

Fig. 18　交差交流

あると、バーンは指摘しています。

　さらに、このタイプの交流は、社会生活、職業生活、家庭生活に困難を与える元になるとも言っています。

交差交流タイプ　その2

　相手が「成人」から発した刺激を、自分の「親」から相手の「子ども」に向けて反応します。これは相手をあたかも子どもであるかのように見なした現象で、バーンはこれを、セラピーにおける逆転移反応の一般的なものと述べています。

交差交流タイプ　その3

　「子ども」から「親」に向けた刺激を、「成人」で反応するタイプです。典型的なものは、クライエントは「親」からの同情や庇護を得る代わりに、「成人」から適切な情報を得るという現象です。

　これはセラピーの場面ではクライエントにとって腹の立つ現象なのです。クライエントの転移刺激に対し、セラピストが逆転移ではない反応で対決するとき、この現象は起こります。

　バーンは転移・逆転移に触れていないのですが、相補交流にも転移・逆転移が含まれる可能性は大です。コミュニケーションで「成人」対「成人」以

外のものは、すべて転移・逆転移が関係してくると考えられます。

裏面交流

　2つの刺激が同時に発信されます。1つは社交的な表面上のメッセージであり、1つは心理的メッセージで隠されています。ほとんどの場合社交的メッセージは「成人」から「成人」であり、心理的メッセージは「親」から「子ども」あるいは「子ども」から「親」である場合が多いのです。

　人が表立った交流と心理的交流の二つのレベルでコミュニケートしている場合、実際に起こる行動は常に心理的メッセージに反応した結果ということが言えるでしょう。従って行動を理解する必要があれば、コミュニケーションの心理的レベルに注意を払うことが必要です。逆説的に言えば、行動を観察することによって、秘密のメッセージが理解できると言うことでもあるのです。（Fig. 19）

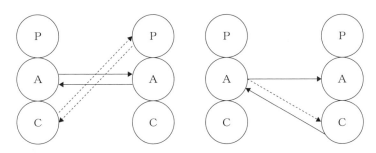

Fig. 19　裏面交流

その他の特別な交流

カロムス

　ビリヤードで最初別の球に当てて、次に連続して別の球に当てることをCaromsといいます。これと同様な交流で直接相手に刺激を出すのではなく、もう一人第3者を通じて反応の欲しい相手に刺激を送る交流です。（Fig. 20）

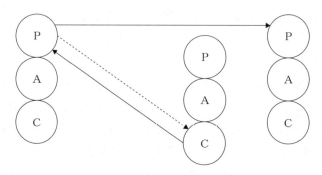

Fig. 20

ガロス

　絞首台の交流は、自分あるいは他者・状況に対する値引きを含んだ不適切な笑い伴った交流です。ガロスは絞首台のことで、そこで死刑囚が追いつめられた最後の笑いを示すことから、困難な状況に置いて笑いに逃げることを指摘しているのです。この笑いは他者を絞首台の交流に誘い込み、自分の脚本を正当化する材料にしようとする試みです。他者が誘われて笑うと、それは自分の OK でない行動への奨励となるのです。

　　例：昨夜は飲み過ぎで、あわや交通事故を起こすとこでしたよ、ハハハ。
　　　　うちの子どもは、もう 3 日も家に帰ってきません。いったいどこをう
　　　　ろついているのやら、ホホホ。

ブルアイ

　きちんとした「成人」からの刺激が、相手のすべての自我状態に影響を与えるように効果的に為される交流をブルアイと言います。（Fig. 21）

交流と転移

　転移・逆転移は伝統的心理療法ではセラピーの中で、セラピストとクライエントの間でのみ起こる現象と考えられています。しかし、より広い意味で

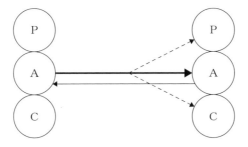

Fig. 21

使われていることも多く、クラークソン（Clarkson, 1991）によれば、最も一般的な解釈は次の通りです。「転移とは、過去の経験に基づく既知のものから、現在の類似しているものにその特質を写しだして作る現象である。感情、知覚、反応が今ここで体験しているものより、過去の経験に基づいて作り出される時は、常にこの現象が起きていると考えられる」。バーンも、クラークソンと同様にこの言葉を広い意味で考えていたと思われます。例えば、前意識で作られた脚本について、人生計画は転移ドラマだと述べています。バーンは交流分析の理論が転移・逆転移をどのように分析するかを詳しく述べています。（Berne, 1966）

3）ストローク：欲求理論（飢餓理論）

　人間は 3 つの餓え（hunger）を持っているとバーンは TA 理論の起源の中で述べています（Berne, 1961）。それらは以下の 3 つの飢餓です。

刺激への餓え（stimulus hunger）

承認への飢え（recognition hunger—social hunger）

構造化への餓え（structure hunger）

　この考えに従って、ストローク、ディスカウント、時間の構造化、人生の基本的立場の理論を作りました。

ストロークの定義

存在認知の1単位

ストロークの種類

肯定的で無条件

愛してるよ、貴女は私を蘇らせてくれた、一緒にいて幸せ

（抱きしめる、背中をさする、微笑む）

肯定的で条件付き

今日の貴女はとても美しい、私の話を聴いてくれてありがとう、お手伝いありがとう（微笑む、うなずく、拍手）

否定的で条件付き

貴女の声が聞き取れないわ、その色の洋服は似合わないよ

私が話しているときに遮らないで（眉をひそめる、口を曲げる、膨れ面）

否定的で無条件

大嫌い！　あっちへ行って！　貴女を生まなければ良かった

（暴力、虐待、大声で怒鳴る、無視）

外的なストローク

挨拶、友達が貴女を見かけて微笑む、握手や抱擁、自分の好きな香水を恋人がつけてくる、貴女のために好きな料理を作ってくれる

内的なストローク

自然、昔の思い出、新しいアイデアや空想、その他の自己刺激

内的なストロークは、緊張の緩和、嫌な状況をさける、できあがっている平衡を保つ、等の効果がある。

ストロークフィルター

人生脚本を作っていくプロセスで、A_1「小さな教授」はストロークフィルターを作ります。フィルターは各個人それぞれで、彼らの脚本を強化する

ストロークは歓迎され、反するものは排除されます。フィルターのプロセスは、個人の性癖、学習パターン、興味、価値観に影響されています。そのストロークが準拠枠に叶うものであれば、それは与えられるままの価値で受け取られます。もしストロークの一部分だけがぴったりしていたら、ストロークフィルターはそれを拒否するか、準拠枠に合うように修正するでしょう。時にはストロークは脚本に合うように大きく歪曲されることもあります。ある人のフィルターは非常に狭く、少しの物しか通さないのです。多くの人がネガテイブなものを通し、また他の人は条件付きのポジテイブなものを通します。多くの人は、自分の準拠枠が賛成しない情報やストロークを通しにくいフィルターを持っています。また、ある人たちは浸透性のよいフィルターを持ち、彼らが望めば準拠枠や脚本を変えることになる情報やストロークを得ています。

　それぞれの交流はストロークフィルターを通り、そこでストロークは受け入れられるか、修正されるか、拒否されるかです。我々は他者からのストロークを欲しているにも関わらず、それを額面通りには受け取らないのです。多くの人にとって、この内的なストロークフィルターが、外から送られたストロークの実際の価値に影響を与えているのです。

ストロークの力

　ストロークが肯定的であれば100の刺激の力があると考えますが、否定的であれば多分それは1000にまで上がるでしょう。私たちは怒りを、大声や、力任せに拳で叩くことで表現しますが、愛に関してはそんなに力強く表現をしません。ある人は不幸なことに、それを表現しようともしないのです。私たちは生き延びるための本能によって、身体はポジティブなものよりネガティブな刺激により迅速に反応します。あたえられたストロークの言葉は意味が同じでも、それが如何に、誰から、言われたかで異なってきます。より強烈に言われたものは、冷静に言われた言葉より強いインパクトを持つし、自

分が重要と感じている人からのものは、もっとも影響が強いのです。統合も大きな意味を持っています。例えば、重要な許可は言葉と態度が一致した形から出されなければならなりません。言葉を変えて言えば、すべての自我状態がそのストロークに賛成していることが必要です。

　例：得点　　　　　ポジティブストローク

　　　＋1　　"お早う"習慣的にいう

　　　＋10　　"お早う　太郎君"顔を見て言う

　　　＋50　　"よくやったね！"にっこり微笑んで言う

　　　＋100　　"愛しているよ"笑顔と、柔らかく触れる。

　　　　　　　　　ネガティブストローク

　　　－1　　"お早う"　無関心な声の調子

　　　－10　　"貴女が今やったこと、気に入らないわ"しかめ顔

　　　－50　　"まあ、ひどい！　今後しないでよ"声を荒くして言う

　　　－100　　"あっちへ行って！"拒絶的動作、表情をともなう

　　　－200　　"あんたはお父さんと同じなんだから"叩く

　　　－1000　　"おまえなんか死んでしまえ"感情にまかせて殴る。

4）値引き（ディスカウント）共生関係

　人が誰かに依存し共生関係を作り、それを保持しようとする場合は何時でも、何らかの外的、内的体験を無視するか、ねじ曲げます。これを"値引き"と言います。値引きは個人の経験を操作し歪曲して、その人が固執している自分自身、他者、社会に対する自分の知覚を維持し、その人の人生脚本を押し進めるエネルギーを作り出します。

定義

　自分あるいは他者の思考、感情、行動を軽視したり、無視すること。問題解決に関する情報を気づかずに無視するともいえます。

値引きのタイプとレベル

3つのタイプ

　刺激・問題・代替案

4つのレベル

　レベル1. 問題の存在

　　　　　赤ん坊が泣いているのを、無視する。

　レベル2. 問題の重要性

　　　　　赤ん坊は泣くのが仕事だ、大したことはない。

　レベル3. 変化の可能性

　　　　　いつものことで、変わる可能性はない。

　レベル4. 個人の能力

　　　　　経験者なら、なんとか出来るかも知れないけど、私は出来ない。

値引きの原型

　赤ん坊が泣いても、彼の欲求が満たされないとき、もっと大声でなく。彼は値引きされたことで健康でない幼児決断をするかも知れません。もし、彼が毎回感情をエスカレートさせたあと、欲求が満たされるとしたら、常に大騒ぎをしようと決める可能性があります。大騒ぎをしても欲求が満たされない状況が続けば、ついには感じないと決めて自分の感覚を値引きし、受け身の状態になるかも知れません。または充分なフラストレーションを堪え忍んだ後だけに、欲求は満たされるものと決めるかも知れないのです。どちらのケースも、彼の直接的欲求に対して病理的反応を持つことを学ぶ可能性が高いのです。このように幼児は毎日の生活を始める時から、彼の「自然な子ども」の欲求、願望を値引きすることを決めるのです。

　これらの幼児決断のセットがその人の人生脚本の土台となります。子供の愛されたいという欲求に対し、優しい愛情深い反応が与えられないとき、そのかわりに否定的な無関心や罰を受け入れるように決めるかも知れません。

より、過激なケースでは、空腹という欲求が満たされない場合、胃袋の収縮を感じなくしてしまう。自分の欲求が満たされない不快感を感じる代わりに、ひきこもりや身体をゆらすなどの、混乱した「適応した子供」の自我状態を示すことも起こります。

誇張

　値引きに必ず伴うものが誇張です。状況の１つの特徴を値引きするためには、別な特徴が不釣り合いなほど拡大されることが必要です。「私は小さい子供みたいに無力だ」と言う場合、相手の力を、自分が小さいときの父親のように過大に誇張しているのです。「貴女の言うとおりにします」と言うのは「相手が絶対的に正しい」と過大に評価している場合も考えられます。

受動行動

　値引きは、以下の４つの受動的行動からも判断できます。

　行動１．何もしない

　　　　問題解決にエネルギーを使う代わりに、行動をストップするためにエネルギーを使う。自分の問題解決能力を値引きしているのです。

　行動２．過剰適応

　　　　自分の欲求に従って行動する能力を値引きし、他人が望んでいると、自分が信じた代替案に従って行動します。

　行動３．挑発・いらいら

　　　　自分のエネルギーを問題解決に直接向けず、イライラ行動に向けます。

　　　　爪噛み、喫煙、髪をさわる、強迫的飲食などの習慣行動は、多くの場合イライラ行動です。

　行動４．無能力・暴力

問題を解決する代わりに、自分の能力を値引きし、自分を無能にすること、または相手に攻撃的になり暴力を振るう。

ストローク　対　値引き

マイナスのストロークは値引きを含むことも多くあります。しかし、ストレートで否定的なストロークは値引きと区別される必要があります。ストロークが現実を歪めたり、軽んじたりした形で出されれば、それ値引きを伴っています。ストレートで否定的なストロークは現実に基づいているもので値引きを含まず、今後の建設的行動の基に使える情報も含まれています。値引きは現実を歪めているので、そのような情報を含んでいる可能性はありません。

例

否定的・条件付きストローク：この単語のスペル間違っているね。
値引き：あなたは単語のスペルさえ正確に書けないのね。

否定的・条件付き：あなたがそうすると、私は嫌な気分になる。
値引き：あなたはそうやって私の気分を悪くさせるのね。

否定的・無条件：あなたが嫌い。
値引き：あなたは嫌な人ね。

共生関係

共生関係は 2 人又はそれ以上の人が、あたかも 1 人の人間のように行動するときに起こります。自分の 3 つの自我状態を充分に使わず、なにかを値引きすることによって 2 人で 1 人前という関係が生じるのです。

定義：2 人またはそれ以上の個人の間で、その人たちがまるで 1 人の人間のように振る舞う時に起こる関係を指す（Shiff, 1971）。（Fig. 22）

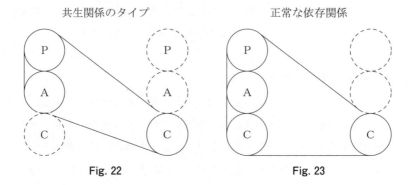

共生関係のタイプ　　　　　　　正常な依存関係

Fig. 22　　　　　　　　　　　Fig. 23

正常な依存関係

　正常な依存関係は親と子供の間で起こる（勿論他の養育者の場合もあるが）もので、初期は非常に強いものですが、子供の成長によって徐々に分離し自律を目指します。正常な依存関係は、子供が大人として自分の面倒を見られるように成長するまで、その子の発達に対応して続けられる必要があります。

　正常な依存関係の幼児は、自分の「子供」の自我状態を値引きしないで、泣き、助けを頼み、笑い、他者と遊びます。最初の数ヶ月は「親」「成人」の自我状態はないから、値引きにも当たりません。健康な家族の中では、乳児に最初のA_1「成人」が現れたとき、それは値引きされず、むしろその好奇心は奨励されるでしょう。各自我状態の発達段階において、それぞれがきちんと対応されることが、その子の正常な発達を促進するのです。(Fig. 23)

母親の自我状態

　正常な依存関係では、育児において母親のどの自我状態も値引きされる必要はありません。

　　「親」：子育てのテープ。

　　「成人」：問題解決の情報と知識。

　「子ども」：一番必要なもの。愛、喜び、思いやりを示すものなど、子ども

の健康な成長のための、ストローク源であり、モデルともなる。

母親へのストローク

　子供からのストロークが母親の「子供」に充填され、それが子供への愛情というエネルギーになるのです。子供を育てる過程で、特に乳幼児の時期は非常に多くのストロークの交換が行われます。母親が自分の「子ども」の自我状態を値引きすると、恨みがましく、怒りっぽくなります。このような状況では、母親は自分の怒りを否定的メッセージにこめて、母親の「子ども」の自我状態から禁止令として幼児に伝えるでしょう。

　理想的な育児をするには、両親がまず彼ら自身の面倒を見て、彼らの必要とするストロークを、赤ん坊以外から求められる方法を確保しておくことです。こうすれば少なくとも、子供を重荷に感じることは減少するでしょう。

　しばしば母親は、自分の「子供」の自我状態を値引きして「養育的親」から、赤ん坊の面倒を見ようとします。健康状態が良く、ストロークの貯金も充分に溜まっていたら、暫くはそれでやっていけるのですが、早晩、疲れた母親の「子供」が無視されていることに反抗するでしょう。これは決して、親の欲求が子供のそれに勝る、ということではないのですが、そのような状況は子供の病理に繋がる怖れは多いのです。

　正常な依存関係では、親自身の値引きが無く、後になって、それにより子供が操作される苦しみや自己犠牲の伴わない形で、子供の欲求がきちんと聞き入れられます。母親が周囲から、必要なだけストロークをもらい、正確に情報を持っていれば、正常な依存は子供にとって害はなく、後に災いするような共生関係に陥らないで、子供は各発達段階の課題を達成して成長していくのです。

共生関係の起源

　共生関係とは、TAでは各人が自分のどれかの自我状態を値引きしていて、

病理性があるとものと考えます。共生関係の基は、母親が自分の「子ども」の欲求を満たすことに失敗した結果として生じます。この結果、彼女は自分自身の満たされなかった欲求を子供に投影し、今度は子供の欲求に過剰に責任をとります。子供が成長していっても母親の行動は続き、子供が自分自身で面倒を見ることや、そのためにきちんと考えることを許可しません。当然の結果として、子供は自分の「親」「成人」を使って効果的に考えることが出来なくなります。成人しても直接に自分の欲求を満たす行動をせずに、誰かに頼って自分の欲求を満たそうとするのです。

　もう一方で子供が本来は母親のやる役割を取るケースがあります。例えば、子供にとって母親が非常に要求がましく、覆い被さるようで、うんざりしてしまう存在に感じられたら、親に呑み込まれないようにするために、「子供」の自我状態を除外し「親」と「成人」に留まることを決めたかも知れません。これはアルコール依存症の親を持った場合などに多い、アダルトチルドレンにあたります。

　または母親が、育児に疲れるか病弱だったりした場合、子供に対する適切な世話が出来なくなります。すると子供は自分の欲求を無視し、母親の世話をしようと“小さな親”になります。子供は救助者の役を行うことを学び、自分の欲求はさておいて、生涯、人の世話をするようになるでしょう。

　この母娘のような2つのタイプが出会った場合、彼らは無意識のうちに共生関係に入り込みやすいのです。

5）時間の構造化
構造への渇望　structure hunger

　私たちは、みな退屈を避けるために、自分の時間を構造化したい、時間割を創ってそれに従いたいとと望んでいます。刺激への欲求は、ストロークが交換される状況を作ることが求められるため、構造化の欲求は刺激欲求の延長線上にあると考えられます。時間の構造化のやり方は、それぞれの個人が

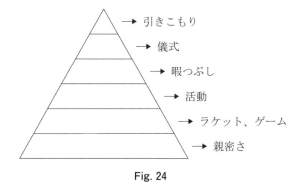

Fig. 24

　自分について、また他者について、どのように感じているか、また自分の欲するストロークと与えるストロークの種類、その他、学習してきた行動パターンなどで決まります。

　時間の構造化には6つの方法があり、我々は常に少なくとも1つまたはそれ以上の構造に関与しています。6つの構造は、それぞれに役に立つ面と、立たない面を持っていますが、それらは一番情動的に危険を冒さないものから、危険度の高いものへ段階的に説明されます。(Fig. 24)

引きこもり　Withdrawal

　ひとりで居るとき、または他者と居るときでも心理的に他者を排除して一人になることがあります。白昼夢。ファンタジー。瞑想。一番感情的にリスクをとらない安全な方法です。自分へのストロークはありますが、他者とのストロークの交換はありません。ファンタジーのチェックがないと現実から遊離する危険もあります。多くのクライエントは、自分の脚本を補強するため、かなりの時間をここで使います。

儀式　Rituals

　決められた作法で、予測されたストロークを交換する方法です。モノトー

ン。多くの人は、大部分の時間を儀式で他者と交流します。お互いに深く知り合うことはありませんが、礼儀正しい立派な人と思われるためには効果的です。いくらかのクライエントは、ここでの形式的なやりとりからストロークを貰っています。また、これを値引きしてストロークを貰わないクライエントもいることは事実です。

暇つぶし　Passtimes

　一つの目標を達成しようとするのではなく、単に何かについて話をしている時は、暇つぶしです。暇つぶしは儀式に似た会話で、人々が意見や、思考、感情を比較的害のない話題について交換し合います。儀式は会話そのものまでが決められているが、暇つぶしは、会話のガイドラインがあり、それに従って自分が科白を作っていきます。スポーツ、天候、ファッション、情報、環境など一般的な話題に終始するのです。然し問題解決ではなくストロークの交換に留まる。これの出来ない人は、それ以上の人間関係に入るのが難しくなります。人は親しくなる前には、当たり障りのない会話で、その人物を見極めることが習性になっています。しかし、病理性が強い場合（例えば人格障害など）ここを飛ばして、一足飛びに深い人間関係に進もうとして失敗します。

活動　Activities

　エネルギーが、目標達成、課題、アイデアなど外に向かったときは、活動というカテゴリーです。ストロークは結果に直接与えられることが多く、ある人にとっては、褒められることが主要なストローク源になっています。活動は、他の時間の構造化を包含する場合が多くあります。同僚と課題を達成するため引きこもって黙々と研究し、決まり切ったプロセスを行い、そこでゲームやラケットを体験し、最後にやり遂げたときは抱き合って成功を喜び合う親密さを経験します。多数の人が“一生懸命働け”という「親」のメッ

セージに従って、人生の長時間を活動に使っています。多くの人は活動を、生き、楽しみ、存在する時間に変えることを選べるのです。ある人はゴールを達成した時に褒めてくれる「親」をもたず、反対に「やり遂げるな」というメッセージを貰っているのかもしれません。しかし彼らは自分でゴールを設定し、課題をやり、成し遂げたことに対して自分や他者からストロークを貰うことを学ぶこともできるのです。

ラケット、ゲーム　Rackets, Games

　心理ゲームは予期された結果を導く、一連の裏面交流を伴った相補交流です。ラケットは個人の中で起こる心理的なプロセスか、または個人が自分のNot OKの立場を正当化するために行う相補交流である場合もあります。これらの時間の構造化は、その個人の性格に深く根ざし、密度の濃いストローク交換を生み出すことが出来るのです。これは彼らのOKではない立場を補強するものなので、これに対してはストロークしないことが大切なのです。セラピーのプロセスでクライエントのラケット、ゲームを見いだし、それにどのように対決するかがセラピーの鍵でしょう。これに関しては、後でゲーム・ラケットの項で詳述します。

親密さ　Intimacy

　親密さは非常にリスクが大きいのですが、もっとも報われることも多い時間の構造化です。親密さはオープンで正直な信頼関係の中で、感情、考え、経験を分かち合うことです。そこには隠された動機や搾取なしに、率直で自発的なストローク交換があります。親密さは最大のストロークを生み出しますが、私たちはそれを予想できず、危険を犯すものとして避けようとします。自分も他者もOKと信じている人は、Not OKと信じている人より、オープンで親密になることにリスクを賭けます。多くのクライエントたちは、より多くの親密さを求めていますが、これは容易ではありません。親密さを得る

ためには、特別な行動を示唆されます。例えばアイコンタクト、「私、貴女」という主語を使う、感情の分かち合いをする、「今、ここ」に留まる・・などでしょう。クライエントが親密さを経験するためには、それ以前に彼が持っている個人的な恐れを排除し、「自然な子供」の感情を充分に味わえるためのワークをする必要があるでしょう。

6）人生の基本的立場

　私たちは 8 歳ぐらいまでに、自分と周りの人間関係を通して、自分や他人の価値について、強い信念を持つようになるとバーンは述べています。自分自身については、私は OK である、OK でない、を決め、他人についても、あなたは OK である、あるいは、あなたは OK でない、という信念を持つのです。これらの信念はその個人の中で、終生変わらずにあるようだとバーンは書いています。（Berne, 1972）

　それぞれの信念は "私とあなた" と言う主語と、OK とか OK でないと言う述語を含んでいます。その組み合わせは以下の 4 つになり、それをバーンは人生における基本的立場とし、どれか 1 つの立場を個人は幼児期に選択する、と述べています。「すべてのゲーム、脚本は、これら 4 つの立場の 1 つに基づいている」とバーンは述べています。（Berne, 1966）

1．定義

　個人が持っている、自分と他人に対する基本的な確信で、それはその個人のさまざまな行動と決断を正当化するために使われる。

2．人生の立場の起源

　バーンは "早期の経験に基づいた決断を正当化するために、早期の子供時代（3 歳〜 7 歳）に採用される" と考えました。別の言い方をすれば早期の決断が先にあり、その決断を正当化するために、人生の立場が創られるとバ

ーンは言っています。(Berne, 1972)

　クロード・スタイナーは、これに対しもっと早い乳児期における最初の数ヶ月にこの立場は作られると考えました。(Steiner, 1974) "私は OK、あなたは OK" と言う立場は授乳している母親と、されている乳児の間の心地よい快適な依存関係を反映している、というのが定説です。スタイナーはこの立場をエリク・エリクソンの基本的信頼の立場と同じものとしています。スタイナーはすべての子どもが、出生時には私は OK、あなたは OK という立場から人生を出発すると考えました。そして、何らかの理由で、母子間にある相互依存関係が中断されたときに、他の立場に移行すると考えたのです。しかし、ある乳児は誕生そのものが脅威として認識するかもしれません(Rank, 1924)。こうした不快さに対し、私は OK でない、または、あなたはOK でないと反応する可能性が考えられます。スタイナーも「人生の立場」は、脚本の決断を正当化すると示唆していますが、時系列でいうとバーンと異なり、まず「人生の基本的立場」があり、その見地の上に自分の脚本を構成するという考えです。

3．対象関係論との関連

　バーンは対象関係論を創ったメラニー・クライン（Klein, M. 1982-1960）から "立場" という言葉と、その考え方を借用しました。クラインは乳児の発達段階で2つの心的立場があることを見いだし、「妄想―分裂」position、「抑うつ」position と命名しました（Klein, 1949）。この立場に加え、バーンは乳児独自の「私は OK、あなたは OK」という健康な position を加えました。た。　クラインは早期の発達のプロセスに注目しましたが、バーンは4つの異なった立場から行動する、成人にみられる人生のパターンに注目したのです。(Berne, 1972)。その点で、バーンの理論はその強調するところがクラインの理論と異なっています。

4．4つの立場　Berne 1961

　幼児は幼いときの経験から、自分の人生における基本的立場を決めます。

　第1の立場　私は OK、あなたは OK

　第2の立場　私は OK でない、あなたは OK

　第3の立場　私は OK、あなたは OK でない

　第4の立場　私は OK でない、あなたは OK でない

第1の立場：私は OK、あなたは OK

　この健康な立場は、「人生の早期の経験によって獲得するか、またはその後の非常な努力によって学び得られるものであり、自分の意志による行動だけでは得られない、本質的に建設的で、実存的に有効な唯一の立場である」とバーンは述べています。(Berne, 1966)

　この立場から行動している人はゲームを演じる強迫感を持ちません。幼児の基本的欲求が満たされている限り、第1の立場をとる（遺伝的または胎児期での異常から例外はあるが）と考えられます。この立場の人は勝者の脚本を作ります。人生の様々な局面で健康的、楽天的に振る舞い、他者との関係もうまくいきます。しかし、幼児の欲求が値引きをされたり、おろそかにされたりすると、第2、3、4の立場に移行するのです。

第2の立場：私は OK でない、あなたは OK

　抑うつ的立場 (Klein, 1947) と言われ、我々の社会ではもっとも一般的な立場でもあります。子供のころ自分の欲求が満たされないと、自分の過ちと決めて私は劣っている、醜い、不適切だと思うのです。抑うつ、罪悪感、恐れ、不信頼などがこの立場の人が持ちやすい感情です。この立場の人は、褒められることが苦手で逃げ出す立場ともいわれます。成人してからもすべてのトラブルを自分のせいにして、自罰的になり他人を排除するより、自分を排除しようとする傾向を持ちます。これに相応しいゲームを選び脚本の信条

を強化するのです。この立場の人のモットーは "あの時、私がこうしていれば…" であり、自責の念に駆られ憂鬱になり自殺傾向をもちいやすいと言われています。

第3の立場：私は OK、あなたは OK でない

　幼児がひどく粗末に扱われたり、虐待されると、まず悪いのは私ではない、悪いのは相手だという立場をとります。これはその下にある、私は OK でないという感情を防衛するためにとる立場です。通常親のどちらかが、私は OK、あなたは OK でない、という立場を幼児に対してとり、モデルとなります（虐待された子供→虐待する親）。この立場をパラノイドの立場（Klein）、あるいは排除する立場と呼びます。彼らは自分の個人的弱点を否定し、騙されたように感じ、世の中に対して怒りとフラストレーションで反応します。問題に対処する場合、相手を非難し排除することでそれに対処しようとします。従ってこの目的に従ってゲームを行うのです。

第4の立場：私は OK でない、あなたは OK でない

　どこへも行き場のない立場といわれ、幼児期に非常に辛い立場を経験し、自分も他者も、価値がなく存在に値しないと決めてしまった人が取る立場です。これはあきらめ、または虚しさの立場でもあります。この立場は分裂的立場とも呼ばれます。行き詰まって行き場のない状態、不毛な立場です。ゲームもこの立場を強化するためのものを選んで行います。

　バーンは、人間が生活している中で、その時々に4つの立場を移動することに注目しました。しかし大きなストレスがかかった場合、大体ある1つの立場をとりやすく、その立場が、その個人の基本的立場と考えたのです。

OK 牧場

　私たちは4つの基本的立場の中で、その1つに基礎をおいて、それに沿っ

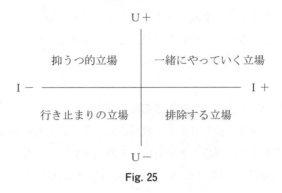

Fig. 25

た脚本を身につけながら成人期に達します。バーンが述べた４つの立場の移動をより分かりやすく分析する方法をアーンスト（Ernst, F. 1971）が提案しました。この図が OK 牧場と呼ばれるものです。(Fig. 25)

　アーンストは、私にとって OK、(OK with Me) という言葉を使っています。これは OK ということが、単に抽象的なものではなく、私の確信の問題だということを強調しているのです。縦軸にあなたの OK さを、横軸に私の OK さを示し、２本の線でつくられた４つの象限がそれぞれ１つの人生の立場に対応しています。

　アーンストは子供時代における各個人それぞれの立場は、大人になってからの生活に特定の種類の社会的関係となって反映されていると指摘しています。彼はそれをオペレーションと呼び、それには「子ども」の自我状態からの反応と、どのオペレーションも自覚して行使することが出来るという「成人」の自我状態からの反応の２つの選択肢が常にあると述べています。

基本的立場の移行

　大体３歳までに４つの基本的立場の１つが、その人の基本的立場として決められると考えます。これは乳幼児の基本的欲求に対し両親がどのように応じたか、その反応として決められることが多いのです。故に OK でない立場

への移行は前言語的で、自分も気づかず他者にも気づかれずにおこなわれるでしょう。

例：

1．授乳に際し、もし母乳の出が悪い場合、赤ん坊は怒って泣いたり、乳房を強く吸ったりする。母親は痛みと罪悪感を感じ、彼女の身体は緊張しミルクの流れは中断する。赤ん坊が泣きわめき、強く吸えば吸うほど、母親は緊張し、母乳の流れは悪くなる。ミルクをもらうためには、大声で泣きわめくこと、乳房を強く吸うことをこの赤ん坊は学習する。この経験は自分の欲求を満たそうと強く主張することは、欲求不満を生み出すのだ、という幼児の決断を導き出す。子供が自分の欲求や感情を値引きするとき、私は OK でない、あなたは OK、または私は OK でない、あなたは OK でないと言う立場に移行する。

2．身体的に的確で充分な世話が得られなかったり、常に怒鳴られたりする子供は1人の時、自分のからだを撫でたり、揺らしたり、親のいない間の一時の安全を楽しむ。子供が、恐ろしく、危険と思われる他者を避け、1人でいようと決める時、私は OK、あなたは OK でない、立場に移行する。

　ひとたび、自分の基本的立場を決めると、人はその立場に留まり、それを確認する方向で世の中を認知していきます。結果として、当人は多くの時間をその立場で過ごすようになります。時たま、私は OK、あなたは OK、の気分の良い立場になっても、最後は自分の立場に合わせて終わるようにお膳立て（ゲーム）をしてしまうのです。

　人生の基本的立場はごく小さいときに決めたものです。人は自分の一生の間、日々、一刻一刻を、この立場を確認するために過ごすとも言えます。心理療法の助け無しにこの立場を変えることは難しいのですが、すべては自分が下した決断に基づいているのですから、他の決断と同じく変えることが可能です。TA の目標は、人々に健康な立場を再確認する援助を行うことでも

あるのです。

7）ゲーム理論

　フロイトは、人々が感情や行動を、たとえそれが不愉快なものであっても、なお、かつ繰り返すことに注目し、それを"反復する強迫"と呼んで人間の精神力動における1つの形と捉えました。

　バーンはフロイトのこの洞察から2つの考えを導き出しました。

　1．これらの繰り返される不快なパターンの幾つかには、一定の標準的な動きがあり、当事者は、それに気づいていない。

　2．これらの標準的な動きは行動用語で表現でき、観察可能である。

　これがバーンの心理ゲームの理論です。ゲームについてのバーンの考え方は、初期と後期ではかなり重要な修正がされています。初期に書かれた Games People Play（Berne, 1964）、Principles of Group Treatment（Berne, 1966）のなかでは「ゲームは"弱み"をともなう一連の裏面交流であり、普通は上手く隠された、ただし、はっきりと規定された"報酬"に達するものである」と定義されています。この本では後期の Sex in Human Loving（Berne, 1970）の中で初めて公開されたGの方程式の定義を用います。

1．定義

　Gの方程式に適合するすべての交流をゲームと呼ぶ。交流に切り替えが起こり、OKでない、または値引きをともなった、予想された報酬をもたらす、一連の二重交流である。（Berne, 1972）

2．識別方法

　ゲームは繰り返されること、常に値引きを伴っていること、ラケット感情で終わることでゲームと判断される。

3．ゲームの深刻度

第1度：社交的交流の中で、普通行われ、軽い驚きや当惑を感じる程度。

第2度：より、大きなラケット感情を集める。社交の場では話題にするの
　　　　を避ける。

第3度：より激しい結果が起こる。監獄、法廷、死体置き場、等で終わる。

4．人は何故ゲームをするのか

1．時間の構造化に対する欲求を満たす。

2．ストロークのやりとりで刺激に対する欲求を満たす。

3．自分の準拠枠を保つ。

4．ゲームやラケットから得られる慢性に感じる厭な感じ、ラケット感情
　　をスタンプとして収集する。

5．禁止令を確認し、自分の脚本を押し進める。

6．自分や他者を Not OK とし、人生の基本的立場を保持する。

7．人と距離を保ち、親密さを避けている間にもストロークの交換はかな
　　り出来る。

8．人や、ことの成り行きを予想しやすくする。

9．ストロークが無くなりそうなとき、人を側に引きつけておける。

5．ゲームから得る感情

　気分のいい会話をしていたのが突然にイライラしたり、悲しくなったり、不愉快になることがあります。それはゲームに入っていることです。「成人」の気づき無しに行われるので、突然の不快な感情の報酬を貰うと自分自身で驚きます。ゲームの中で犠牲者の立場をとる人は悲しみ、混乱の感情を生じやすいのです。迫害者の役割りをとる人は怒り、自己満足感が生じやすく、救助者の役割りをとる人は憐れみ、気がかりなどを感じやすいのです。これらをラケット感情と呼び、本物の感情と区別します。

6．ゲームの分析

　ゲームの分析ではバーンはドラマの交流図、形式的なゲーム分析（Berne, 1964)、Gの方程式（Berne, 1972）を用いました。バーンの弟子、カープマンがドラマの三角図（Karpman, 1968）、グールディングとクーファー（Kupfer, D）が新しいドラマの交流図（Gouldings, 1972）をバーンのゲーム分析に加えました。

　　1）形式的なゲーム分析（6つのアドバンテージ）

　　2）ドラマの三角図（ラケット、ゲームのポジションに焦点を当てたもの）

　　3）ドラマの交流図（自我状態の分析と、裏面交流に焦点を当てる）

　　4）共生関係のゲーム分析

　　5）ゲームの方程式

1）形式的ゲーム分析　6つのアドバンテージ

　バーンはゲームにはその人の心身のホメオスタシスを保つ利点があると述べています。(Berne, 1964)

（1）内面の心理的利益：如何にゲームが、その人の内的な心理的安定に寄
　　与しているか。

　例：IWFY（If it Weren't for You 貴方さえいなかったら）、のゲームをする人は、
　　　誰かが彼女の人生を支配して、自分はそれについて責任を持たないと
　　　言う脚本の信条を保持する。

（2）外的な心理的利益：自分の準拠枠を脅かす状況を回避する。

　例：IWFY　自分が適応できないことに直面するのを避けるために、人の
　　　せいでそれが出来ないと言う。夫がやかましくて外に働きに行けない
　　　とこぼす妻は、自分の能力のなさを夫のせいにしているかも知れない。
　　　また夫と親密になることを避けている。

（3）内面の社交的利益：ゲームでのストロークの交換

　例：もし貴方がいなかったら、私は外で働いてもっと人生を豊かに楽しめ

　　たのに、というゲームを夫や子供との間で行う。

（４）外的な社交的利益：ゲームを外で話題にして、パスタイム、ゲームを
　　行う。

　　例：もし、彼がいなければ、今日もこれから皆さんとずっとご一緒できた
　　　　のに…。

（５）身体的利益：そこにいる人からストロークをもらえる。

（６）実存的利益：人生の基本的立場を確認する。

　　例：IWFY では、私は OK、貴方は OK でない、と言う立場を確認する。

２）　ドラマの三角図（Fig. 26）

　　バーンのゲームをドラマの三角図の役割から見ると以下のように分類され
ます。

ａ．迫害者からのゲーム

　NIGYSOB　　さあ、捕まえたぞ、この野郎

　BLEMISH　　非難

　Courtroom　　法廷

　If it Weren't For You　　貴方さえいなかったら

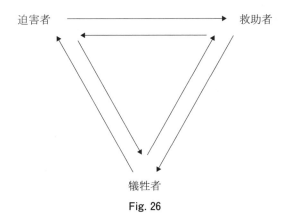

Fig. 26

Rape　強姦

See What you Made Me Do　貴方のせいで

Corner　追いつめ

Schelemiel　ずる賢い

WDYB　何故やらないの、はい、でも

b．救助者からはじめるゲーム

I am only trying to help you　ただ助けようとしただけなのに

What would you do without me?　私無しで、何が出来るの？

Cavalier　騎士

Happy to help　喜んでお助けします。

They'll be glad they Knew Me　私を知って幸運よ

c．犠牲者から始めるゲーム

Kick me　足蹴にして

Why Does this Always Happen to Me?　何故、私にだけ何時もこうなの？

Stupid　おばかさん

Wooden Leg　義足

Harried　急いで

Poor Me　可哀想な私

Cops and Robbers　泥棒と警官

3）ゲームの交流分析

　2人の間で、裏面交流が行われるとき、ゲームをしている場合が多い。
（Fig. 27、28）

　バーンの交流は四本のベクトルが描かれています。グールディングは三本
のベクトルです。

　ジャック：Ss　（社交的レベル）もっと君と知り合いたいんだ。

　　　　　　Sp　（心理的レベル）どーぞ、僕を拒否して。

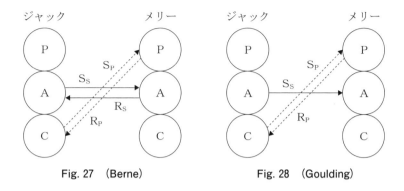

Fig. 27　（Berne）　　　　　　　　Fig. 28　（Goulding）

メリー：Rs.　ええ、いいわ。私もよ。
　　　　Rp.　捕まえたぞ、この野郎。

4）共生的ゲーム

　シフ（Shiff, 1971）はゲームはどれでも値引きを伴い、相手と共生関係を作
る、またはそれを保持しようとする試みであると述べ、共生関係からゲーム
を分析しています。

　　例：ジェーン＝貴方の面倒を見させて…（彼女自身、疲れて休みたいにもか
　　　　　　かわらず、自分の「子ども」の欲求を値引きしている）
　　　　ジョン＝面倒見てよ…（彼は自分で問題解決できる「成人」の能力を値引
　　　　　　きしている）ジェーンは "私無しでは貴方はやっていけない
　　　　　　のよ" のゲーム
　　　　ジョンは "哀れな僕" のゲーム

　値引きは「成人」の思考が排除されるか、または「自然な子ども」の欲
求・感情が無視されるときに起こり、お互いに自分の準拠枠の中で物事に対
処しています。（Fig. 29）

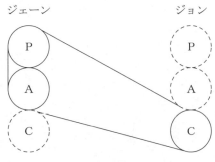

Fig. 29

5）ゲームの方程式

C + G = R →   S →   X →   P

Con + Gimmick = Response → Switch → Crossup → Payoff

　罠　　弱み　　やりとり　切り替え　　混乱　　　報酬

例

罠：ジェーン＝私に手伝わせて（貴方は私より劣っているのよ）

弱み：ジョン＝手伝って（おまえは正しい、私は劣っている）

やりとり：ああしたら、こうしたらと２人の間でやりとりする。一見「成
　　　　　人」を使っているようだが、おもに「親」と「子ども」のやり
　　　　　とり。

切り替え：自我状態の切り替え

　　　　　ジェーン＝まったく貴方ってだめね！　迫害者になる。

　　　　　ジョン＝俺ってまったくダメだ。犠牲者

混乱：ジョン＝彼女は助けてくれているのじゃなかったのか…。

　　　　ジェーン＝イライラが高まる

報酬：双方ともにラケット感情を感じる。

　　　　ジェーン＝優越感、いらいら

　　　　ジョン＝不適応感、無力感

8）ラケット
定義
　脚本化された行動の組み合わせで、環境を操作する方法として、自分自身の気づき無しに行われるものであり、その個人が結果としてラケット感情を経験する。

　バーンはラケット行動とラケット感情をはっきりと区別していません。しかし今日の TA 理論では、慢性的に感じているイヤーな感じをラケット感情とよび、その感情を引き起こす行動をラケット行動と区別しています。「自然な子ども」からの本来的な感情は、直接的に表現され、問題解決の動機になり欲求を満たす働きをします。ラケット感情は間接的な感情表現で、「適応した子ども」に動機づけられ、AC か P の自我状態から出されます。また値引きと関係し OK でない立場を保持します。この感情をもたらす行動をラケット行動と呼びます。

　ラケット行動での中で自我状態の切り替えが起こるものをゲームと呼びます。バーンも初期にはゲームとラケット行動の区別を明確にしていません。Games People Play（Berne, 1964）で挙げられているゲームの中には、切り替えのないラケット行動も多くあります。

ラケット感情の生じ方
1．「親」の自我状態が表現する事を禁止している感情の代わり感じるものです。
2．「自然な子供」が感じている感情と同じものである可能性もあります。しかし表現が「適応した子ども」からの場合、ラケット感情と考えます。例えば、直接に怒りを表現することを禁じられている場合、当てこすり、皮肉で怒りを表す、などです。
3．初めは「自然な子ども」の感情だったのが、問題解決よりも次第にラケット感情に移行する場合もあります。例えば、私の発言を途中でとってし

まった彼女に怒りを感じた、これは本物の怒りです。けれども直接に対決
せず、私の脚本である“人は Not OK”と言う思いこみを正当化する材料
に使って、暫く黙って恨みの感情を持ち続けた、という場合、持ち続ける
怒りはラケット感情です。

ラケット感情の種類

　私たちは自分の好みのラケット感情を、少なくとも１つは「親」、１つは
「子ども」に持っていると言われます。
　　　「親」＝優越感、怒り、有能さ
　　「子ども」＝罪悪感、悲しみ、不安

ラケット行動

　ラケット行動は学習したものです。
１）親がモデルとなっている。母親自身が、常に静かで悲しみに満ちている
　　ことで、女は静かで悲しげでいる方がいいというモデルを示している。
２）ある行為にストロークをされると、それが強化される。おとなしくてい
　　い子でいるとストロークがもらえず、怒ったり、悪態をついたりするとス
　　トロークをもらえる。成人しても些細なことに腹を立て、騒ぎ立てる。
３）両親が何を感じ考えるかを子どもに伝えることで、子どもは、許される
　　感情を感じ取る。例えば、子どもが怒っていると、怒りを恐れている母親
　　に「あなたは怒ってなんかいないわよね。ただ一寸疲れているだけよね」
　　と言われ、自分の中で、怒りを疲れにすり替えてしまう。成人しても、怒
　　りを感じると、倦怠感にすり替えて表現する。

内的、外的ラケット

内的：自分自身の中でラケット行動をし、ラケット感情を持つ。
　CP＝あんたはまた失敗したのね。（迫害者）→怒り、イライラ

AC＝今度はもっと一生懸命します。（犠牲者）→不適応感、自己憐憫

外的：2人のやりとりも相補的で、ずっと続く。

　A：ああ、また失敗しちゃった。（犠牲者）

　B：大丈夫、やったことはやったのだから。（救助者）

　Aはダメな私、と感じ、Bは自分を援助的と感じる。

ラケットからゲームへ

　誰でもドラマの3角図において、自分の好きなポジションがあります。そして相補的交流をしてストロークの交換が出来る相手を捜します。迫害者が迫害者と出会うと、時間の構造化においては、パスタイムとなり、あまりストロークの量は多くありません。犠牲者を見つけるとゲームに入りますから、より密度の濃いストローク交換が出来ます。ラケットによるストロークの交換が終わりそうになると、ゲームに入って、よりストロークの交換を続けようとします。

受け入れられる感情、入れられない感情

　家族によって歓迎される行動・感情と、受け入れられない行動・感情があります。

1）タフガイの家族：受け入れられないもの＝泣く、弱音を吐く、悲しみ、淋しさ

　　　　　　　　　受け入れられるもの＝喧嘩、暴力、怒り

2）ポリアナ的家族：受け入れらないもの＝大声、喧嘩、怒り

　　　　　　　　　受け入れられるもの＝お祈り、慈善、笑顔、優しさ

　どの場合でも、受け入れられないものは表出せずに、スタンプ帳に貯めておき、一杯になると大きな景品に変えるのです。

9）スタンプ
定義
　その後の自分の行動を正当化する為に集められた感情、ストローク。ラケットやゲームはスタンプ集めのために行われることが多い。スタンプは感情やストロークを貯め込み、後での行動を正当化するために使われる（Berne, 1966）。

スタンプの種類
茶色のスタンプ：嫌な報酬のために使う。
金色のスタンプ：良い報酬のために使う。
　　例：茶色のスタンプ：支配的な妻が夫に批判される。怒りの感情を表すか
　　　　　　　　　　　　わりに悲しみを感じそれをスタンプとして貯め込む。
　　　　　　　　　　　　数年後、それを景品に変え、夫を裏切る、離婚する
　　　　　　　　　　　　などの行動を正当化する。
　　　　金色のスタンプ：勤勉な医者が短い休暇をとるために、一生懸命長年
　　　　　　　　　　　　働く。
　　誰もが両方のスタンプを貯めている。
　　私だけがこんなに一生懸命働いて…茶色のスタンプ→　突然蒸発する。
　　　　　　　　　　　　　　　　　　金色のスタンプ→　堂々と休暇を取る。
・現在の TA は、金色のスタンプは、自分へのご褒美として何時でも自分にストロークをするという考えから、あまり取り上げられていません。

ゲーム・ラケット・スタンプの関係
　「自然な子ども」FC の欲求が受け入れられないときには「適応した子ども」AC で何とかその欲求の一部でも満たそうとします。この代理行動（ラケット行動）はその人の人生脚本の一部、人生のプランとしてその人に取り入れられ、Not OK の立場を保持するために使われます。そのためゲームを

行い、ラケット感情を報酬として受け取り、それをスタンプとして、貯めます。

　A子の例：

　A子は、自分のプライドや自己主張を良しとしない家族の中で育った。家族はA子がマゴマゴしたり、ふくれたり、自分を責めたりすると、可愛いおちびちゃんとしてストロークした。結局のところ、彼女は自分の人生脚本を、"私は Not OK、あなたは OK" と言う基本的立場に基づいて描いた。彼女は「自然な子ども」FC の感情である、プライドや自己主張を抑圧し、かわりに不適切感というラケット感情を持つようになった。彼女のラケットは、「私は Not OK」という基本的立場を含めた、彼女の準拠枠を正当化するものである。時には彼女は一人で、ほっぺたを膨らませ嫌な気分になり、自分は不十分で何をしてもダメだと自分に言う。別なときには、誰か自分をけなす人を見つけ、否定的なストロークを得るための交流をする。"足蹴にして、Kick Me""おばかさん"のゲームも行い、切り替えによって、否定的なストロークと報酬を貰う。時にはゲームに引っかからない人とやりとりしても、彼女は自分の中で、やりとりを解釈して、1人でラケットを行う。スタンプが充分に集まると、A子はどうしてもやり通せないと考えていた学校を辞めることで、"自分はおばかさんで、1人では何もできない"という脚本を強化する報酬を得た。これからも、彼女の脚本を強化するラケット、ゲームをやり続け、スタンプを貯めて、悲劇的結末を迎える可能性が高い。

10）脚本分析
定義

　子供時代に作られた無意識の人生計画で、両親によって補強され、以降におこる様々な出来事によって正当化され、最終的に選択された一つの代替案でクライマックスに達する（Berne, 1972）。無意識の人生計画（Berne, 1966）。

特徴

1．幼児期の体験が、個人の生活様式、性格すべてに影響するというのが心理学一般の知見であるが、とくに、幼児体験に基づいて、自分の人生のために特定の計画を立てるという指摘が TA では成されている。
2．最終的に選択された一つの代替案で頂点に達する、という主張がされている。幼い子どもは自分の人生ドラマの結末を脚本の重要な一部として書く。これを脚本の報酬という。
3．幼児決断が脚本の基になる。子どもの早期の決断は感情から生じ、幼児の現実吟味の下で言語発生以前に行われることが多い。
4．両親は子どもの脚本を決めることは出来ないが、様々なメッセージを与えて子どもに多大な影響を及ぼすことは出来る。
5．脚本は“気づき”の外にある。
6．現実は脚本を正当化するために再定義される。

　バーンは最初の著作である TA in Psychotherapy（1961）で以下のように述べています。

　「どんな社会的集団においても、個人は自分の好みに応じたゲームに関連した交流をしようとする。つまり、自分のもっている脚本に即したゲームを演じようとする。社交的な交わりでも、重要な影響を与えるのはその個人の脚本であり、脚本は早期の両親との経験から作られたものなので、これらの経験は、すべての仕事や、仲間、友人、伴侶を選ぶ際の主要な決定因となる。脚本は精神分析で知られている転移現象の理論より一般的な表現であり、どのような社会的集団の中でも使うことが出来る。これは訓練を受けた資格のある観察者なら誰でも、どのような場面でも見分けられるので、非常に役に立つ。」

人生脚本と人生コース

　「人生脚本は個人が幼児期に、こうしようと計画したものであり、人生コ

ースは実際に起こるものである。人生コースは人生脚本にプラスして、遺伝子、両親との関わり、外部の環境に影響を受けて決まっていく。」(Berne, 1972)

　バーンは脚本に決定された典型的人間として、ジェダーという人物を、次のように描写しています。

　「ジェダーは、幼児期に両親によって頭の中に脚本を植えこまれているので、脚本に従って生きてきた。そして両親が居なくなった現在も、頭の中で、テープに録音された両親の声を聴き、コンピューターのように計画された順序で反応している。また彼は、自動ピアノのように、譜面にパンチを入れた人が、そこを立ち去ってからでも、ずっとピアノの前に座り、前から決まっている壮大なコンチェルトを、あたかも自分が弾いているように錯覚し、キーボードの上で指を動かしている」(Berne, 1972)

　それでは、すべての人の人生は、まったく幼児期に決められ、遺伝や環境、脚本によって封じ込められている、とバーンは述べているのでしょうか？　そうではありません。「ある人は素晴らしい脚本を持っているし、またある人は自分を脚本から解放して自分自身のやり方で生きて幸せでいる。」(Berne, 1972) とも述べています。そして、「これを実現するためには、人は自分の脚本のすべてか、多くを投げ捨てて再出発しなければならず、多くの人はそれをやりたがらない」(Berne, 1972) とも言っています。

脚本の選択

　脚本は自己選択か？　押しつけられたものか？　バーンは脚本に関する著述の多くで、両親によって強いられたものである、という暗示をしています。脚本は両親によって命じられるかもしれないが、それを子どもが受け入れなければ、脚本は成り立たないのです。脚本を決めたのは子どもである、と述べています。(Berne, 1972) この「両親に強いられたもの、子どもが自分で決めたもの」、という二つの矛盾した立場は、バーン自身の言葉によれば、容

易に調和させられます。

　「子どもの課題は、両親が本当に何を自分に望んでいるのかを見いだすことであり、これが分からなければ、両親から愛され、少なくとも生き延びるための庇護を得ることが、難しくなる。しかし子どもは、それ以上に両親を愛し、幼児期において彼らの人生の目的は、両親を喜ばすことである（もし両親がそれを許すならば…）。両親を喜ばせるためには、子どもは本当に両親の望んでいることを知らなければならない。そのために、両親から出される数々のメッセージの中から、どうしても従わなければならない要素を聞き出そうとつとめる。このようにして自分の人生計画を両親のメッセージを素にプログラムする。子どもにとって両親の希望は命令となり、特別な大変動が起こらない限り、終生その影響は残るだろう」(Berne, 1972)

　心理療法は、その必要な大変動を起こすことになるかもしれないと、バーンはつけ加えているのです。

脚本の動機

1．生存への欲求

　子どもは母親の子宮の中で完全に保護された状態から、敵意ある、生命を脅かすようにさえ見える世の中に、出生の苦しみを通してやってきます。人間の赤ん坊は、誰かの世話がなければ命の危険にさらされます。自分の空腹を満たし、身体を清潔に保つという生理的欲求を満たすために、乳幼児がとるベストの戦略が脚本の原型となります。空腹で泣いてもミルクがもらえない場合、もっと泣き立てる、そこでミルクがもらえれば欲求を満たすためには騒ぎ立てるのが一番という、脚本が出来る可能性があります。大泣きしてもミルクがもらえず、諦めて大人しくしているとミルクがもらえる場合、1人で静かに大人しくしていると欲求が満たされ、生き延びることが出来る、という脚本が作られるかもしれないのです。それでもミルクがもらえなかったり、罰を与えられたりすると、欲求そのものを感じなくしてしまうかもし

れません。

2．愛と承認への欲求

　母親が自分とは別な個体であると認識し始める生後6ヶ月頃から、母親を愛と承認の対象として求めはじめます。2，3歳になり下に兄弟が生まれた場合、親の愛が自分から下の赤ん坊にいってしまったと感じ、なお一層、親の愛と承認を取り戻そうと、退行したり、親の手伝いをして役に立ち、認めて貰おうとします。どちらの場合も、幼児の感情と現実吟味で遂行される決断ですから、その感情経験は激怒、まったくの惨めさ、恐怖、恍惚など非常に激しい偏ったものである場合が多いのです。また1つの出来事を一般化し、さらには衝動を感じることと、実際にその行為をすることの区別が困難です。妹を殺したいと思う衝動が、実際に殺そうとしたという感覚になり、その罪悪感の下に脚本を書く可能性が「愛の重さ」（アガサ・クリスティー，1956）でも巧みに書かれています。

脚本の内容（コンテント）

　勝者、敗者、平凡な脚本と、その内容は3通りに分けられます。バーンは「これは、この世にハローと生まれてから墓場へ行くまでの、その人の時間の構造化を示している」（Berne, 1972）と述べています。幼児期に両親からきちんとした世話をされ、充分にプラスのストロークを貰っていれば、勝者の脚本を持つ。これは自分の人生を自分で切り開き、自己実現に向かう脚本でハッピーエンドです。一方、両親あるいはその代わりになる人たちから、適切な世話を受けず充分なストロークが得られなかった人は敗者の脚本を持ちやすいのです。これは悲劇や残酷な物語で悲しい終結を迎えます。また、そのどちらでもない平凡な脚本を持っている人もいます。これは平々凡々としてあまり面白くない物語でもあります。通常、私たちの脚本は3つが混在します。頭脳的には勝者、運動では敗者、と言う脚本、またはその反対という人も多いのです。また、感情をおそれ、結婚に関しては平凡な脚本を持って

いる人もいます。

脚本の過程（プロセス）

　バーンは、人が長年にわたって脚本を生き抜くとき、典型的に従う幾種類かのパターンがあることを見いだしました。（Berne, 1970, 1972）バーンはこれを脚本のタイプと呼びましたが現在ではプロセス脚本といわれ、脚本の内容ではなくそれが経過していくパターンを特徴づけています。バーンはギリシャ神話の熱心な読者であったので、その中のヒーロー、ヒロインを引用し、6つの形を挙げています。

「…までは」　until

　　この脚本プロセスのモットーは「苦しいことをした後でなければ楽しみに出合えない」です。ギリシャ神話の中で、幾つかの課題を仕上げた後でなければ王になれないと、といわれたイアソンが、その典型とされています。

「…の後では」　after

　　このパターンは「今日は良いが、明日はその償いとして悪いことが起こるだろう」というものです。これに対応する神話の人物は、常に自分の頭上に馬の毛でつり下げられている剣の下でご馳走を食べているダモクレスです。

「決して…」　never

　　この脚本を持った人は「自分の一番欲しいものは決して手に入らない」というモットーに従います。食物や水が目の前にあるのに、絶対に手に入れることが出来ない運命の、ギリシャの英雄タンタラスがその典型です。

「いつも、いつも」　always

　　「あなたがそれをしたいなら、一生やっていたらいいでしょう」というメッセージに従っています。女神ミネルバに刺繍で挑戦したアラクネが、罰として蜘蛛に変えられてしまい、一生、機織りをして暮らすことを宣告

された、という神話が基になっています。

「繰り返し、繰り返し」 over and over

　　現在では二つの形が挙げられています。一つ目は「ほとんど出来たのに、あるいはもう一歩のところで」almost. とも呼ばれています。このパターンはシジフォスの神話に見られます。彼は重い岩を丘の上に押し上げるという刑罰を科せられていました。やっと頂上に着きかけると岩は麓まで転がり落ち、また初めからやり直さなければならなかったのです。

　　二つ目はまさしく over and over で、一つのことが仕上がると、すぐに次の目標に向かって走り出すというものです。

「結末のない」 open ended

　　バーンはこれを「あてにならない、先の楽しみの筋書き」と呼びました。このプロセスパターンでは「親」の指図通りに今まで暮らしてきた人が、人生のある時期にさしかかったとき、突然つぎはどうしたらいいか分からなくなうというものです。ギリシャ神話の中ではピレモンとバーシスの物語が典型例として挙げられています。旅に疲れた人の姿になって来訪した神を、この夫婦は手厚くもてなしました。神はお礼に2人を月桂樹に変え、何時までもじっと立ち続けることで寿命を延ばしたのです。

　　バーンがプロセス脚本のヒントをギリシャ神話から得たとしても、これらの存在は経験的にも観察できるのです。このパターンは年令、性別、教育、社会など個人的背景、文化にはあまり関係なく普遍的なものです。誰でも、いろいろなプロセスパターンを示しますが通常は一つの優勢なパターンを示すことが多いのです。

脚本のメッセージ

　人生脚本は、さまざまな決断が組み合わされて出来たものです。これは自分と他人、および世間について、親、または親的役割を持つ人たちから与え

られたメッセージと、それに対する幼児の反応によってできあがっています。

　前述したように、幼児の反応はその年齢に応じた知覚に基づいていて、論理的思考や的確な状況判断からの反応ではありません。従って、大人の知覚するものとは大きく異なっている可能性があります。突然の大きな物音に、幼い赤ん坊は非常に驚き、言葉以前の感覚で自分を殺そうとしている何者かがいると感じるかもしれません。しかし、おなじ時に両親は素晴らしいオーケストラのシンバルの音に大満足し、赤ん坊に情操教育をしていると感じているかもしれないのです。

脚本メッセージの種類

1）言語的　対　非言語

　表情、身振り、声、動作、など言語以前のものが先行します。それから、言葉となるのです。この場合もそれに伴う非言語的メッセージの影響力がより強いのです。

2）モデリング

　親がモデルとなる行動をすることです。人を避ける、人に尽くす…など。親の行動を記憶として脳に保存します。

3）命令、属性

　おまえは良い子、早くしなさい、頑張りなさい、お兄ちゃんを見習いなさい…

　親が命令したり、子供について何か言うことが、そのまま子どもの脳にインプットされます。

4）心的外傷を起こす出来事、またその反復

　一度だけ起こった大きな外傷体験、または慢性的に繰り返される虐待などの体験から子供は自分でメッセージを創り自分に取り入れます。

脚本メッセージ

1）禁止令

　親の「子ども」から子供の「子ども」へ出される様々な感情主体のメッセージ。乳幼児の言語発生以前の時期に、非言語的メッセージで与えられるものが多いです。それを子供側が禁止令として受け取るのです。代表的なメッセージとして、以下があげられます。

　　存在するな

　　健康であるな、正気であるな

　　おまえであるな

　　成功するな

　　近寄るな（信頼するな）

　　成長するな

　　子供であるな

　　重要であるな

　　属するな

　　愉しむな

　　するな

　　感じるな（Xについて感じるな、自分の感じを感じるな）

　　考えるな（Xに付いて考えるな、貴方の考えを考えるな）

2）許可

　親の「子ども」から出される肯定的メッセージ。禁止令の反対にあたります。

　何々して OK、というものです。

3）拮抗禁止令

　3歳ぐらいになって子供が言語を理解できるようになった時期に、親の

「親」から子ども「親」へのメッセージ。言語によるものです。

　何をすべきか、すべきでないかの命令と、人間と世間に対する定義から成立しています。その中でとくに強力に伝わるものを、ドライバーと名付けています。

　ドライバー

　完全であれ、強くあれ、もっと努力せよ、喜ばせろ（他人を）、急げ

４）プログラム

　なにをどうやって行こうかについて、親の「成人」から子どもの「成人」へのメッセージ。数字の数え方、名前の書き方、靴紐の結び方、料理の仕方、男らしさ、女らしさ…現実適応のために必要な知識です。

脚本図式

　両親それぞれ３つの自我状態のすべてから、子供の３つの自我状態に脚本の基になるいろいろなメッセージが伝達される。

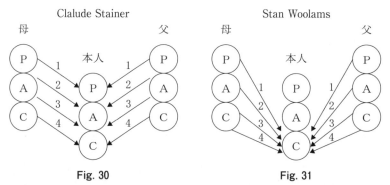

Fig. 30　　　　　　　　　　　Fig. 31

１．拮抗禁止令：親の「親」から、子供の「親」へのメッセージ。
２．プログラム：親の「成人」から、子供の「成人」へ向けたメッセージ。
３．禁止令：親の「子ども」から、子供の「子ども」に伝わる否定的メッセージ。主に非言語によるもの。
４．許可：親の「子ども」から、子供の「子ども」に向けた肯定的メッセージ。

　スタイナーはこれを脚本図式として描き、脚本理論を発展させた（Stainer, 1971）。（Fig. 30）

　脚本を発達的に描写したのがウーラムスの脚本図式である（Woolams, 1978）。（Fig. 31）

決断と禁止令の関係

　受け取った禁止令にどう対処するか、決断するのは実は子供です。受け取る、修正する、拒絶する、という３つの方法があります。また、複合決断をする場合も多くあります。これは別々の脚本メッセージを組み合わせて生き延び、欲求を満たすことを目指します。

　　例：１．禁止令を隠す拮抗禁止令（存在するな、努力せよ）
　　　　　「努力するかぎり、生きていても OK」
　　　　２．禁止令が禁止令を隠す（存在するな、近づくな）
　　　　　「誰にも近づかない限り、生きていて OK」

5．著作活動

　バーンが TA を開発した目的には
１．平均的収入の人が利用できる心理療法の発見、
２．精神科医だけでなく精神医療に携わる多くの人が活用できる方法、
３．専門術語でなく誰にでも分かる言葉を使って問題解決を容易にする
　などがあったようです（深沢, 1993）。しかし素人にも分かりやすくすることを重視しすぎた結果、「支配的、批判的」の代わりに使われた PIG（豚）や魔女などの言葉が、今に至るまで TA の評価に影響を与えていることも事実です。

　バーンは TA 理論の礎石となった「直感」について６編の論文を書きました。最初の原稿は "The Nature of Intuition" で1949年に Psychiatric

Quarterly に掲載されました。全編をまとめたものは "Intuition and Ego States" として Berne の死後1977年に発刊されています。

論文

Berne, E. 1952 Concerning the Nature of Diagnosis. *Internal Record of Med*, 165.

Berne, E. 1955 Primal Images and Primal Judgment. *Psychiat. Quart*, 29.

Berne, E. 1956 The Psychological Structure of Space with Some Remarks on Robinson Crusoe. *Psychoanalytic Quart*, 25.

Berne, E. 1957 Ego states in Psychotherapy. *Amer. J. Psychother*, 11.

Berne, E. 1958 Transactional Analysis: a New and Effective Method of Group Therapy. *American Journal of Psychotherapy*, 12.

Berne, E. 1960 Psychoanalytic versus Dynamic Group Therapy. *Internal. J. Group Psychother*, X.

Berne, E. 1962 Classification of Positions. *Transactional Analysis Bulletin*, 1(3).

Berne, E. 1964 Trading Stamps. *Transactional Analysis Bulletin*, 3.

Berne, E. 1969 Standard nomenclature. *Transactional Analysis Bulletin*, 8.

Berne, E. 1969 Reply to Dr. Shapiro's critique. *Psychological Report*, 25(2), 478.

著書

Transactional Analysis In Psychotherapy 1961

The structure and Dynamics of Organizations and Groups 1963

Games People Play 1964

Principles of Group Treatment 1966

Sex in Human Loving 1970

What Do You Say After You Say Hello? 1972

"Intuition and ego states"（McCormick, P., ed）1977

書籍 (TA 以外)

Berne, E. 1947 The Mind in Action. New York: Simon & Schuster.

　これは "A Layman's Guide to Psychiatry and Psychoanalysis" として、1957、68、71年改定出版されています。

　1968年 "The Happy Valley" 子供向けの挿し絵入り長篇童話が出版されています。

　前にも述べていますが "Games People Play" は精神療法の専門家を対象に書かれたのですが、発売後に爆発的な売れ行きを示し 3 年後には550万部を記録しました。バーン自身は TA に関する一般大衆の関心が高まったことは喜んだのですが、精神医学と心理学の専門家から正当な評価を受けなかったことに失望しました。この本は本屋の専門書の棚より、モノポリーやその他のゲームが売られているセクションにおかれていたといわれています。Games People Play という流行歌も作られ、作詞・作曲の Joh South は1969年にはグラミー賞（アメリカ音楽界における最大の賞）を受賞しています。1969年から死亡する70年にかけて、バーンは 6 冊の本を平行して執筆していました。

　"What do you say after you say hello" はバーンの死後、遺稿をスタイナーを中心に、まとめて出版したものです。

6. バーン理論への批判・その後の TA 学派

　バーンの理論に対する批判は、バーンの生前からあり、彼はそれを独自の皮肉と比喩で反論しています。バーンの早い死と彼の複雑な性格が、彼の理論が誤解を招く状況を作りだしたとも言えるでしょう。

　最も批判の的となった点は 2 つに要約されます。1 つは理論が精神分析理論の焼き直しにすぎないと言うもの、他は TA 用語に関しての批判です。

簡略化の弊害

　TA 理論の中でさまざまな誤解、混乱が起きていますが、とくに自我状態に関するものが多いのです。現在でも TA の学習者は「親」は価値判断、「成人」は思考、「子ども」は感情と教示されることがあります。これは過度に単純化されたモデルで、バーンのオリジナルのモデルから重要な特徴「時」を除いています。バーンが重要視したのは時間であり、「親」と「子ども」は本人の過去のもので、「成人」だけが、現在の個人の表現であると述べています。

　なぜこのような混乱が起きたかというと、バーン自身も1961年の TA in Psychotherapy 以外はあまり基本的理論を書かず、直接にそのトピックスに入っていったこと、Games People Play の爆発的人気から大衆が TA に興味を持ち、簡易版 TA が多数出版されたこと、さらにバーンの皮肉屋で挑戦的な性格が、話し言葉に対する反論やセラピーの短縮に関して受ける批判に、逆説的に反論したことなどが理由として考えられます。

　バーンの死後、彼に続く TA の研究者・理論家たちは、バーンの業績を認めつつ理論を検証し、さらなる発展に繋がる彼らの理論を構築していきました。ある意味では、彼らの TA 理論と実践の発展は、バーンの業績に対する批判とも考えられるのです。

心理学者からの批判

　TA 以外の心理学者では1970年代、ジョエル・コーベル（Kovel, J. 1976）とアービン・ヤロム（Yalom, A. 1970）が、それぞれの著書において、TA を批判しています（Stewart, I. 1992）。この 2 人の著書は、いずれも心理療法の解説書として、広く読まれ、標準テキストとして版を重ねている影響力が強い

ものです。ここで TA が誤った価値判断で紹介されることは、心理学を学ぶ学生や一般人にとり、TA が誤解されたまま情報として採用される危険性につながっています。

ヤロムの批判

まず年代順に述べると、1970年にヤロムは The Theory and Practice of Group Psychotherapy の中で TA を批判しています。「TA はゲシュタルトセラピーと比べて、独創的でも斬新でもなく、単なるサイコセラピー・ムーブメントにすぎない。その基本的関心、人間観、目標、治療的アプローチは従来の心理療法と何ら変わるところはない。TA の主たる概念は、過去40年にわたる伝統的心理療法の文献にもれなく見いだされるだろう（Yalom, 1970）

ヤロムが批判する前に、バーンは脚本理論に関する批判に対し、以下のように書いています。「脚本理論に反対する考えには何ら新しいものは見いだせない。より流行の衣装をまとったアドラーのライフスタイルの模倣に過ぎないとか、ユングの元型の気取った焼き直しとかいうものだ。彼らは脚本理論の本質を理解していない。脚本理論の核心は構造分析にある。自我状態の理論なしに脚本理論は成立しない。科学のいかなる分野の理論であっても、構造的要素の基礎がなくては、その理論はトランプで組み立てた家のように崩壊してしまう」（Berne, 1972）.

バーンの自我状態は、フェダーンとは異なり、観察できる行動を含むと定義されているにもかかわらず、ヤロムはこれを見落としています。ヤロムが「TA の理論は伝統的精神分析理論と変わりない」ということは、一理あるとしても、概念的記述を観察可能な行動により立証可能にしたことがバーンの TA 理論の斬新さであり、これが、ヤロムの視点から欠落しているのです。

144

コーベルの批判

　もう一人、バーンの批判で取り上げるのはコーベル（Kovel, G.）です。彼は「バーンの戦術（例えば、単純な言葉の使用）によって、重大な心理的次元が失われる。このような言葉の使い方では、どんな精神的退行や無意識レベルの葛藤、重大な転移現象ですら、進路をそらされてゲームや交流の分類で片づけられてしまう」（Kovel, 1976）と述べています。TA のセラピストがゲームや交流に焦点を当てる目的は、転移現象に注目するからであり、セラピー中に現れる転移を、セラピストとクライエントが見失わない様にするための手段として必要であるからです。バーンが明らかにしているように、ゲームはそれ自体が転移の表現であり、またある種の交流も転移を表しているのです。ゲームも交流も、共に対人行動の連続と定義されています。これらの理論により、転移現象は順序のある観察可能なものとなりました。これは単にゲームとか交流という単純な言葉で、人間の心の深さを切り取るのではなく、その深さにより近づくための観察手段として、言葉を提供しているということなのです。

誤解の原因

　何故、バーンは誤解を招いたのか？　を知るために、幾つかの点を検証します。

　第 1 は自我状態モデルについてです。バーン自身、ある場合、非常に単純化された「親」は価値判断、「成人」は思考、「子ども」は感情という説明をしているのですが、これはあくまで、その自我状態における機能的側面の特徴を分かりやすく説明したに過ぎません。バーンの最後の著書である、What do you say after you say hello (1972) で「感情と思考の首尾一貫したパターンと、それに対応する行動パターンを伴うもの」と自我状態を定義しています。「親」「成人」「子ども」それぞれの自我状態のカテゴリーは、それぞれが思考、感情、行動のワンセットから成っています。このオリジナル

な定義が、いつの間にか、機能の特徴を捉えた説明にすり替わってしまったのです。これはバーンをはじめ、初期のブームに書かれた TA の大衆向け読み物、講演などによる禍根であるとも言えます。確かに TA の導入の講義や、一般向けの講演などで、分かりやすく自我状態の働きを説明するために使われやすいのですが、これは過度に単純化されたモデルで TA 理論全体の構造に破壊的影響を与えているのです。現在でも TA の実践家や学習者の中にもまだ、誤った記述をしている人も多くみられます。バーンの業績にたいする誤解が何時までも続くのは、この単純化されたモデルが自我状態を底の浅い理論に形骸化し、TA 全体の価値を引き下げている原因の一つであると考えられます。

　バーン自身、TA の基本的理論、特に構造分析に関しては「TA in Psychotherapy」でくわしく説明しているので、それを参照するようにと、その後の著書では述べています。バーンは自我状態の定義を一度でも変えようとしたことはありませんでした。

7.　現在の TA 学派

　TA 理論への批判はエリック・バーンが亡くなったのが1970年、TA 理論が世に出てから12年弱です。創り出した理論への様々な修整、加筆、発展の途中、60歳で心臓発作で亡くなりました。直前まで様々な論文を執筆し、昼は臨床活動、夜は執筆と昼夜通して TA に没頭していたようです。バーンの没後、彼の後継者たちはエリックバーン記念賞を創り、毎年 TA ジャーナルに掲載された論文の中から卓越した論文には現在に至るまで記念賞が贈られています。現在 TA はヨーロッパ、オーストラリア、ニュージーランド、インド等アメリカ以外の国で活発な研究、実践が行われています。その全てがバーンの理論からの発展であり、また対抗、批判でもあると考えられます。バーンの理論があったればこそ、そこから発展した各学派は心理療

法・カウンセリング・教育・組織という現在の TA の 4 つの実践フィール
ドで研究、実践、発展を続けています。以下に現在ある代表的学派を挙げて
おきます。

1．古典派　Classical school　テーマ：自律
　　自我状態分析、やりとり分析、ゲーム分析、脚本分析、という手順で臨
　　床を行う
　　汚染解除、気づきの促進、「成人」の活性化
　　Eric Berne, Claud Steiner, Jack Dussey

2．カセクシス派　Cathexis school　テーマ：再活性（再活動）
　　退行のワーク、リペアリンテイング（育て直し）
　　新たな「親」を取り入れる（セラピストの「親」）
　　Jacky Shiff, Aron Shiff

3．再決断派　Re-decision school　テーマ：脚本からの脱却
　　チエア・ワーク、ペアレント・インタビュー、ドリームワーク
　　イムパスの解除、幼時決断を再決断する
　　Mary, Robert Goulding, Geshtalt, Psychodrama, Moreno

4．構成派：Constructivist School　テーマ：新しい構成
　　今ここでの現実性を構成する
　　James, Barbara Allen, Adrian Lee, Keith Tuder

5．身体派　Body school　テーマ：身体の解放
　　体の中にため込んだ脚本からの解放
　　いまここで身体に起こっていることに気付く
　　Joh Cassius, William Cornell
　　Raichian Work, Bioenergetics, Lowen Alexander

6．人格適応論　Personality Adaptation school　テーマ：効果的コミュニ
　　ケーション
　　親の養育態度と個人の人格特性、コミュニケーションのドアの概念

Paul Ware, Thaibi Kahler, Vann Joines

7．統合派　Integrative school　テーマ：適応と関り

関りによる関係性の変化、適切な体験を提供する

Objective relations, Kohut, Winnicot, Self Psychology

Erskin R, Trautmann R, Dashiell Clark

8．Relational school　関係性　テーマ：健康的な関係性

「子ども」の混乱解除

クライアントのセラピスト間で起こる、未発達な自己の出現、愛着

Sills C, Hargaden H, Tudor K, Cornel B

9．精神性　Spiritual school　テーマ：身体と精神性

自我状態から離れ、人間の魂の領域を広げる

Muriel James, Ken Mellor, Patricia Clarkson

※尚、本文中引用の文献についてはバーンの文献は本章139~141頁に掲載されていますが、それ以外の文献リストは省略していることをお断りいたします。

第2章　日本の TA 導入・発展・現在

1) 邦題「人生ゲーム入門」1967年より〜

　アメリカで1964年に出版され、米国社会に TA ブームを巻き起こしたバーンの著書、Games People Play は、その後、世界15カ国で（現在は数十カ国）翻訳出版されましたが、日本でも当時、一橋大学教授であった南博先生によって翻訳され1967年に「人生ゲーム入門」（河出書房）という邦題で出版されています。これが日本への TA 上陸、第1歩です。人間関係の相互のやりとり・力動を鮮やかに描き出し、そこで起こる問題に対するアプローチの方法を具体的に示したこの著作は、当時、社会心理学の分野で評価が高く、多くの社会心理学者、HD（Human Development）、OD（Organization Development）に関心のある産業界のリーダーたちの注目を集めました。しかし日本ではアメリカほどのブームにはなりませんでした。

　その数年後、1970年代初頭に九州大学医学部教授池見酉次郎先生によって TA は医療現場に導入されました。1971年12月にメキシコのガダラハラで国際心身医学会第1回大会が開かれ、当時九州大学医学部心療内科の教授であられた池見酉次郎先生が出席されました。その大会で TA のパネルディスカッションが行われ、そこには医師の他にも心理療法家、ソーシャルワーカー、看護婦などが参加していました。精神面と相関している身体疾患に対する心理的アプローチを、いかに実際的に能率よく行えるかが、事例と共に具体的に発表され、討議されていました。パネルのリーダーであったアメリカのミズリー大医学部教授で、当時アメリカ集団療法学会会長であったオハーン（O'Herne）博士から、"TA は内科医が実地に活用できる心理療法だから、日本でも是非試してみないか"（池見, 1972）と勧められた池見教授は、帰国直後サンフランシスコの国際 TA 協会に連絡を取り、数週間後にはバーン

(Berne, E.) ジェーム (James, M.)、ヨングウオード (Jongeward, D.) 等の本を入手し、早速 TA を学び始めました。翌1972年、京都で第13回日本精神身体医学学会大会が開かれ、そこにオハーン教授を招き "心身医学における交流分析" というテーマで特別講演が行われました。その直後に、医学心理療法研究会により初の 2 日間の TA セミナーが京都で開催され、オハーン博士のスーパービジョンの元で池見酉次郎先生、杉田峰康先生が講師となってワークショップが行われました。

　参加者の中には、その後、日本における TA の発展に貢献された、故石川中東大教授、故桂戴作交流分析学会理事長、川村学園教授末松弘行氏、東邦医大心療内科教授筒井末春氏等、日本の TA の黎明期を担われた先生方が殆ど出席されていたようです。これが日本における最初の TA セミナーでした。

　九州大学は日本における精神分析の大きな拠点であり、現在に至るまで優れた研究者、教授も多く在籍しています。医学部に於いては、多くの精神科医は精神分析に則って、精神療法を行っていました。精神分析の力が強い環境で、TA がその簡易版として導入されたことに対し、従来の精神分析療法を行っていた先生方はどのような反応を示したのだろうか？　それについての筆者の質問に、新里里春先生は以下のように答えられました。「その頃には、精神分析の前田先生（前田重治教授）が、医学部から教育学部に移られ、精神科の教授は大脳生理学や神経系の専門家が多くなり、精神分析関係のパワーは福岡大学精神科にシフトしていたので、特に問題はなかったと思う。杉田先生も精神分析だったが、難なくシフトしていた」（新里, 2000）。当時の文献記述は見あたらないのですが、新里先生が言われた通り諸般の事情が TA の導入をよりスムースに導いたと言えるでしょう。精神科ではなく心療内科に TA が根付き、そこから発展した事実も、精神分析との力関係を物語っていると思います。精神分析のトレーニングを受けたソーシャルワーカーとして、アメリカで長年仕事をされてきた杉田峰康先生が1963年に帰国し

九州大心療内科の講師として在籍されていたことが、TA 導入とその後の発展の大きな原動力として寄与したことは誰もが認めていることです。池見先生を補佐する形で杉田先生の目覚ましい活躍があり、当時やはりアメリカ留学から帰国し、助手として勤務されていた新里先生も積極的に関与し、九州大学医学部心療内科に TA の臨床の基礎が築かれたのです。

　池見先生は医療での活用と平行して心身一如の立場から市民の健康を促進するグループ「健康を科学する会」を作られました。目指すものは、日常の社会生活への TA の活用であり、これが「セルフ研究会」に発展しました。このセルフ・ヘルプグループを通して、TA は教育界、産業界にも紹介され、病院のみならず、学校、企業、各分野に急速に浸透していったのです。

　アカデミックな分野では、岩井寛教授（聖マリアンナ医大精神科）、川上澄教授（弘前大教育学部）石川中（東京大学医学部）教授らが、初期における TA の普及に、多大な尽力をされました。看護の分野では、ルーテル派の牧師であり、国立療養所多磨全生園のカウンセラーでもあった白井幸子氏（現ルーテル大学名誉教授）が、牧会カウンセリングの日本での先駆者として、主に医療・看護現場における TA の実践、普及に活躍されました。また立教大学（キリスト教教育研究所・JICE）における研究会、日本女子大学・杉渓一言名誉教授、産能大学・小林薫（SOFI）教授、早稲田大学の春木豊教授、聖マリアンヌ医科大学（のちに早稲田大学教授）・深沢道子教授らが、大学関係での TA の研究者、実践者として先駆的な功績をあげています。

　産業界では三菱電機の久米勝氏、一世出版の原田直治氏、日本産業訓練協会の加納正規氏、エスエス製薬の西澤章夫氏、日本交通公社の中堀仁四郎氏、国谷誠朗氏、岡野嘉宏氏、日本航空の諸永好孝氏、組織行動研究所の六角浩三氏ら諸先生が TA の導入と普及、発展に貢献されました。その他にも、九州の井原信充氏（当時は西日本銀行研修部長、人間関係教育研究所所長）、関西ではマネージメント・経営コンサルタントの曽根嘉隆氏、浜松では経営指導の専門家である小杉基隆氏らの活動は明記すべきものです。この中の多くの

方がすでに鬼籍に入られていますが、その残されたものは今も脈々と受け継がれています。

　臨床の流れは、池見酉次郎、桂戴作、杉田峰康ら諸先生方の日本交流分析学会の設立（1976年）につながり、産業関係は加納正規、国谷誠朗、杉渓一言、久米勝、諸永好孝、西澤章夫氏らが中心となり、日本交流分析協会（1976年、当時の名称は日本産業交流分析協会）の設立に至ったのです。

　心理療法・カウンセリングの分野に TA が登場するのは、それより少し遅れて1980年初頭です。アメリカで10年にわたる心理学と福祉の研究・臨床実践を終えて帰国された深沢道子先生（当時聖マリアンナ医科大学教授）を中心に、六角浩三氏（組織行動研究所）、諸永義孝氏（日本航空）村瀬旻氏（慶応義塾大）菅沼憲治氏（千葉商科大）今井典子氏（聖マリアンナ大学医療相談室）繁田千恵（立正大学学生相談室）その他数名が日本 TA 協会を設立しました（1987）。しかし当時は精神分析的カウンセリング、来談者中心療法、ユング心理学がカウンセリングの世界では主流のバックアップ理論でした。私が学位請求論文のために実施した調査（2000）の結果からも明らかになっていますが、カウンセリングの臨床現場で TA を用いていると回答したセラピストの大部分はエゴグラムを活用しているにすぎません。交流分析学会発行の「交流分析研究」（1976年〜1995年）に掲載された論文は約50％がエゴグラムの調査研究で、これに脚本分析、交流パターン分析などを併用した論文で、すべて症例の診断的側面やリサーチ的側面の強い交流分析研究です。交流分析療法として、クライエントの自我状態分析、ゲームや脚本の分析など症状の改善と快復を目的とする治療的側面を論じた事例報告は全体の約4.8％にすぎないことが、日本交流分析学会創立20周年を期に行われた、統計調査で明らかになっています。（交流分析研究, 1995）

　同年に、久米勝、植木清直、織家勝、武島一鶴氏らが中心になっていたエゴグラム研究会を発展させて、アカデミア TA が誕生しています。歯科医師である織家氏は1980年代に、日本歯科医療管理学会の中に交流分析研究委

員会を作り、TA の歯科への導入を試み、実績を上げられました。また90年代初期に、玉川大学の渡邊康磨が開発したセルフカウンセリングと、TA の対話分析を混晶、「ふれあい分析」を開発されました。これは東京医科歯科大学の江島フサ子先生によって、アメリカの歯科医師学会において1990年代初期に発表されています。

　学会、協会以外でも、セルフ研究会をはじめ、組織行動研究所、ヒューマン・コミュニケーション研究所、社会教育研究所、チーム医療、C.H.R. 研究所など、多くのコミュニケーション、カウンセリング、メンタルヘルスの研究研修機関が TA の発展、普及に寄与しています。大阪の関西カウンセリングセンターでは1987年に、カウンセラー有資格者によって、TA 研究部が設立され、関西における TA の発信基地の役割を担ってきました。1997年に、石山陽圓、安部朋子、松井直輝氏が国際委 TA 協会の教育部門で有資格者となり、TA 教育研究所を大阪に設立しました。1994年に臨床部門で国際認定資格を得た精神科医・野間和子が所長の「野間メンタルヘルスクリニック」（野間先生は2018年12月に逝去され TA 普及活動は現在中断しています）また東海交流分析研究会、仙台交流分析研究会など、各地に研究会が設立されていますが、インターネット上でこれらの組織の内容は詳しく紹介されています。筆者は2008年に国際的に認定されている TA の資格の最終ゴールである教授資格を取得し、その年に TA 心理療法研究所を設立して、現在 TA の普及、実践者育成のため多くの研究会、ワークショップを開催しています。

2 ）ITAA 国際大会開催2013年大阪

　私は1994年に何名かの仲間（高橋（旧姓今井）、村瀬、菅沼、石崎、野間、城所、鈴木、新里　敬称略）と Certified Transactional Analyst（略 CTA）の試験を受け、ITAA の認定交流分析士となりました。この時の仲間が日本における国際 TA 学派の第二世代です。その後2008年に Teaching Supervising Transactional Analist（TSTA）の試験にパスして教授会員資格を取得しまし

た。当時の日本ではまだほんの少数であった ITAA 有資格者は、第一次世代と言われている故深沢道子氏（早稲田大学教授）故六角浩三氏（組織行動研究所）故諸永義孝氏（日本航空）の 3 方が教授会員でした。その先生方の指導の下に、TA の臨床とその理論の普及に、我々第 2 世代は関わってきました。

　日本には交流分析学会（1976年設立。池見酉次郎先生を中核に主に医師中心）日本 TA 協会（1986年設立、深沢道子先生、心理臨床家中心）日本交流分析協会（1976年設立、産業界）という 3 つの主だった組織と、その他に小さい研究団体が数多くあります。以前はそれぞれがバラバラで、お互いに相手のことを知らずに異物視をしてきた時代が長きにわたりました。その中で主だった団体とそこで学ぶ人たちが融合するきっかけとなったのが、2013年大阪で国際 TA 協会（International Transactional Association 略 ITAA）の年次大会が行われたことです。

　2011年 5 月に当時の ITAA 会長であった John Heath 氏から2013年に日本で国際年次大会開催の可能性について私に打診がありました。その 2 ヶ月前 3 月11日に東日本大震災があり、日本は復興の道筋がまだほとんど見えない状況で、さらに福島の原発事故による放射能汚染も非常に危険視されている状況でした。それまでに私は海外の国際会議にも数多く出席し、また Vann Joines（TA Today 著者）の研究所に 1 年間留学していましたので、国外でも数多くの知己にも恵まれていました。私は東京在住で震災の被害からは免れましたが、沢山のお見舞いのメッセージが世界中の TA の仲間から届きました。中には全く知らない方からのストロークもたくさんありました。その暖かい気持ちにも感謝したいという強い思いと、日本の TA を学ぶ仲間達に世界の TA ピープルに会わせたい、世界の仲間達に日本の TA を知ってもらいたい、と言う二つの強い思いから、心の底から"やりたい"と思いました。そしてすぐに信頼できる仲間数人に相談し13年の大会の日本開催をお引き受けしたのです。開催地は放射能汚染の危険地域から少しでも遠い都市、そして信頼できる有能な仲間がいる大阪に決定しました。初めて日本交流分

析学会、日本交流分析協会、日本 TA 協会と日本のメジャー 3 団体が合同で主催側となったのです。お手伝いいただける方ならどなたでもお願いしますと、なりふり構わずお願いして、日本の TA コミュニティの総力を挙げて、遂に2013年 8 月に大阪国際会議場で 3 日間の国際会議とその前後のワークショップ、トータル 1 週間にわたる日本で初めての国際大会が開催され600人以上の参加者で成功裏に終わりました。

　大会の成功も非常に嬉しかったのですが、私にとって何より心強く希望を感じているのは、そこから日本での学会、協会、各地方の団体との交流が盛んにおこなわれるようになったことです。今は全国の TA 仲間が連絡を取り合って、日本の TA のためにお互いの力を合わせて進んでいくようになりました。これは私が日本の TA コミュニティに貢献した、最大の意味のある仕事です。

3）TA の成長・変化

　ここ十数年、バーンの本拠地アメリカよりヨーロッパ（EATA）での発展が目覚ましく、新しい TA 理論が開発され研究・実践・普及が強力になっています。本文の中でも紹介しましたが、関係性の TA、共に創造する TA、統合的 TA、などの素晴らしい理論が開発されています。しかしどの学派でもバーンの理論が基にあり、そこからさまざまな形で枝葉や幹、根っこが成長発展してきたものです。創始者のエリック・バーンは、一般の人が気軽に心理療法を受けられることを目的に、この理論を開発してきたと言われています。また 8 歳の子どもでも分る言葉で理論を書いている、とバーン自身も述べています。とは言っても実際には簡単な言葉でも含意が深く、難しい言葉も出てくるのですが、たくさんの図やチェックリストを使って分りやすく、教えやすく、というバーンの狙いがあったことは確実です。

　10年ほど前までは（今も一部には残っていますが）日本の交流分析と TA は似て非なるものという考えを持っている交流分析家も日本に多かったのです。

しかし現在では Transactional　Analysis＝交流分析という考えが主流です。以前はアメリカからの講師招聘が多かったのですが、今はヨーロッパ・オーストラリアからの講師の来日も増加しています。世界に開かれた日本の TA と言える時代が来ています。

TA の日本における発展の年表

人名は敬称略

1967	バーン（Berne, E.）著、「Games People Play」(1964) が、「人生ゲーム入門―人間関係の心理学」という副題つきで、河出書房より南博の訳で出版された。TA が初めて日本に紹介された記念すべき書籍である。1976年に改訂版、1994年に新装版が出版され、「人間関係の心理学」という副題で広く読まれている。
1971	第13回日本精神身体医学総会にオハーン教授が招かれて来日。"心身医学における交流分析"というテーマで特別講演を行った。 医学心理療法研究会（臨床家のための講習会）が初の 2 日間の TA セミナーを京都に於いて行った。講師は池見酉次郎、杉田峰康。参加者にはその後、日本における TA の発展に貢献された、故石川中（東京大学教授）、桂戴作（現交流分析学会理事長）、末松弘行（現川村学園大学教授）、筒井末春（東邦医科大学教授）らがいる。これが日本における最初の TA セミナーであった。 トーマス・ハリス著「I'm OK - You're OK」(Harris, 1967) を、早稲田大学の春木豊らがダイヤモンド社から翻訳出版した。初版は328冊が売れたのみであった。 カナダのG・リチャードソン女史が東南アジア旅行の途中に来日。 九州大学と立教大学に於いて TA の講義が行われた。これを機に、国谷誠朗、岡野孝嘉、中堀仁四郎の 3 氏による TA の勉強会が始まった。 アメリカで 7 年間精神分析理論を基盤にソーシャルワーカーとして働いていた杉田峰康は1963年に帰国し、九大医学部心療内科講師となっていたが、交流分析普及の中心人物として活躍を始めた。
1972	池見は九州大学医学部心療内科で、TA を心理療法として取り入れた。
1973	「交流分析と心身症」―臨床家のための精神分析的療法、池見酉次郎監修杉田峰康著が医歯薬出版株式会社より出版された。 「続・心療内科」池見酉次郎著が中央公論社より出版された。

1974	全国にセルフ研究会が結成された。 セルフ研究会において加納正規の指導の基に「交流分析」スライド、テキスト「PAC早わかり」が発行された。日本生産性本部制作。 杉田峰康による質問紙法エゴグラムが発表された。 日本マネージメント関西支部において、PACプロファイル―18シーンPAC選択質問用紙法―が足立朋久らにより考案され、発表された。 「セルフ・コントロール」池見西次郎・杉田峰康著が創元社より出版された。
1975	日本産業訓練協会主催で「欧米におけるOD・TA研修ツアー」が行われた。団長は当時、産業教育のリーダーの一人、三菱電機の久米勝で、初の海外実状視察旅行であった。 ジーン・モイ（Moi, J. カリフォルニア州立大学、国際TA協会・準教授会員）来日。立教大学キリスト教研究所主催でTA101公開コースを2回、TA・ゲシュタルト・ワークショップを開催した。組織行動研究所が招聘。 日本交通公社能力開発室がTAの基礎コースの公開講座を開催した。講師は国谷誠朗、岡野嘉宏、中堀仁四郎。 販売実務協会主催で販売のためのTA実務講座が開催された。講師は岡野嘉宏・深沢道子。 日産訓の機関誌「産業訓練」に「企業内教育の新潮流」―TAの導入と展開―特集が掲載された。 第20回全国産業訓練大会において、新時代の産業訓練の方向を探ると題してTAが取り上げられた。 深沢道子がウエスタン・インスティテュート（Western Institute for Group & Family therapy）のトレーニングワークショップに初参加。以来1993年まで毎年継続参加している。 池見西次郎の論文 "Oriental Version of TA" がJournal of Psychosomaticに掲載され、アメリカのTA研究者の反響を呼んだ。
1976	日本交流分析学会の設立総会ならびに第1回大会が開催され、デュセイ夫妻（Dusay, J. & Dusey, C.）が来日、講演と101講座が行われた。さらに滞在中に東京、大阪、福岡の3カ所で国際TA協会の入門講座、TA101が開催された。通訳は深沢道子。 日本産業交流分析協会（現在の日本交流分析協会）が設立された。 ジーン・モイが日本産業交流分析協会において講演。 ヘッジス・ケーパーズ（Capers, H. アメリカ海軍牧師）が来日、4月27日に講演した。 社会産業教育研究所が設立された。代表は岡野嘉宏。

	JTB と販売実務協会共催で「アメリカ TA 研修ツアー」が行われた。 国際 TA 協会本部、エスリン・インスティチュート訪問、ジーン・モイの TA101コース、デルタック社のビデオによる TA 研修プログラム、J. デュセイの講演「バーン後の TA の展開」などを受講した。1977年にも研修ツアーが行われた。 TA 入門書「あなた自身のために」L. キャンポス、ポール・マコーミック著ジーン・モイ、国谷誠朗共訳が JICE（立教大学キリスト教教育研究所）より出版された。 「自己改造法」久米勝著が千曲秀版社より出版された。 「自己実現への道」ミュリエル・ジェイムズ、ドロシー・ヨングウオード著、本明寛他訳が社会思想社より出版された。 サンフランシスコで開かれた国際 TA 協会の年次大会に、深沢道子、六角浩三、諸永好孝、国谷誠朗が参加した。
1977	東大心療内科がエゴグラム（杉田版を石川中、岩井浩一が翻案）を発表した。 日本産業交流分析協会機関誌、「産業 TA ニュース」が発行された。 第 4 回国際心身医学会が池見西次郎大会会長の下で、京都において開催された。そのなかで交流分析のシンポジウムが開かれた。
1978	日本交流分析学会が、成人用、親用、思春期用の質問紙で会員調査を行った。 ミュリエル・ジェイムズがインドでのワークショップの途中で日本に立ち寄り、TA センター（加納の個人的研究機関）の主催で、講演を行った。通訳は深沢道子。 国谷誠朗「孤独よさようなら」が集英社より出版された。
1979	日本産業交流分析協会の第 1 回大会が杉渓一言会長の下で、サンケイ会館で行われた。 ECL（Egogram Check List）が杉田峰康、新里里春、和田迪子らにより、発表された。 「続・セルフ・コントロール」池見西次郎、杉田峰康、新里里春著が創元社より出版された。 グールデイング夫妻（Mary & Bob Goulding）が組織行動研究所の招聘で来日、箱根でワークショップを開催した。 「オーセンティック・マネージメント」Herman, M. S. & Korenich, M. 著が、深沢道子、六角浩三、諸永好孝の共訳でプレジデント社から出版された。
1980	TAOK（Transactional Analysis OK）が杉田峰康、水野正憲、岡野一央博らによりが発表された。 「エゴグラム」J・デュセイ著新里里春訳が創元社より出版された。 「自己実現への再決断」メリー、ロバート・グールディング著深沢道子訳が星和書店より出版された。

	組織行動研究所において六角浩三（国際TA協会・準教授会員）がTA101を開催。以後1997年まで106回継続、TA202は80回、TAマラソン、ゲシュタルト・ワークショップは70回開催している。
1981	日本産業交流分析協会が日本交流分析協会と改称した。
1982	社会産業教育研究所主催で「人間成長に関するトレーナー養成講座」が開催された。講師はジーン・モイ女史。86年まで毎年開催。
1983	久米勝（三菱電機）を中心にエゴグラム研究会が発足した。 組織行動研究所所長の六角浩三が「あなたと組織を救うTA」（オーエス出版）を出版した。 「看護に生かす交流分析」白井幸子著が医学書院から出版された。
1984	TEG（東大式エゴグラム・和田迪子、伊藤たか子、十河真人、石川中ら）が金子書房より出版された。 「突破への道」ミュリエル・ジェイムズ著深沢道子訳社会思想社より出版された。 スイスのヴィラー（Villar）で、国際TA協会の大会が開催され、深沢道子、六角浩三、諸永好孝、高橋典子（今井）が出席した。 諸永好孝がヒューマン・コミュニケーション研究所（Human Communication Institute）を設立した。
1985	「ふれあい教育の実践」ミュリエル・ジェイムズ著、諸永好孝訳が社会思想社より出版された。 再決断派20周年記念のワークショップがカリフォルニア州パシフィックグローブで5月に行われた。日本から六角浩三、深沢道子、諸永好孝、村瀬旻、菅沼憲治、石崎幸一、繁田千恵らが参加した。
1986	エゴグラム研究会版「自己洞察テストE・G・O」が発表された。 「TAマネージャー」Wagner, A.著、諸永訳が社会思想社より出版された。
1987	日本TA協会が設立された。初代会長に深沢道子が就任した。 アカデミアTAが設立された。初代塾長に久米勝が就任した。 スティーブ・カープマン（Karpman, S.）ジョー・カシアス（Cacias, J.）が来日。組織行動研究所の主催で2月5～6日に、東京でワークショップが開かれた。 「女性のためのTAワークショップ」がハワイで開催された。講師はメリー・グールディングと深沢道子で、日米の女性十数名が参加した。 シンガポールで国際TA協会の大会が開かれ、East meets Westというタイトルの基調パネルディスカッションがおこなわれ、諸永がパネリストとして講演した。

1988	ECL-R（新里里春、加藤和生、山本健司、村上利範ら）発表された。 日本 TA 協会ニュースレター第 1 号が発刊された。 メリー、ボブ・グールディングが組織行動研究所の招きで来日（3 月）。佐島で再決断療法ワークショップ開催が開催された。 日本 TA 協会第 1 回大会が 5 月に開催された。基調講演は本明寛早稲田大学教授が行った。 諸永が TA を活用した顧客サービスの研修を、香港と中国の Shenzhen で行った。
1989	ITAA 冬期大会がハワイで開催された。日本より池見酉次郎が参加し、Dr. O'Herne との合同講演を行った。テーマは「自己（セルフ）東と西」。日本からの参加は98名で参加者全体の48％を占めた。 諸永が台北で TA101を開催した。
1990	「TA Today」イアン・スチュアート、ヴァン・ジョインズ著、深沢道子監訳が実務教育出版より出版された。 誠信書房よりカウンセリング辞典が発刊された。TA 関係の事項は深沢道子、六角浩三、諸永好孝、村瀬旻、菅沼憲治、杉田峰康が執筆した。 諸永が国際 TA 協会の理事に就任。任期 2 年間で、92年まで活躍した。
1991	SGE（Self Growup Egogram）が桂戴作、村上正人、芦原睦らにより発表された。 ミュリエル・ジェイムズが日本交流分析学会第16回大会（大会会長深澤道子）に基調講演者として招かれ、池見酉次郎と「セルフ」をテーマに対談を行った。 ミュリエル・ジェイムズが組織行動研究所の主催で、箱根にてセルフ・リペアレンティング・ワークショップ開催。
1992	「良い上司の心理学」ミュリエル・ジェイムズ著が、深沢道子訳でダイヤモンド社より出版された。 ミュリエル・ジェイムズが神奈川県佐島で「セルフリペアレンティング＆スーパービジョン」のワークショップを組織行動研究所の主催で開催した。
1993	TEG 新版（和田迪子、野村忍、俵里栄子、末松弘行ら）が金子書房より発刊された。 メリー・グールディングが神奈川県佐島にてスーパービジョン・ワークショップを行った。主催は組織行動研究所である。 Val Garfield 女史　TA101 大阪で開催
1994	ルス・マクレンドン（McClendon, R. M. S. W.）、レスリー・ケイダス（Kadis, L. M. D.）夫妻来日し、佐島にて家族療法ワークショップが開催された。主催は野間メンタルヘルスクリニック。

	日本において初の国際 TA 協会資格試験が行われた。会場は成田ビューホテル。教授資格（TSTA）取得者は深沢道子（早稲田大学）、六角浩三（組織行動研究所）、諸永好孝（ヒューマンコミュニケーション研究所）。認定会員（CTA）資格は村瀬晃（慶応大学）、菅沼憲治（千葉商科大学）、新里里春（琉球大学）、石崎幸一（法務省家庭調査官）、野間和子（精神科野間メンタルヘルスクリニック）、城所尚子（カウンセリング・コンサルテーション・城所）、鈴木佳子（東京経済大学）、繁田千恵（立正大学）、高橋典子（宮城県スクールカウンセラー）の12名である。 試験官はアメリカからメリー・グールディング（Goulding, M）、ヴァン・ジョインズ（Joines, V.）、ペグ・ブラックストン（Blackstone, P.）、ドイツからヤン・ヘニング（Henning, J.）、オーストラリアからロビン・マズレム（Maslem, R.）、ニュージーランドからシャーロッテ・ダーレンバック（Daellenback, C）、ゴードン・ヒューイット（Hewitte, G.）らが来日した。 日本 TA 協会第 7 回大会の研修会が日本交流分析学会中央研修会と共催で開かれた。講師はヴァン・ジョインズ、メリー・グールディング、ヤン・ヘニング、シャーロッテ・ダーレンバック。
1995	ジャック・デュセイ（カリフォルニア大学医学部教授）が来日、交流分析学会第20回大会で講演。 ジャック・デュセイが最新エゴグラムとエネルギー理論をテーマにワークショップを行った。パシフィックハーモニー主催。 「心配性をやめる本」メリー・グールディング、ロバート・グールディング著が深沢道子、木村泉訳で日本評論社より出版された。 ルス・マクレンドン、レスリー・ケイダス夫妻来日。ワークショップが伊豆で開催された。主催は野間メンタルヘルスクリニック。 8 月、サンフランシスコで国際 TA 協会の大会が開催された。諸永好孝、繁田千恵が協同で「異文化間のコミュニケーション」というテーマでワークショップを行った。 同大会後のトレーニング・エンドースメント・ワークショップ（TEW）で新里里春、菅沼憲治、野間和子、繁田千恵が準教授会員の資格を得た。
1996	ヴァン・ジョインズ（Southeast Institute for group & family therapy 所長）が 5 月来日、第 9 回日本 TA 協会大会（大会会長・繁田千恵）にて基調講演、ならびにブリーフ・セラピーの 1 日研修を行った。 ヴァン・ジョインズが 2 日間の人格適応型のワークショップを行った。主催は日本 TA 協会。
1997	「さようならを告げるとき」メリー・グールディング著、深沢道子訳が日本評論社より出版された。 日本 TA 協会第10回大会のゲストとして、メリー・グールディングが来日。

	講演とワークショップを行った。 石山・安部・松井 CTA 資格取得
1998	「エリック・バーン」イアン・スチュアート著が諸永好孝訳でチーム医療より出版された。 日本心理臨床学会名古屋大会で、繁田千恵が「カウンセリングにおける交流分析の活用」というテーマで、事例の研究発表を行った。
1999	ルス・マクレンドン、レスリー・ケイダス夫妻の家族療法ワークショップが5月に佐島で行われた。主催は野間メンタルヘルスクリニック。 8月にサンフランシスコで国際 TA 協会年次大会が開かれた。日本の金丸隆太、門本泉、室城隆之が研究発表を行った。 同大会後のトレーニング・エンドースメント・ワークショップ（TEW）で、高橋典子が準教授会員の資格認定をされた。日本における臨床部門の準教授会員は5名となった。
2000	「よりよい人間関係とコミュニケーションスキル―TA＋NLP」エーブ＆デービッド・ワグナー著が諸永好孝訳でチーム医療より出版された。 8月、ハリファックス（カナダ）の国際 TA 協会年次大会で、花田裕子（大分看護大学）が教育部門で認定会員試験にパスした。これで教育部門の認定会員（CTA）は、5名で内3名は準教授会員である。 5月26、27日　交流分析学会大会（大会長白井幸子）　ヴァン・ジョインズが基調講演並びに性格適応型理論のワークショップを行った。
2001	1月にコインバトール（インド）の国際 TA 協会大会において北村嘉伸が教育部門で認定会員資格審査口答試験に合格した。 3月に繁田千恵は論文「日本における交流分析の発展および実践に関する研究」で、立正大学より博士号（文学）を授与された。 7月25日シドニー（オーストラリア）の国際 TA 協会年次大会で石山陽円が教授会員（教育部門）、武島芳枝が認定会員（教育部門）の試験に合格した。 11月8日　日本における第2回 CTA の口頭試験が行われた。会場：早稲田大学。門本泉、室城隆之、金丸竜太、小川邦治、満山かおる、島田涼子、篠崎信之 北村義伸：CTA（教育）インド
2002	2月24日　日本交流分析協会大会にてステファン・カープマンが基調講演を行った。 7月6日　アカデミアＴＡ久米記念シンポジウムで江花昭一・繁田千恵がクライエントとカウンセラーの脚本というテーマで話をし、あと参加者とディスカッションが行われた。

2003	「日本における交流分析の発展と実践」繁田千恵著が風間書房より出版された。
2004	
2005	
2006	高橋典子 TTA（P）Istanbul Turkey CTA 口頭試験が日本で行われた。資格取得：北村義伸 CTA（O）・西澤寿樹・川口典子・石井章子・宮城聡・金武育子・森陽子・藤原加奈江・安井由紀・上原真樹子（以下全員 CTA（P））
2007	「交流分析および人格適応論」ヴァン・ジョインズ、イアン・スチュアート著、白井幸子・繁田千恵監訳が誠信書房より出版された。 サンフランシスコで ITAA 年次大会が開催された。繁田千恵が TTA（Teaching 教授会員）資格取得
2008	南アフリカ・ヨハネスブルグで ITAA 年次大会　繁田千恵 TSTA 資格取得
2009	
2010	エリック・バーン生誕100年記念大会カナダのモントリオールで開催された。 青沼ますみ CTA（E）カナダモントリオール 10月　ヘレナ・ハーガデン　日本 TA 協会大会　講演・ワークショップ
2011	3 月11日　東北大震災　11月クロード・スタイナー博士　交流分析協会 豊田直子　CTA（E）Daventry UK
2012	2013年 ITAA 国際会議の準備が進められた。
2013	「交流分析の理論と実践技法」スタン・ウラムス、マイケル・ブラウン著、繁田千恵監訳が風間書房より出版された。 8 月13日－18日　ITAA 国際大会が開催大阪国際会議場で開催。 大会長：杉田峰康　運営委員長：繁田千恵　事務局長：安部朋子 ITAA 会長 Johan Heath、John Dusey、Trudy Newton、その他内外の TA 研究者、実践家から多くのワークショップが開催された。 日本交流分析学会、日本交流分析協会、日本 TA 協会、3 団体の共催で行われた。資格取得者 TSTA（P）資格取得者：門本泉　CTA（P）光延京子・池田恵子・関真利子・CTA（E）直井貞純　浅井千帆
2014	サンフランシスコで国際大会が行われた。 資格取得者：安部朋子　TSTA（E）　堀明子　CTA（P）
2015	
2016	依田真由美・生方弥生　CTA（E）取得　New Zealand
2017	

2018	貴宝院英代 CTA　Dunedin. New Zealand Gunter Mohr（TSTA Org）ワークショップ　奈良 JohnDussey（TSTA P）交流分析協会大会 9 月静岡
2019	ITAA 大会開催　Raleigh NC USA 資格取得者：北村義伸　TTA Raleigh NC USA 　　　　　　　星野恵子　CTA（E）　　〃 林千世　杉本早稀　川並美智子 CTA　New Zealand 5 月 Jan Grant　日本 TA 協会大会　講演・ワークショップ 9 月 Karen Pratt　交流分析協会　講演・ワークショップ ？月 Julie Hey　有志
2020	COVID－19ほとんどの活動は中止

4）日本の交流分析
＊「S」の概念：池見理論

　やがて、心療内科での実践の経験を通して、池見、杉田諸先生方は実際面で、その適用に違和感をもち始めました。「TA が精神分析に基礎をおくと共に、アメリカ式の人生哲学をふまえて理論が組み立てられていること、またアメリカ社会のゆがみが理論と技法に反映している点もあることから、その違和感が生じたのであろう」と杉田先生は述べています（1998）。1972年から74年まで、杉田先生は池見先生から TA の改革案、東洋思想を加味した再構築を教示されました。この池見先生の思想を反映して書かれたのが1974年に出版された「セルフコントロール」（池見酉次郎、杉田峰康　創元社）です。さらに S（セルフ）の概念が加わった「続・セルフコントロール」（池見酉次郎、杉田峰康、新里里春　創元社）が1979年に出版され、現在19刷を重ねています。

　池見先生は東洋思想の基に TA の自我状態理論を検討し、P, A, C,を体験される自我として、それらを観察する一段上の自我、S の存在を主張しました。バーンの PAC 理論は、天地宇宙、自然の中で生かされている本来の実存的自己にまで、思想が深められていないと批判しています。S の概念を池

見先生は禅の全身眼の思想として説明し、"大きな我"と呼び、Aを"小さな我"と呼んだのです。この思想は、一つの哲学として納得がいき、TA と東洋思想の合体から生まれた概念として受け入れられますが、それはバーンが創始した TA ではありません。TA が精神分析といわないように、S の概念はバーンの自我状態理論ではなく、池見先生の自我に関する哲学的思想と私は考えています。

　「自己実現への道」「突破への道」その他多くの TA に関する著作で有名な、アメリカのジェームズ（James, Muriel）博士は、池見先生の S の概念とは異なった表現で、知に勝る精神性を説いています。ジェイムズはそれを"インナー・コア"と呼び、3 つの自我状態を貫いて存在する、個人の魂、精神であると主張しているのです。1991年、日本交流分析学会第16回大会に於いて、基調講演者として招聘されたジェームズ女史と池見先生が対談を行いました。セルフに関する両者の考えに、明瞭な言語上の一致はなかったのですが、キリスト教と仏教という異なった 2 大宗教をバックとした東西の心理学者が、自我というテーマで語り合うこと自体が、非常に画期的な出来事とうけとめられました。

　日本独自の文化の中で、TA の概念が変化し、日本流 TA を作り上げているときに、諸外国から TA の臨床家・実践家を迎え、オーセンティックな TA に触れることは非常に重要で、大きな刺激となっていました。特に、この分野で深沢、六角両先生の功績は大きいのです。英語に対する日本人のコンプレックスも、次第に国際社会の中で変容しつつある現在、言語の問題は解決される方向で進んでいることは確かです。

＊エゴグラムの功罪

　最近は大分様変わりしていますが、日本で TA といえばエゴグラム、という認識が強かったと思います。いまだに学会の発表も半数近くが、機能分析、交流パターンの分析など、やはりエゴグラムに関する研究が多数を占め

ています。エゴグラムは1973年から九州大学が取り組みをはじめ、1977～78年に東大、弘前大で質問紙法が開発されました。1979年、新里氏が ECL（Egogram Check List）を作り、続いて九大・岡山大の TAOK（Transactional Analysis OK）、東大グループの TEG（東大式エゴグラム）、日大、桂先生・中部労災病院芦原先生の SGE（Self Grow-up Egogram）など多種にわたるエゴグラムが開発、改良を重ね現在に至っています。アカデミア TA では独自に開発した自己洞察テスト E.G.O（イージーオー）が4版まで改訂されて現在に至っています。E.G.O の特徴は、質問は肯定文に限定、グラフは横の棒グラフを用いる、など、テストが被験者にとって評価的、否定的影響を与えないように配慮されているのが特徴です。「子ども」の因子を従来の「FC、AC」に「RC 反抗する子ども」を加えた6因子のエゴグラムも現在開発され活用されています（松本・繁田, 2020）。

　現在の日本では、人間関係の改善を目指すトレーニングの手段として、産業や教育の研修プログラムのなかで、エゴグラムを筆頭に TA の概念は大いに活用されているのですが、使われている理論が TA 理論であることを知らないで使っている実践家も多いのが現実です。これは TA 理論の使いやす、簡便さが招いた功罪でしょう。TA を真に臨床現場、実践に活かすためにはフロイトの精神分析、対象関係論、自我心理学を理解し、個人の内界で息づいている見えない心に、畏敬の念と冷静な観察力をもって関わることが大切です。エゴグラムは単に個人の、その時の一面を表しているに過ぎません。目の前の生きている人を観察せずに、そこに置かれた一枚のテスト用紙を重視する傾向は、日本の TA が現在ともすれば表層的、操作的といわれる理由の一つでもあります。

＊日本における国際資格の意味

　臨床心理学系の学会誌の事例研究を見ても、日本におけるカウンセリングで、交流分析療法が用いられた事例の発表は、現在のところ非常に少数です。

　国際的には交流分析を臨床・実践に用いるためには、国際TA協会ITAA（現在はEATA、その他国際的な数団体がありますが、資格並びに取得のプロセスは統一されています）によって定められた資格取得という条件が規定されていることも、TAでの心理療法が日本において普及しない一つの原因でしょう。最低1年半から2年を要する一定のトレーニングを修了し、筆記、面接の試験をパスして、初めてCTA（認定交流分析士）資格を得られる制度は、クライエントとセラピスト双方の安全保障のために、非常に重要な取り決めです。試験が英語で行われるために（通訳つき可）、TAの日本における発展に対しては、大きな壁となっていることも事実です。さらに勉強するにも翻訳書が少なく、多くの文献や国際TA協会の書類および会報、論文がすべて英語というハードルも、見逃せない障壁になっています。現在は日本でもその英語の難関を突破して、有資格者がどんどん増え、最初の資格である認定交流分析士資格取得のために十数名の方がトレーニングを継続中です。

　現在の日本での教授会員TSTAは石山・安部（教育）、繁田・門本（心理療法）、TTAは高橋・北村、准教授会員PTSTAは室城・島田・小川・池田・末松・鈴木・疋田・宮城です。日本に教授、准教授の有資格者が増え、筆記試験の論文に関しては査読者になることは出来ます。口頭試問は英語で受けるのが原則です。通訳は可で、そのための試験時間も長くなっています。受験者は自費で通訳を帯同しなくてはならず、これもまた経済的なハードルが高くなります。また準備する書類は全部英語であるため、手続きの過程でも数々の困難さがあります。現在ではZoomなどネット上でのやりとりを有効な手段として用い、世界中が地域的な境界や分野の違いを越えて、有資格者からトレーニング・スーパービジョンを受けることができます。しかしここでも英語力が大きく影響してくるので、解決したい問題が沢山あるのも事実です。しかし以前よりTA学習者の間での国際資格取得に対するモチベーションも高くなっています。

＊日本の資格

　前述のように、TA は日本では心療内科において精神分析理論に替わる心
理療法として活用され、主として医者が患者に対して用いたのが始まりです。
そのため、心理専門家として国際 TA 協会の資格云々より、治療に役立つ
医療のためのツールとして、簡便に使えるエゴグラムが重視されたのでしょ
う。従って国際 TA 協会 ITAA の資格獲得はあまり視野の中に入れられな
かったと思われます。日本交流分析学会では認定交流分析士の資格を出して
いく方向をとり、平成４年に日本交流分析学会実践資格認定制度が発足して
います。申請資格は、学会在籍３年以上、学会発表２回以上（他学会でも可）、
原著論文、著書１篇以上あることで、その他、具体的な実践のケースや、研
修会参加の証明書などと共に学会に提出し実践資格認定委員会、および理事
会で承認されます。

　産業界も日本交流分析協会が独自の交流分析士という資格を出す方向に進
みました。これは40時間の研修を第一ステップとして２級交流分析士からは
じまり、最終的には教授会員資格に至るのですが、国際 TA 協会の資格と
比べるとトレーニング時間も短く、内容も難易度もやや低いと思います。し
かし日本における TA の普及という視点では、このシステムは非常に有力
で現在もたくさんの有資格者が生まれています。これは国際 TA 協会の資
格認定制度に比べ、取得しやすい資格です。そのような資格認定制度や、次
第に日本的交流分析に変質していく傾向に危惧を持ち、バーン本来の TA
理論の普及を目指し、国際 TA 協会の規定に則った資格取得を目標にした
トレーニングの実施を主張して、日本 TA 協会が発足しました（1986）。数
年前までは、あまり活発な活動は行われていなかったのですが、現在は人事
も刷新され、国際 TA 協会の有資格者である若手理事たちが国際 TA 協会
とパートナーシップを結び、本来の創設の理念である国際資格の取得を目指
すトレーニングを開始し始めました。今後の活動を期待しているところです。

　現在、主な日本の TA 関係の団体は、学会１、協会２、その他研修団体

が十数機関あり、それぞれが特徴ある研修を提供しています。

5）日本における TA に関する学会・研究団体
日本交流分析学会

　設立1975年　第 1 回総会は1976年 5 月23日に行われました。

　設立当時の役員は以下の通りです。

　　発起人：池見酉次郎他41名

　　委員会：委員長－池見酉次郎

　　　　　　　常任委員－石川中、国谷誠朗、桂戴作、杉田峰康、新里里春、

　　　　　　　深沢道子

　第 1 巻第 1 号の「TA ニュースレター」は1976年 9 月30日に発行されています。

　第 2 号以後は「交流分析研究」という名称に改まり、現在 Vol45. 2020年発刊に至っています。創刊号の会長挨拶で、池見先生は以下のように、交流分析の名称と、学会の趣旨を話されています。

　『トランスアクショナル・アナリシス（TA）の日本語訳については、本学会としては「交流分析」と称することになった。この訳語はたまたま、私どもの発案になるものである。しかし、学会としては、米国式の TA に対する正しい理解をふまえて、特定のグループの考えに偏すること無く、広く我が国に定着しうるような TA の理論と技法の発展を目指すものとして、この表現を用いることになった。（中略）本学会としては、上述のように米国式の TA の単なる受け売りになることがないよう、特定の目的のために考案された、理論や技法に偏することがないよう、しかも現実から遊離して、アカデミックな自己満足に陥ることがないように努め、真の自己発見と自己実現を通して、社会の福祉に寄与しようという、本法の基本的理念に則って、研究並びに啓蒙の活動を展開すべきものと思われる。』

　学会員は1976年 9 月で210名、医療関係者が大半を占めていましたが、現

在2020年には約600名です。現時点での会員の職種は大学を含む教員がトップで、医師、産業関係、臨床心理関係者の順になっています。

　現在の会長は中部労災病院心療内科部長、芦原睦先生です。年1回の学術大会と、年1回の研修会が行われています。

日本交流分析協会

　1976年6月、加納正規、国谷誠朗、杉田峰康の3名が世話人となり、日本産業交流分析連絡協議会の設立を目指し、準備を始めました。この会の目的は、非臨床分野として、日本交流分析学会の姉妹団体を作ることであったのです。産業界で TA を活用し、それを指導する人たちの相互交流、研鑽、親睦を図り、国際 TA 協会、並びに日本交流分析学会と緊密な連携をとって、TA に関する研究を深め、その発展に寄与するための機関として設立されました。

　発足は1976年10月、名称は「日本産業交流分析協会」です。初代会長は杉渓一言（日本女子大名誉教授）。事務局長は加納正規、その後、加納氏が会長になり、現在は下平久美子氏が理事長、会員数は約3500名です。第1回大会は設立2年半後の1979年、大手町のサンケイ会館で行われました　発足当時は産業界の人が多数を占めていましたが、次第に心理、教育、看護の分野、家庭の主婦など多彩になってきたため、産業という文字をはずし、1981年に「日本交流分析協会」という名称に変更しました。

　1986年ごろ資格制度設定の問題から意見が分かれ、協会独自の資格認定制度確立を目指す方針に反対した六角、諸永、村瀬、菅沼、渡邊氏らが退会して、日本 TA 協会を設立しました。

日本 TA 協会

　前項で述べたように、交流分析協会の独自の資格認定に反対し、あくまでも国際 TA 協会の基準に則った研修、資格認定を目指した前述の5氏が中

心となり、日本 TA 協会の設立は計画されました。設立は1987年 9 月、第 1 回大会・総会は1988年 5 月に日本青年館において開催されました。発会当時の会長は深沢道子（早稲田大学教授）氏。現在（2020年）は室城隆之（江戸川大学教授）氏です。

　設立当時の理事は深沢道子（会長）六角浩三（事務局長）、今井典子、小川武久、国谷誠朗、繁田千恵、新里里春、菅沼憲治、妙見里子、村瀬晃、諸永好孝、渡辺広子（敬称略）で、設立趣意書の中で、日本 TA 協会の理念を以下のように述べています。

　「日本文化に根ざした TA の発展を踏まえ、かつ国際 TA 協会が要求するトレーニング基準に則った教育システムを備え、国際資格認定の水準に達する研鑽を目的に設立（中略）。言語その他の問題から、ともすれば国際間の情報の流れが滞りがちになり、独自性を追求するあまり、普遍性を軽視する傾向が生じるのを避けるためにも、当協会は国際 TA 協会と密接な連携を保ちつつ運営していく所存です」(1990)。

　国際資格取得にむけてのトレーニング実施、および TA101・202を開催して、TA の普及を目指しています。1994年 5 月、日本において初の国際 TA 協会主催資格認定試験が行われ、教授資格認定者 3 名、臨床資格認定者 9 名が誕生しました。

　毎年大会が行われ、1996年の第 9 回大会はヴァン・ジョインズ博士（South East Institute 所長）が基調講演とワークショップを行い、1997年第10回大会は、メリー・グールディングが基調講演者として招かれ、ワークショップも開催されました。

　会員数は約300名。年間 3 〜 4 回のニュースレターが発行されています。TA101をはじめ多くのワークショップやウェブによる講義も行っています。

その他の研究・研修機関

　ここでは、国際 TA 協会との関係性を重視する筆者の立場から、国際 TA

協会教授会員（TSTA）会員（国際TA協会資格取得のトレイニングが実施出来る
資格）主催の機関を優先しています。それぞれホームページをご覧下さい。

　TA心理療法研究所（繁田千恵）TSTA（P）

　TA教育研究所（安部朋子）TSTA（E）

　TALT（小川邦治）PTSTA（P）

　アカデミアTA（瀬尾功）

＊日本での学術的評価・その問題点

　なぜTAは臨床心理学としてメジャーな理論とならないのでしょうか。
カウンセリングの臨床現場でTAをバックアップ理論にしている心理療法
家が少ないのは、何故でしょうか？　この技法は日本人に有効なのだろう
か？　適していないとしたらどの部分なのだろう？

　日本のカウンセリング臨床に役立てていくために、国際TA協会認定資
格者である日本のTAアナリスト（Certified Transactional Analyst）は、今後
どのように活動を展開していったらよいのだろうか？　これらのテーマは、
現在私たちTAの臨床家、セラピストが向き合っていくべき、というより
直面化して思考や行動の変革を模索し実行していく時なのだと考えています。

　果たして交流分析は心理療法の理論、技法として日本に受け入れられ定着
するのでしょうか？　TAの効用とその限界を見いだし心理療法としての
TAの活用を考えていくことが必要です。

　今までに言われてきた、交流分析に対する批判を取り上げ、検討してみま
しょう。

1．Pop Psychology

　日本の心理学界でTAが注目されなかったのは、いくつかの理由が考え
られます。その一つは前にも述べましたがエゴグラムが独り歩きして単なる

テストのツールで深みがない、という印象をもたれたことだと思います。

　1960年代アメリカに於いても同じような現象が起きていました。1964年に発刊されたバーンの著書『Games People Play』は全米で500万冊という爆発的な売れ行きを示し、大衆に受け入れられ、一種のブームになったのです。漫画のイラストでニューヨークタイムズの表紙になり、Games People Play という歌が1959年グラミー作曲賞（Joh South）を獲得したりと、広く大衆に普及した効果は目を見張るものでした。しかし一方ではポップ（ポップミュージックからの由来）心理学というレッテルを貼られ、お手軽な心理学と誤解をされ、専門家から軽視されている面も多いのです。日本でも Games People Play は南弘先生（社会学者）が翻訳され1968年に出版されていますが、訳が難しくアメリカのようなブームにはなりませんでした。しかし日本でも精神分析の口語版というのはマイルドな評価で、精神分析の手軽な 2 番煎じ、3 つの丸の中に人間の心を封じ込めた小手先だけの理論など、厳しい評価を受けている側面もあります。単に技法として軽く扱われ、またはゲームとかラケットとか脚本という言葉が日常語でもあるために混乱を起こしやすい事情もありました。

　さらに TA の基本哲学である「人はみな OK な存在である」という思想が、OK という言葉に込められた実存的意味が理解されず、簡単に OK,OK でいきましょう、という手軽な楽天主義と受け取られたこともマイナスの影響を及ぼしました。トーマス・ハリス（Harris, T）の著書『I'm OK－You're OK』（1967）が、アメリカでベストセラーになり OK という言葉が一種の流行語にまでなったことも心理学的深みがないと批判され、単なる「お気楽心理学」と捕らえている人も多かったようです。

2．用語の問題

　前にもふれたように、理論が口語体と図で簡潔に述べられ、その分かり易さがかえって誤解を招くという現象も起きています。エリック・バーン自身、

特に自我状態に関して、誤解を招くような記述が彼の著作を通して多いのも事実です。彼はしばしば自分の著書や講演の中でも、定義と説明を混在させました。彼が60歳で心臓発作による急死を遂げてしまったこと、バーンの"強気で皮肉屋"という性格の一面が、誤解を敢えて解明しようとせず、疑問や質問に対して皮肉や風刺で反論したことが、他者に混乱を与え、理論が未成熟という印象を植え付ける結果となったと思われます。その後、多くのTA 理論家たちが、さまざまな議論を交わしバーンの理論を発展させ、新しい理論を構築しつつ現在に至っていますが、これは TA が不確実な理論であるというのではなく、現在も生き、いまだに成長を続けている理論の証拠であると私は考えています。

3．文化的差異

　前述の二点はアメリカ、日本に於いて、さらには世界の他の諸国に於いても共通する問題ですが、もう一つは日本と欧米の文化的差異という問題です。アメリカの個を重視する文化と、周りとの調和を最優先し他者重視の日本文化との違いが、日本人が TA の理論に抵抗を起こしやすい原因となっている可能性が高いのです。特に値引きの概念は日本では謙譲の美徳という文化を脅かすものとして、なかなか受け入れにくいものとなっています。脚本理論も、ともすると過去のことを後悔し親を責めるという一つの現象に焦点を当て、嫌な後味のラケット感情をさらに際立たせる理論として、受け入れるのに困難をきたす、或いは脚本分析が心の大きな傷になり精神的な損傷に繋がってしまうこともあるのは事実です。

　また心理療法としての TA のアプローチは通常、グループセラピーの形式をとります。他者にどう見られるかを強く懸念する日本文化では、グループの中で自分の問題を開示し、メンバーが注視する中、セラピストとワークをすることは、かなり勇気が必要です。日本人の"恥じの文化"と相容れないものがあるのかも知れません。バーン自身のグループセラピーは日本での

エンカウンターグループと同様に、一対一の治療よりグループのプロセス、メンバー間のやり取りを重視しています。しかし1970年代以降、ある TA の学派（主として再決断療法学派）では、グループの中で一対一のセラピーをする形が多く用いられるようになりました。この TA のアプローチは、日本のプロセス志向型のエンカウンターグループとは異なり、参加者にかなりの直接的なインパクトを与える可能性が強いのです。トレーニングを十分受けていないセラピストがセラピーを行った場合、手術の失敗と同じ結果となり、TA は怖い、感情に巻き込まれやすいから危険、という印象を持たれる状況が生じていることも事実です。

　バーンも繰り返し述べていますが、TA は切れ味の良いメスでもあるのです。その使い方を誤らないようにすることが、TA の実践者として、なによりも大切な倫理でしょう。

　TA 理論の本質が持つ問題と、日本との文化的差異から起こる問題が、今後の日本における TA の発展のために、十分検討されるべき事項であると考えています。

第3章　心理療法としてのTA

１．TAと心理臨床

　国際的な倫理綱要では、TAを臨床に用いるためには、国際TA協会によって定められた資格を取得することが規定されています。これが日本におけるカウンセリングの臨床現場で、TAが活用されない理由の一つになっていることもまた事実です。

　資格認定の基準は、クライエントとセラピスト双方の保護のために非常に重要で、見えない心をTAという切れ味のよいナイフで手術をすることなのですからから、より慎重な取り組みが求められて当然でしょう。

　しかし日本では、勉強するにも翻訳書が少なく、多くの文献や国際TA協会の書類および会報、論文がすべて英語、試験も現在は英語で受ける、という困難な要素が数多くあります。資格取得のための４分野でのトレーニングを提供できる日本人の有資格者がまだ少数であることも問題であり、現在その改善の道半ばにあります。日本TA協会は、本来の趣旨に立ち戻り、国際TA協会の理念、すなわちバーンの基本的な哲学を大切にする姿勢を打ち出しました。しかし協会が目指した、ジャーナルや資料の翻訳、国際会議での通訳、日本語での受験への対策など、どれもが未だに不十分な現状でもあります。

　これは単に語学の問題だけではなく、日本人の精神、文化とも深く関連しているように思えます。それらの問題を見いだし、検討し、今後の方策を立てていくことが、私たち国際TA協会認定の有資格者に課せられた任務と責任であると考えています。心理臨床の世界にTAがより受け入れられ、使われるようになるためには、正確な理論と実践の普及につとめることが必須であり、また、後継者の養成も急務になってきています。

　一見シンプルで分かりやすいために、アメリカでもポップ心理学と言われた時代があったようですし、日本でも、ごく手軽な性格テストとしてエゴグラムが用いられ、ネット上でも興味本位の簡単な分析方法として人気があります。しかしTA理論そのものは奥深く広がりも大きく、個人の内的世界の理解から対人関係、家庭、教育、産業、組織、国家と適用範囲は広大です。また心理臨床の現場でも面接開始から終結に至るまでの経過の中で、ケースの見立てから、面接のプロセス、予後までに、TAの諸理論は具体的に活用ができるのです。

2．バーンの治療哲学
1）セラピストの責任
　バーン自身が受けた医学の訓練、また医者としての生き方が心理療法に対する彼の考え方に強く影響していることは、すべての著作から明らかに読みとれます。バーンは昔からの3つのスローガンを引用し、セラピストは各セッションの前には必ず思い出すように勧めています（Berne, 1966）。それはprimum mon nocere; vis medicatrix nature; je le pensay, & Dieu le guaritです。

Primum non nocere:
　ラテン語で「なにより危害を加えるな」という意味です。心理療法家の最大の責務はクライエントに危害を与えないことです。バーンは彼の著書の中で以下のように述べています。「セラピストは患者の感情を傷つけたり…適切な準備もなく病状の領域を開いて患者を傷つけたり、他のセラピストの治療さえも患者が受けられないようにしてしまって、初めて患者に危害を加える可能性を認識するようになる…セラピストは自分で始めたセラピーを自分で終わらせることが出来るようになるまでは、トラウマ的分野をのぞき見してはならない」（Berne, 1966）（Stewart, 1993, 諸永訳, 1997）

Vis medicatrix nature:

　これは「自然治癒力」という意味です。バーンは「患者は心身に対し、健康でありたいという衝動を自然に組み込まれたものとしてもっている。サイコセラピストの仕事は、患者が自分のパーソナリティーの中に健康な部分を見いだし、それを育て自分の可能性を高めるプロセスを一緒に歩き、それを妨げるものがあれば取り除くための援助をすることだ」と述べています（Berne, 1966）（Stewart, 1993, 諸永訳, 1997）。

Je le pensay & Dieu le gurit:

　これは16世紀のフランスにおけるモットーで、「治療をするのは私で、直すのは神様だ」と言う意味にほぼ近い言葉です。しかしバーンは「セラピストは治すことは出来ない。自分の能力を尽くして患者を治療し、傷つけないように注意し、後は自然が癒しのコースをたどるのを待つだけだ」とも言っています（Berne, 1966）（Stewart, 1993, 諸永訳, 1997）。

　バーンは常々「セラピストの仕事は治すことである」と主張していますが、個人の持つ治癒への意志と、自然治癒力のスローガンと、どう折り合いをつけているのでしょうか。バーンは、患者を治すということは患者が治るように準備してあげることだ、と言う意味で使っていると述べています。またバーンは自然治癒力についても、セラピストが何もしないことや、いい加減な治療の言い訳に使ってはいけないとも言っています。

　クライエントが治るために準備する仕事は、綿密な職業的技能が必要です。これらの技能・スキルを実行するためには、首尾一貫した専門職としての熱意、度量、献身、良心的態度が必要であり、また鋭い感覚を持っていなければならないのです。セラピストは真の医者であるべき、とバーンは繰り返し述べています（Berne, 1961）。これは医師だけが心理療法を行えるというのではなく、セラピストは常にクライエントを癒す最高の技術を身につけていな

ければならないという意味なのです。

2）真の治療者とは

　バーンは次の4点を強調し、真の医者・治療者はかくあるべきだと述べています。

1）実践あるいは訓練の間でも、常に何よりも患者を治すことに専念していなければならない。

2）それぞれの局面で、自分が何をしているのか、何故そうしているのか、を知ることのできる治療計画を立てなければならない。

3）たとえ調査・研究活動をしている場合でも、患者の為の適切な世話を優先しなければならない。

4）プロとしての責任範囲内では、自分の行動に関し自分が完全な責任をとらねばならない。

　このバーンの主張は、医者のみならず、セラピストにとり非常に重要な真理でしょう。

3）セラピストの養成

　バーンは良心的なセラピストは職業的、また個人的という2つの方法で訓練される必要があると主張しました。職業的な面では、決められた方法で訓練を完了し、その分野でのスーパービジョンを受けることで、セラピストとして仕事が出来ます。それ以前には治療的アプローチは絶対に行ってはいけないと戒めています。個人的な面では教育分析やカウンセリングを受け、セラピストになる自分の動機を調べることが必要です。自分の潜在的弱みや、陥りやすい罠はどこだろうか？　個人の問題を明確にし、それを出来るだけ整理しておくことが肝要であるとも言っています。

（1） プロフェッショナルな訓練

　プロフェッショナルな訓練については、TA の理論と実践に関するトレーニングだけでは不足です。精神分析の理論と実践、集団心理療法、グループ・ダイナミックスなどについても充分な理論と体験学習が必要です。さらに実存主義的心理療法、ゲシュタルト療法、サイコドラマ、ユング心理学等も学んでいることが望ましいとバーンは言っています（Berne, 1966）。

　バーンは TA の臨床家としての認定を受けたい人のためのカリキュラムを制定しましたが、これには解剖学、生理学、薬学、児童の発達、精神病理学の概論が含まれています。また専門医にリファーできるだけの病理を判断する臨床の実地訓練も欠かせないと述べています。

（2） 個人的訓練

　パーソナルな準備としては、クライエントとして、個人とグループの治療を経験しておくべきだとバーンは主張しています（Berne, 1966）。そこで行われることはセラピストの個人的な問題の処理であり、徹底的な自己理解に向けての自己対決であり、自己受容でしょう。バーンは特にトレイニーに対し、セラピストになりたい自分の動機は何かということを、厳しく内省することが必要だと述べています。方法としては以下のように行うことを示唆しています。

　「紙とペンを前に最初 3 つの動機・理由を書く。これは「成人」の自我状態が多く使われる。さらに幾つか書いていくと、「親」の自我状態から、“人を援助することは素晴らしいことだ、可哀想な人を放っておけない、尊敬される仕事だ” などという価値観に基づいた動機がでてくる。さらに質問を続けると、“私が役立てば、人は私を見捨てないだろう”“人が困っているときに助ければ、人も私を助けてくれる” という「子ども」の自我状態からの動機も現れてくるだろう。セラピストが「親」と「子ども」からの動機を見つけたら、「成人」を使って、適切な自己訂正をしなければならない」とバー

ンは述べています。動機が「親」や「子ども」からだと、今、ここ、でのクライエントとの関係でゲームに陥り易いと示唆しています。

　「セラピストは治療セッション中で、ゲームをする可能性があるかどうかを予見するためにも、自分の感情、思考、行動をきちんと把握していなければならない」。バーンは、この自省と自己訂正の継続的プロセスを、自己調整という言葉で表しています（Berne, 1966）。

4）セラピストの態度

　セラピストはあらゆる意味において、新鮮で、気持ちよく自分のセラピーを行うべきです。日常生活での戸外での運動、調和のとれた人間関係の構築、趣味や娯楽から得る適度な開放感、バランスの良い食事など、すべての日常生活は良いセラピストであるために向けて行われるべきものでしょう。

（1）有能なセラピスト

　バーンは「治療時間中には、毎回何か新しい発見があり、学ぶことが見いだされるべきだ」と述べています（Berne, 1966）。バーンが有能なセラピストというのは、常に熱心に自分のスキルを磨き、迅速な治癒を心がけて仕事に打ち込んでいる専門家のことです。積極的に系統だった計画を立て、必要なときには断固とした介入をする。セラピストの意図がどのように善意であっても、自然に出来るクライエントとの関係は必ずしも治療的関係とはいえません。バーンは「プロのセラピストの仕事は、自分の知識を治療に役立つように使うことである。もし患者が愛によって治癒されるなら、それは愛人に任せておくべきことだ。セラピストは患者が治った場合、"私の治療が自然治癒を促進した"とは言えるが"私の愛が患者の病に打ち勝った"とは言えない。この言葉は患者の愛人に残しておくべきだ」とユーモアたっぷりに書いています（Berne, 1966）。

　確かに良いラポールが出来ると、心理療法的変化がタイミング良く起こる

かもしれないのですが、幸運を期待するのは素人であるとバーンは言っています。真の専門家は理論的枠組みを一貫して用い、有効な治療計画を立ててセラピーを進め、自然の治癒を助けることだ、というのがバーンの見解です。

　セラピストはクライエントとの関係において、実存主義哲学に忠実に、嘘、偽りのない本物であることが必須です。これはロジャースも自己一致という概念を提示して、クライエントに対し、ありのままの自分でいることがいかに重要かを述べています（Rogers, 1955）。

（2）本物のセラピスト

　ここで重要なことは、バーンはさらにセラピストは、心理療法家として本物でなければならないと主張した点です。事実、セラピストはクライエントの友人ではないのです。この事実を無視すると、ことは真実から離れてしまいます。セラピストとクライエントはまったく違った立場にあり、違った目的でそこに存在し、その状況に役立つ、異なった資源をそれぞれが持っているという関係なのです。

　セラピストは各治療セッションが始まる前に、次のような質問を自分自身にするべきだとバーンは提唱しています。自分に関しては「私はどうしてここにいるのだろうか？　この時間は私にとって自分の自己開示にどのように役立つのだろう？」またクライエントに対しては「何故、彼はここへ来たのだろう？　どうして心理療法を問題の解決方法として選んだのだろう？　この時間は、彼らの自己開示にどのように役立つのだろう？　彼らはなぜ他のセラピストではなく私のところへ来たのだろうか？」などと自問することをバーンは勧めています。

　訓練されたセラピストは、３つの特質があるとバーンは言っています。
第１は発達した観察力、
第２は自分が観察されることを嫌がらない、
第３は治療状況を効果的に作る能力である。

これらは観察、冷静さ、イニシアティブという特質です。

A．観察力

バーンは「観察はすべての治療ワークの基礎であり、技術に優先するものである」と書いています（Berne, 1966）。

B．観察されることを厭わない

バーンはセラピストがポーカーフェースでいることを良しとしません。

セラピストは自然に備わった威厳をもって行動し、適度に礼儀正しく、周囲に気を配り、仕事に興味を持った熱意ある人、であるように心がけるべきです。セラピストは何時もクライエントのモデルになっているという自覚が必要です。セラピストの行動は、身だしなみ、責任、職業への熱意と献身の原則から導かれなければなりません。

C．治療セッションを効果的に作る能力

セラピストは自分が介入する時期と方法を選択し、それを的確に用いることが大切です。またクライエントとの契約交渉がセッションの効果を決める第1歩であります。

D．最低限の規則

多すぎる規則はゲームに発展しやすいとバーンは警告し、セラピストは以下のことだけを取り決めるように示唆しています。

1）セッションの開始と終了の時間

2）同意した料金の支払方法

3）セッション中の暴力の禁止

4）どんなことでも例外なく発言できること

このリストに守秘義務は明示されていないのですが、バーンが再三述べている、「なによりも患者を傷つけてはいけない」という文脈から、クライエントには秘密が守られる権利があることをバーンが認めていたのは明らかでしょう（Berne, 1966）。

5）セラピストの資質

　アドラーは「治療のテクニックはあなたの中にある」（Adler, 1932）と述べ
ていますが、バーンはさらに「セラピストの準備はクライエントの準備に先
行する」（Berne, 1968）と書いています。セラピストは育成されるもので、生
まれながら、ということはないのです。よい訓練を受け、勉強を継続して行
い、人間としても統合された人は有能なセラピストであると言えるでしょう。
有能なセラピストの性格は広く多岐にわたります。身体的に魅力的な人もい
れば、そうでない人もいるでしょう。エネルギーの高い人、そうでない人、
誰とでも気軽にいられる人と、そうでない人など、さまざまです。

（1）自分の問題解決

　大事なことは、セラピスト自身の中の重要な問題が満足いく形で解決して
いることです。解決とは、問題が無くなることではなく、問題は問題として
あることを認め、とりあえず自分が納得いく形で置いておくことが出来る、
という意味でもあります。これはTAを使うセラピストでも、他の技法を
使う人でも同じように大切なことです。残念なことに凡庸なセラピストは、
自分の問題に気づかないことが多いのです。そのため、彼らは自分の問題を
無意識のうちに、クライエントに押し被せます。情動に押し流されやすいセ
ラピストは、充分なトレーニングなしにTAを治療に使うことは危険です。
101や本で得た知識は自分のためにはとても役に立ちますが、それをセラピ
ーに使うのは、まだまだ先のことなのです。

　これは他の心理療法におけるセラピストの熟練性を云々しているのではな
く、TAのような特殊で、高度な技術を必要とする技法は、充分な訓練期間
と経験が求められるということです。

（2）未熟なセラピスト

　バーンは未熟なセラピストについて、さまざまな彼独特の名前を付けて揶

揄しています。

1. クライエントと、彼らに起こる事柄に魅了されている、不思議な国の男根。
2. 後ろに精神分析の伝統の重みを背負っている、全知全能の使節。
3. めったに何が起こっているかを言わない、秘密を抱えて微笑んでいる人。
4. ほんの少しだけ援助をし、ゆっくり進み、決して動揺しない辛抱強い臨床家。
5. 仕掛けの立派な奇術師。誰にも分からない難しい言葉を並べ立てる。
6. お高く止まって、何も起こさない受動的な保守派。
7. 自分の心地よさを保つために、新しいことは何もしたがらない憂鬱症。

　有能なTAセラピストは上記のような偽の役割に陥らないように注意し、それを拒絶し、今ここで、真実に生きようとすることであるとバーンは警咳を発しています。

6）3つの能力

　TAセラピストに特に認められる資質と技能は、能力・許可・保護という3つの言葉で表されています。

　能力のあるセラピストは真実であり、確実であり、信頼に足り、責任感がある人です。彼らは遊び半分でセラピストになろうとしたり、有能であることを誇示するためだけに時間やエネルギーを浪費しません。そのかわりクライエントの健康と保護に必要とあれば、きちんとした治療的介入を責任持って行います。能力のあるセラピストはすべての回答を知っている必要はありません。しかし、ある答え、に関しては、はっきりした理解を持っている必要はあります。特に基本理論である自我状態、ストローク、やりとり、ゲーム、人生脚本などの定義や、それらが問題とその解決に如何に関連しているか、などです。能力のあるセラピストは学び続けている人とも言えます。

「子ども」の感情、「親」の意見、「成人」のデーターなど、彼らは自分自身の自我状態に敏感に気づいています。自分の中での自我状態の葛藤に気づき、それがクライエントにどう影響しているかも知っています。自分の健康が自分のライフスタイル、ひいては仕事にどのように影響しているかにも敏感です。彼らは「成人」にきちんと情報を与え、経験させることが如何に大切かを知っています。自分の交流を分析し適切に変化させることが出来ます。ゲームの頻度と激しさを軽減し、彼らの内部の「子ども」を再養育することで人生脚本から自由になる術も知っています。

7）スーパービジョンの必要性

　心理療法を行う上で、スーパービジョンは不可欠です。アメリカでは人間関係の仕事の多くは、スーパーバイザー制度をとって、トレイニーの研鑽に力を入れています。「プロフェッショナルである」ためには「普遍的な価値に支えられた、明確な職業倫理を持っていることが必要」と考えられており、専門家養成には理論学習だけではなく、体験学習が必須とされています。しっかりとした実習機関で心理療法を行い、それに対するスーパービジョンを受けつつ、体験学習を重ねることが、一人前のセラピストになるための大前提になっています。また、1人前になっても継続して常にスーパービジョンを受けていくことで、セラピーで起こる様々なクライエントとの関係を通して、より自分の問題に気づき、ひいてはセラピーを成功に導くための有益な指導が得られるのです。

　心理療法におけるスーパービジョンは、精神分析が行われるようになった時代、1920年代後半から1930年代にかけて開始されたといわれます。その後、様々な心理療法の理論、技法が開発されましたが、それらは殆どがスーパービジョンという手段を通して専門家の養成を行っています。

　日本では戦後、精神分析以外の多くの心理療法が導入されましたが、理論と実践に関し教育的指導、訓練は行われたのですが、実際にそれを使って、

クライエントに心理療法を行った場合のスーパービジョンが殆ど行われない状態が長く続きました。

　日本では、カウンセラーは最近まで、自分の仕事に関しスーパービジョンを受けることなしに、仲間内のケース検討会、学会での公的な事例検討などで済ませてきた観があります。ここ20年、臨床心理士の資格制定や、各学会での資格認定の動きが活発になり、はじめてスーパービジョンという制度の重要性が日本の心理療法の世界でも認識されてきました。

　国際 TA 協会では、TA を臨床、教育、組織で使う専門家養成のために、Training and Certification Council of Transactional Analysis, Inc. という組織を持ち、資格認定委員会が認定業務を行っています。臨床会員、すなわち TA を臨床家、実践家として、公に活用するための協会からの免許を得るためには、諸手続、経験を要求されるのですが、なかでも150時間以上のスーパービジョンを受けていることが最初の資格試験受験の前提になっています。

　資格は専門家としての倫理と相関し、軽視してはいけないものですが、資格より先に、その個人の専門性を育てていくためには、スーパービジョン制度は必要不可欠な機能です。経験の浅い深いに関わらず、常にスーパービジョンを念頭に置き、よきスーパーバイズを受けていくことが、専門家として、またセラピストの人間性の成長に繋がるものだと信じています。

　TA の心理療法の場面におけるゲーム、ラケットは、スーパービジョンで最も明白になる現象です。セラピーが行き詰まったり、難しく思われたときにはセラピスト自身が気づかずに逆転移に陥っていることが多いのです。スーパービジョンではセラピーの場面でクライエントとセラピストの間の裏面交流を明らかにして転移・逆転移に着目することが、ケースの行き詰まりの打開に非常に役立ちます。スーパービジョンには卒業はありません。仕事を続けている限り、スーパービジョンは必要不可欠なのです。

3．心理療法のプロセス

1）治療的場面構成

　TAのセラピーで、まず第1に行うことは、クライエントの「成人」の汚染解除をして「子ども」や「親」の自我状態をコントロールする力を「成人」につけることです。経験を積んだセラピストであれば、自分の服装、言動、面接室の環境などすべてがクライエントのいずれかの自我状態に影響を与えていることを知っています。クライエントの「子ども」の自我状態は、信頼や親しみが湧いてくるような、快適な状態を望んでいるでしょう。「親」は彼らの価値観が脅かされないような状況を望み「成人」は思慮深い作業が遂行出来るような環境を望んでいます。部屋の壁、家具の色なども非常に重要です。しかし、個人でオフィスを持たない場合は、なかなか部屋のセッティングまで行き届かない場合も多いことも事実です。壁や棚に絵を掛けグリーンの植木鉢をおくなどして、少しでも快適な環境を用意することもセラピストの大事な仕事です。椅子の選び方も重要で出来るだけ「成人」を活性化するための、きちんとした背もたれのある、少し固めの椅子がよいでしょう。クッションを抱えて、床に座ったりしないようにしましょう。これはクライエントが「子ども」を必要以上に活性化するおそれがあります。面接室では、常にクライエントの「成人」が活性化されているように環境を整えることが望ましいのです。肘掛け椅子とソファ両方を用意しておくと、ソファは「子ども」の自我状態でワークするとき、休みたい気分になったときなどに、意図的に用いることが出来ます。クライエントとセラピストの間には、体の動きがきちんと把握できるようにテーブルや机などは無いほうが良いのですが、しかしお互いに安全な距離を置くためには、低いテーブルはあってもいいかと思います。これも個人的に差異はありますが、私はセッションの間で食べることと喫煙は禁止しています。飲み物は構わないでしょう。こちらが飲み物を提供することはありません。セッション中の訪問、電話は緊急以外、取り次がないように担当事務員に依頼しておきます。これも来室中のクライエ

ントが、今ここで自分が誰よりも大切に扱われているということを実感するためには大事なことです。この経験からクライエントは自分も他者の面接時間に電話をかけてきたり、予約なしに来室して、５分だけという強要をしないようになります。

２）初回面接

　初回面接には、別に決まった方式があるわけではありません。筆者はまず、今日は、と挨拶し、名前や、住所、紹介者などのことを聞きながら、次になにが起こるか観察します。まだ信頼関係が出来ていないうちに、あまり治療的に関わることはしません。話しながら、クライエントは「子ども」の中のＡ１「小さな教授」を活性化させ、セラピストが関心を持ってくれているのか、それとも退屈しているのかを知ろうとするでしょう。または「適応した子ども」からのラケット行動でセラピストをゲームに引き込もうとすることも多いのです。

　経験豊富なセラピストは、直感、訓練、経験に基づいて得た情報を、「成人」を使って検討し、クライエントがどの自我状態を使って、セラピストのどの自我状態を引っかけようとしているのか、または、すでに自分が引っかかっている自我状態はなにか、それは何故？　裏面交流はどのようなものか？　ゲームや脚本は明らかになっているか？　などを心に留めていきます。

　筆者は、個人クリニックでの最初のセッションは面接時間を90分とるようにしています。そこで、後半にエゴグラムを記入してもらい、簡単な自我状態の講義をすることが多くあります。これは TA を使う面接が、より効果的であろうと判断した場合に行います。説明を聞くことで、クライエントの「成人」は活性化し、自分の問題を解決できる何らかの方法を知ることが出来ます。それは、後に続くセラピーを効果的に、短期間でおこなうことに役立ちます。クライエントが、非常に情緒的に不安定になっていて、情報が入り難くなっている場合は、「養育的な親」と「成人」の自我状態を働かせて、

クライエントを共感的に理解し、受容することをまず心がけ、クライエントの「子ども」が安心して、すこし落ち着いてきた後に、TA を導入します。この時期はクライエントによって一定ではありませんが、大体は5セッションぐらいの間で、TA を用いるか、またはコラージュ、フォーカシング、箱庭、その他のアプローチを優先するかを決めます。

　セッションの終わる時間は、きちんと厳守することが必要です。クライエントによっては、最後に重要な話を始めることが往々あります。そのときでも「成人」と「養育的親」を使って、「とても大切な話だから、次回に十分な時間をとって聴かせてください」とはっきり告げます。初回から時間を引き延ばしたりするとクライエントのゲームにのってしまう恐れがあります。

3）記録

　記録は、どのような心理面接においても非常に重要な作業です。とくに初回面接の記録は重要です。記録に際し通常のインテーク面接用紙を用いてもよいのですが筆者の場合、TA の見立てが書きやすいように、独自の記録用紙（A4判）を使っています。

　面接中は、キーワードと重要な流れをメモする程度で、今、ここでのクライエントに神経を集中して、傾聴することが何よりも必要です。クライエントによっては、記録も嫌がることがあります。それもノーと言えればいいのですが、言わずに警戒して表面的な話に終始することがあります。筆者は初めに記録の必要性、また時にはテープをとることなどを率直にクライエントに伝え、もしノーであれば、それを尊重する旨を「成人」から伝えます。時には「自然な子ども」から、愉快な雰囲気で伝えることもあります。

　どのような形の面接でも、記録は必ず残す必要があります。その日のうちにきちんと纏めておくことが、記憶力の点から見てもベストでしょう。アメリカではクライエントから、セラピーの成果が上がらないと訴えられるケースがしばしばあります。その場合どのようにセッションを持ったか、記録が

あれば法廷でセラピスト側の状況証拠となりえます。これは守秘義務と絡んで難しい問題ではありますが、今後、日本でもそのような訴えの増加も予想されるので、その点からも記録の重要性は比重を増して来ています。

　経験の浅い時期、または難しいクライエントに遭遇した場合、クライエントの同意を得て、セッションを録音することも大事な作業です。現在ではスマホでの録音、動画撮影も可能ですが、あくまでクライエントの同意が必要です。これは、セラピスト自身がスーパービジョンを受けるときに非常に役立ち、クライエントに還元される利益であることを、クライエントにきちんと説明し納得してもらうことがまず、必要です。

4）契約

　契約を結び、それを遂行することは TA のセラピー上、最も特徴的であり、有効な技法です。契約は、クライエントとセラピストが双方で結ぶ同意であり、決して一方の側だけの押しつけではありません。これは個人内、あるいは個人間の問題に関し、その解決と解決のための行動を明確に述べた声明です。この声明は明確、簡潔、直接的であることが望まれます。この契約という方法が目標達成に、より現実的に役立つのです。

　セラピーが、常に契約と共に開始されるとは限りません。管理的な契約は明確にしてからセッションは開始されるべきですが、治療契約は早期に結ばれるとは限りません。とくに重篤な神経症や、妄想的な症状を持つクライエントに対しては、契約を急ぐ必要はありません。セラピストは自分の治療計画は作る必要はありますが、治療関係が十分に出来るまでは、無理に契約にこだわることはないのです。セラピストはクライエントに対し、唯そこに存在する、ことからはじめるのです。

　「そこに存在するというのは、クライエントが行く場所があり、話す人がいる、という意味である。人生の早期に、親との関係で十分満たさなかったクライエントは、どのようなセラピーを始めるにせよ、その効果を上げるた

めには事前にその早期における空白を、誰かそこにいる人によって満たされなければならない」(Berne, 1972) とバーンも述べています。

　キャシデイ（Cassidy）とスタイナーは、法律上の契約を参考に、TA の契約には4つの要素がある、と述べています。

1．相互の同意

　これは、前述のように双方の話し合いで同意の上、結ばれるものでなければならない、という意味です。

2．正当な対価

　セラピストが費やす時間と労力に対して、支払われる報酬をきめます。

3．能力

　セラピストとクライエント双方が、合意されたことを実行する能力を持っていなければならなりません。

4．合法的な目的

　契約された目標は、法律に違反せず、セラピストは自分の所属する専門団体において定められた倫理綱領に背かないものであることです。

　セラピーのプロセスで、クライエントは同時あるいは逐次的に、いろいろな契約をむすびそれを達成していくでしょう。最初はごく小さい目標を契約して、それを達成した時に賛賞され達成感を持つと、それが次のステップに進む動機となります。こうして次第に行動の変化から、性格の変容、脚本から脱却した生き方の変容へと進み、セラピーは進展し、クライエントは成長への道を歩み続けます。

　筆者は、ミュリエル・ジェイムズの提案した5つの質問をクライエントに行って、契約を明確にします。(James, 1977)

1．ご自分の人生をより豊かにするために、あなたが欲しいものがありますか？

2．あなたが、その欲しいものを得るために、ご自身の何を変える必要があ

るのでしょうか？

３．変化に効果のある行動で、あなたがしようとしているのは、どんなこと
　　ですか？

４．あなたが変わったことを、あなた以外の人は、どのようにして知ること
　　が出来ますか？

５．どうやって、それをサボタージュしますか？

　この契約に関する５つの質問の技法は、セラピーそのものとしても非常に
効果的です。クライエントは第２の質問で、まず、夫や子どもの不平を言い、
他者を変えようと試みる。そのときは、「彼らがここにいない限り、私たち
は彼らを変えられませんね。あなたご自身について、出来ることは、ありま
せんか？」と告げ、TA のグランドルールである "過去と他人は変えられな
い。変えられるのは自分だけ" を、強調します。ここを明確にして第３の質
問に進む。クライエントの大多数はセラピストに、何かしてもらうことを期
待して来談しますが、この質問は、クライエント自身の主体的関与が求めら
れていることを明確にしています。第４の質問は、具体的に他者が、どのよ
うに、その変化を分かるのか、と問うもので、これはポジテイブなストロー
クとなって、クライエントに返ってくることが多く、それでまた行動が強化
されていきます。第５の質問はクライエントが今まで、知らずしらず行って
きた定番の脚本の中にいる時の行動を明らかにします。

　契約は常に特定されなければなりません。クライエント、セラピスト双方
にとり、計れるもの（measurable）であることが必要です。また、契約は遂
行可能なものでなければなりません。契約の時、注意して言葉やセンテンス
を聴いていると、契約に繋がらない言葉があることが分かります。

　「私はこう変えたいと思っています…」、「私、たぶん、こうしようと…」
というのは、契約とは考えません。明確に「私はこうしたい」「私はそれに
ついて考えましたが、こうします」というのが、契約に繋がる言葉です。第

3の質問に対し、私はこうします、という時に、５Ｗ１Ｈで、より明確化することも勧めます。漠然と「禁煙する」というのは契約になりません。何時タバコを吸わないか、或いは１日に吸うたばこの本数を決めるのが契約です。

　TAが契約を重要視するのは、「人はOKである」という哲学的な前提に基づいています。これは、誰もが考える能力を持ち、自分自身の人生に最終的には責任があるという信条からのものです。自分が人生に何を望むかを決めるのは、クライエント本人であって、セラピストではないのです。セラピストの責任は、クライエントの機能的でないと思われる行動や思考について、その事実を指摘することです。この責任を、セラピスト、クライエント、双方が担うことを意味づけるためには、お互いが契約達成にむけて、どのように寄与するかを、明確に知っておく必要があるでしょう。契約は常に再点検され、変化するセラピーのプロセスに中で、必要とあれば何度も結びなおせるものです。

　契約は単に行動的なものではありません。この点について、バーンは以下の様に説明しています。

　「セラピストとクライエントが、改善のために実際に取り決めることは、単に症状の緩和、行動の変容ではない。このような変化は、改善の信頼できる兆しとして、またセラピーの効果を計る測定基準として考えられるに過ぎない。セラピストは症状や反応の下にある、行動の決定要因を常に注目していくことが肝要である」(Berne, 1966)。

5）面接の流れ

その１．初期

　面接は大体３つの局面に分けられます。第１段階は関係づくりを中心に、そのなかで、癒し、表面的な問題解決をおこなって行きます。第２が作業段階で、問題の原因や力動が取り上げられ、それを解決していく作業が進められます。第３は終結の段階です。これは双方の合意の基に行われます。

＊ラポールの形成

　第1段階においては、ラポールの形成がセラピーのる第1のステップです。動機づけを強め、必要な情報を提供し理解を示し、そして目標設定を行うことをが、この段階の仕事です。クライエントの中には、教師や上司、医者、家族などの要請でセラピーを受けに来る場合があります。もし動機が低いようであれば、この段階で動機づけをすることが重要であり、これは信頼感に深く関係しています。

　信頼感がセラピーの最初のステップで作られると、クライエントは第2段階でより自分の問題に安心して取り組むことが可能になります。問題にのみ注目しすぎて信頼関係を作ることを重視しないセラピストもいますが、それは契約を結びそれを成功に導くことに失敗しやすいのです。

＊理論の説明

　第1段階で他の重要な事項は、セラピーの理論でありセラピストの技法である TA について、簡単で直接的な情報をクライエントに与えることです。筆者は、シンプルで分かりやすい自我状態の説明図をクライエントに渡しています。

＊リフレクション・フィードバック

　さらにこの時期に行う大事なことは、クライエントに、あなたの問題は理解が出来、苦しみは軽減できるということを伝えることです。第1段階でクライエントはA_1「小さな教授」を使って、自分の問題や苦しみを、セラピストが理解できるかどうか、その能力を探ろうとします。「私は理解しましたよ」と、単に告げるのは傾聴ではありません。心を込めて聴いていることを、言葉や態度で示すことが、クライエントにとって、今までに経験しない新しい関係と感じられます。そのようなセラピストの態度に勇気づけられ、クライエントは自分の問題にしっかりと向き合うようになるのです。

　クライエントが早口で自発的に話しているときは、遮らずに聴き、終わりで少し質問をします。しかし、クライエントが、以下のような状態を示したときは、クライエントの感じている感情に対し、きちんとしたフィードバックが必要です。

（1）まったく問題に圧倒されて、手も足も出なくなっている場合。

（2）セラピーや他のセラピストに関して、合理化し、一般化して批評し、自分の問題をやらない場合。

（3）自分で何を言っているのか、分からずによく喋る、またはある時間沈黙をする。

　感情に対する共感的なフィードバックは、彼らが今まで長年行ってきた反抗から自由になるのを助けるためには必須です。

＊リファーについて

　リファーに関する仕事も、第1段階のどこでも行うべき事柄の一つです。どこへ、誰へ、ということが重要ですが、なるべく早期にクライエントに納得いく理由と共に、きちんと告げておく必要があります。自分の問題を沢山話してから、よそへ回されたのでは、憤慨しセラピーに対して不信感を抱くでしょう。

　時間的に余裕のないセラピストが、新しいクライエントを引き受けた場合、なぜ面接を自分が受け持ったのか、自分自身に問いかけてみる必要があります。理由は様々だと思いますが、もし、ゲームに繋がっていれば答えはシンプルです。セラピストの行いやすいゲームは、「見て！！　こんなに一生懸命やっているのよ」「皆が私を必要としているの」でしょう。

　ゲームに繋がる理由は、

＊セラピストの未解決の問題から、救助者になりたがる。クライエントに自分の有能さ、重要人物であることを示したがり、また他のセラピストにリファーする事で、優位に立つ。

＊セラピストの未解決の問題から迫害者になりたがる。クライエントに、助けられるというシグナルを出しながら、それを行わない。

＊セラピストの未解決の問題から犠牲者になりたがる。自分のスケジュールを一杯にすることで、興味のある、または収益のあがるクライエントを、他者にリファーせざるを得ない。

　ゲームに繋がらないリファーの理由は様々ですが、以下に纏めると、

＊クライエントの性格、問題の質から、他のセラピストの方がずっと有用である、という思い。

＊クライエントとセラピストの時間調整がむずかしい。

＊料金が調整できない。クライエントはまた別の方法を探すだろう。

バーンの注意点

　バーンは、第 1 段階でセラピストがアクティブであるか否かに関わらず、常に心に留めておくべき注意点が、2 つあること主張しています。

① 「すべての癒すという芸術は、傷つけるな、という一語につきる。必要な部分を必要なときに切り取る、そして何を切り取ればいいかという明確な知識を持って、明確に切り取ることだ。しかし彼らが自分の深い問題に触れる用意が出来るまでは、そっとしておく。また早すぎる介入は注意して避けるべきである」(Berne, 1966)。

② 「クライエントの健康な性格の部分をつきとめ、それを養育し、彼らの能力を高めること」だと、バーンは言っています。「いくらかの身体的、精神的に健康な部分は、不健康な部分の陰に必ず存在する。それらは、たまたま妨害されていただけで、その障害物は取り除くことが出来る。まずクライエントの健康な部分を強化することで、不健康なところに対処することが可能になる。これらの留意点が意味するところは、TA セラピストは自分の知っていることは何なのか、また知らないことは何かを、はっきり知っておく必要がある、ということだ」(Berne, 1966)。

その2.　中間期

　中間の段階とは、セラピスト・クライエント間に、共同作業体としての関係性が成立し、クライエントはセラピーを受ける動機づけも出来ている時期を指します。TA 理論の理解も進み、受け入れられ理解されている感覚をもち、一時的、または主な契約も出来ている時期です。

分析とワーク

　この時期、性格の特性また他者との交流パターンの特徴などが明らかになるでしょう。態度と価値体系、症状と防衛、安全の感覚と尊重（またはその欠落）、などがこの時期に取り扱われます。これらはすべて契約による内容で、クライエントの意志で、それについてワークする事が同意されます。ここでは、様々な TA 理論を用いた分析が行われます。

①自我状態分析と、その病理への対決

②交流と、ストロークの使い方

③ゲームと、その脱出法

④脚本と、そこからの脱却方法

⑤時間の構造化と、その改善法

　例えば、友達を作る、という契約をしたクライエントは、どの自我状態がそれを妨げ、どれが助けているか、友情を発展させるためには、どのような交流が一番効果的か、親しい友達を避けるためのゲームはどんなものか、この目標を妨げている脚本信条はなにか、契約を完成するために、どのように時間の構造を変えていけばいいのか、などを考えていきます。

セラピーの質

　中間段階における TA の使われ方は、セラピーの契約に左右されるし、またセラピストの知識、技術、治療スタイルに大いに影響されます。セラピストは意識的、または無意識のうちに、TA を支持的なセラピー、再教育的

なセラピー、再構築的セラピーの３通りに使っています。TA セラピストとしてこの３つのセラピーの違いを知っておくことが必要です。

①支持的なセラピー

　クライエントに安心できる環境を提供し、彼らが自分のことや、周りに注意を向けられるように、配慮することです。TA 用語でいえば、「養育的親」の自我状態から支持をすることが中心となります。

②再教育的セラピー

　クライエントが自分の人間関係の中で、性格パターンの表現の結果として起こる困難さ、生きる上でのゆがみをより意識的に探索していくプロセスを指します。TA 用語を使えば、交流のパターンを変えることで、ゲームやラケットに気付いて、そこから脱却する方法を習得し不満足な行動を修正することです。「成人」が主に使われます。

③再構築セラピー

　より無意識レベルの心の探索です。様々な技法を使って無意識の示す象徴を調べます。無意識による意識レベルの行動の汚染を調べ、分析します。また生育史を聴くことで、現在の症状・問題のメカニズムを、子ども時代の経験に遡って理解します。TA 理論では、自我境界の問題が性格に歪みを起こしていることに焦点をあてます。これはセラピーのなかで、クライエントが「成人」の汚染解除をおこない、新しいリソースを獲得することで問題解決に至るプロセスであります（Wolberg, 1967）。更に自身の脚本の信条となっている幼時決断を今ここでの「成人」を使って再決断をすることを目的とします。

　TA のセラピー全体を通して、この３つのプロセスが行われます。第１段階においても、健康に関する支持的な保護は行われます。傾聴、フィードバックという、シンプルで基本的な関わりは、それだけで傷みを和らげるのです。この癒しのプロセスは第２段階にまで続き、第２段階では（グループ治

療であれば、よりいっそう望ましい）再教育のセラピーにつながるのです。こ
こでは自分がどのように他者と交流しているかを理解し、転移、逆転移、変
わることへの抵抗などに気づき、さらに多くの選択肢があることも見いだし
ます。第3段階の再構築のセラピーも、第1段階から始まり、契約に基づき
終結に至るまで継続します。

　このセラピーのプロセスは時間が掛かり、セラピストもクライエントも、
幾度も一緒に山を乗り越え、ある時は絶望し、ある時は先に明るさを見いだ
していくのです。ジェームズ（James, M. 1977）は、このようなとき、クライ
エントに「新しい外国語を学ぶようなもの」と説明すると分かり易いと示唆
しています。しばしば私たちは新しい外国語を習おうとするとき、いらつき、
辛抱できず、止めたいと思います。もし、動機が大きければ、否定的感情を
克服して目標を達成するでしょう。赤ん坊が歩くことを学習し始めたときも
同じです。彼らは、いらつき、這い這いに戻り、金切り声をあげたり、指シ
ャブリを始めます。それから再び起きあがり、また歩く練習を始めます。こ
れは何ごとによらず、新しい学習を始めるときに起こる現象です。変わりた
いという欲求と同時に、変わることへの抵抗があるのは正常なことです。セ
ラピストは、変わることへクライエントが抱く怖れの感情を受け止めつつ、
変わりたいという欲求に、よりウエイトをおいていけば、その欲求は現実に
達成されるでしょう。

セラピーの8段階

　TAセラピーにおいてセラピストの働きは8つのプロセスから成る、とバ
ーンは述べています（Berne, 1971）。

　はじめの4つは介入と呼ばれるものです。セラピストは質問し、特定化し、
対決し、「成人」の汚染解除を説明します。次の4つは、調停作業です。こ
れらを通し、セラピストはクライエントの問題を描き出し、確認し、解釈し、
それを結晶化します。これはクライエントの「成人」の自我状態と、他の自

我状態間の境界を明確にする作業で、「子ども」や「親」の自我状態に侵入されない、しっかりとした「成人」の自我状態を作り上げるのです。

（1）質問

　臨床的に重要な問題を明らかにするための質問を行います。これは記録のために必要な事項で、クライエントの「成人」の自我状態からの返事が望ましいのですが、クライエントが他の自我状態を使った場合は、どのような質問に、どの自我状態を使ったかを見いだすことが必要です。

（2）特定化

　クライエントから得た情報を明確化し、セラピストがクライエントの心の中に、きちんと定着させる作業です。

（3）対決

　クライエントの汚染されていない「成人」にエネルギーを蓄えるため、特定化された情報を用いて、矛盾を指摘します。クライエントのゲームにのらないように注意します。

（4）説明

　クライエントの「成人」を強化し、汚染解除をするため、知的にクライエントの「成人」に向けて行います。

（5）例をあげて説明

　「成人」を安定させるために用います。成功した対決の後には、クライエントの活発な「子ども」や「成人」が、現在自分に起こったことの説明を聴きたがるものです。

（6）確認

　クライエントの「親」が、彼の内的「子ども」に反対するか、またはクライエントの「子ども」がセラピストに対抗して、新しい情報を使おうとしないとき、クライエントの「成人」が十分に強ければ、確認作業が行われます。

（7）解釈

　クライエントの「成人」がセラピストと協力して、共同セラピストとなる

とき、解釈が行われるでしょう。

（8）結晶化

　セラピストの「成人」からクライエントの「成人」に向けた、クライエントの基本的立場、役に立つ選択肢についてを一纏めにし、結晶にします。

　この時点で、解釈のあるなしに関わらず、契約でカバーされた事柄に関するセラピーの第2段階は終了します。契約が更新されるごとに、この手順は繰り返されます。経験の浅いセラピストはこの手順を、用語を覚えることからはじめ、困難なこともあるでしょう。経験を積んだセラピストは、これらを直観と経験で行っていきます。自分でテープを聞き返し、使った技法、使った状況を見直すことが必要です。グループセラピーでは、ある時、あるクライエントには対決が必要であり、ある人には確認が必要というケースが多いのです。彼らの成長と精神的健康を阻むものを、それぞれにきちんと捉え、各自に特別な治療プランを作る必要があります。

その3．終結期

　第3段階は終結です。それは一時的中断か、永久的な終わりのどちらかであり、また余儀ない出来事、例えばクライエントの引っ越しであるか、または双方の合意、あるいはクライエントの自発的な決断であるかもしれません。

　終結はゲームにもなりやすいのです。例えば、もしクライエントが、治癒よりゲームを楽しくするために、セラピーを受けにきたとします。早すぎる終結は、クライエントが第3度のゲーム（自殺、殺人）から、第2度のゲーム（セラピーを止める）に移行したときに明らかになるでしょう。通常、クライエントはセラピストが突然の中断を予期していることを言わない限り、してやったりと、より気分良く感じるでしょう。この可能性を感じたときには、すぐにクライエントに告げ、さらにゲームを第2度から第1度に移行し、セラピーを止める代わりに、活動したり人と親密になるという契約を結ぶように、努めることが必要です。それでもクライエントが早期の終結を望んだ場

合は、年に 1 度のメンタルヘルス・チェックに来るように勧めましょう。こ
れによって "非難" "さあ捕まえた" というゲームをせずに、友好的に別れ
ることが可能になります。

　セラピーの当然の結果として終結に至った場合、契約について、もう一度
振り返ることが望ましいです。クライエントに、親しい人があなたの変化を
どのように考えるだろうかと、質問することもあります。グループセラピー
の場合、他のグループメンバーからのフィードバックが欲しいかと訊ねます。
欲しいと言えば、彼の基本的立場は I am OK-You are OK であり、欲しくな
いときは、まだ Not OK の立場にいる可能性も大きいのです。

　第 2、第 3 の段階にいる間に、クライエントに「自然な子ども」の欲求を
満たすための契約を勧めることがあります。「自然な子ども」の欲求を満た
すことを、長年にわたり禁止されていたため、喜び、楽しみを感じなくなっ
ているクライエントにとって、喜びの感覚を取り戻すことは非常に大切です。
笑いのセラピー、体の充足、意識状態の変化、感覚的な楽しみが強調される
ような、合宿やワークショップへの参加を勧めるし、セラピスト自身が、そ
のような楽しい合宿を、適切な環境で実施することもあります。そこで十分
に楽しみ、笑い、人と親密になることがセラピーの終結に向かう原動力とも
成るでしょう。

6) まとめ

　この章ではバーンの治療哲学、および筆者の面接プロセスを通して、TA
のセラピーを具体的に説明しました。

　バーンも池見先生も再三警告していますが、心理療法としての TA は切
れ味のよい心の解剖刀です。それだけに執刀者の素質、人格、技術が問題と
なるのです。バーンは繰り返しセラピストの責任を強調しています。そして、
責任あるセラピストを養成する方法として、職業的訓練とパーソナルなセラ
ピスト自身の問題についての "気づき" が必要であると、繰り返し述べてい

ます。

　また、セラピストはクライエントに対し、どのような態度をとるべきか、治療セッションを効果的に作る能力にも言及しています。さらにセラピストの資質について、偽のセラピストとは、と逆説的に論じ、このようでなければ良し、と結論を下しています。

　能力あるセラピストは真実であり、確実であり、信頼に足り、責任感がある人だと述べ、この言葉を裏付ける具体的説明を行っています。セラピストの養成、成長に不可欠なスーパービジョンについては、筆者の経験から得た考えを簡述しました。

　次に心理療法のプロセスとして、具体的にセラピー場面の部屋の構成からはじまり、終結までのプロセスを、筆者の経験を通して述べました。部屋の壁紙は？　机の角度は？　椅子の位置は？　これらがその部屋に入ってくるクライエントにどのような影響があるかを念頭に置いて検討されます。続いて、初回面接をどのような形で行うか、筆者の90分初回面接を具体的に説明して、記録の意味、どのように行うか、記録用紙も紹介しています。次に契約について、より具体的に、いかにセラピーのプロセスで契約を結ぶかを説明しています。面接のプロセスは、初期と中期、終結期を1,2,3とわけ、そこでどのようなアプローチ、共同作業が行われるかを述べました。基本的には、TAをカウンセリング、およびセラピーに用いるためのガイドラインですが、どの理論、技法においても、適応することが可能です。

　私がこの年齢になって、ようやく得られたのは、TAでセラピーをする私、から私はTAセラピスト、という感触でしょうか…。

第Ⅱ部
学会誌発表論文・小論文・エッセイ

第1章　抑うつ神経症の事例

（心理臨床学研究2000, 18（4）364-367）

第1節　概要

　本事例のクライエント（以下Cl）は抑うつ、不眠、喘息、頭痛という症状で、内科・精神科を受診し、年配の女性にカウンセリングを受けたいという本人の希望と精神科医の同意の元に、筆者にリファーされてきた。現症状である"強いうつ状態"は愛猫の死がきっかけで起こったとされているが、5年前実父の死後1ヶ月で初めてうつ状態になり、その後大体2年置きに症状が出ている。その時は別の医療機関で投薬とカウンセリングを受け、一応の回復に至っている。

　Clが3歳のときに両親は離婚、4歳で母は再婚しClと別れた。Clは母親から見捨てられたと感じ、その感情は成人しても心の底辺に沈殿していた。母親は再婚後も、Clの学校の行事などには必ず現れた。それがClにとっては"とってもうれしいけれど、一方では置き去りにしたくせに今更なによ"という怒りや、祖母に知られたら大変という困惑もあり、母親に対し二律背反的な感情を常に抱きつつ成長した。このような複雑な家族関係の中で、自分の感情を表わしてはいけないのだと感じ取り、感じないこと、感じても表現しないことを身に付けて育った。初回面接でClは、しばしばうつ状態を繰り返す自分の精神状態を、カウンセリングをきちんと受けることで改善したいとの希望を述べた。過去のカウンセリングは、話を聴いてもらい、支持された感じはあったが、自分の根底にありそうな"なにか"には触れられなかった。今度こそ、うつ状態を繰り返さないように、またそうなっても自分で対応できるように、自分の中にある"なにか"を見ていきたい、と述べた。

　病態水準は医師の診断では神経症レベルであり、自我も充分に機能していると思われたので、TA の脚本分析を治療の中心にした。前半はエゴグラム（Dusay, 1972）、人生脚本質問紙（Woolams, 1978）を用いて具体的に Cl の自己理解を促し、後半は再決断療法を中心にワークを進め、Cl の脚本から脱却する作業を行った。一貫して契約の概念を重視し、1回ごとに今日の目的を2人で明確に話し合ってからセッションを始めた。

　1年6ヶ月32回のセッションで終結、Cl は現在ニューヨークに在住、結婚して1児の母となっている。面接期間を5期に分け、それぞれのところで何が行われたかを振り返って述べていきたい。

第2節　クライエント

〈面接開始時の状況〉

　30歳、女性、独身、無職。母親と継父と同居、主として事業家である母親に扶養されている。

〈学歴・職歴〉

　A美術大学卒。建築デザイン専攻。平成×年4月まで4年間デザイン研究所勤務。それ以前は建設会社の設計部に在籍していた。現在は2年後のアメリカ留学のために英語とインテリアデザインを専門学校で勉強中である。

〈生育歴・家族〉

　Cl が3歳のとき両親が離婚。離婚後数ヶ月は母親と暮らしたが、Cl が4歳になったとき母親は再婚のため彼女の元を去った。Cl は父方の祖母にひきとられ、小児麻痺の叔母と祖母の3人で暮らした。父は他に女性がいて滅多に Cl の家には帰宅しなかった。Cl が12歳の時、父は再婚し Cl と祖母の住む家の敷地内に家を建てたが、Cl は祖母の元で暮らしていた。異母妹弟が3人いる。現在はまったく行き来はない。祖母は細かいことにこだわらないが、性格が粗野で厳しく、感受性は鈍いと Cl は述べている。小児麻痺の叔母とは一緒に遊んだが年齢がずっと上だったにもかかわらず、よく喧嘩し

た。Cl は叔母が怖い顔で足を引き摺りながら追いかけてくるのが非常に怖かったと言っている。Cl の玩具を壊したりピアノに傷をつけたりする叔母の行為は、今でも恐ろしい思い出として残っているようである。高校入学（15y）と同時に、Cl の希望で母親と継父と一緒に暮らすことになり、法律的にも正式に彼らの養子となった。大学時代は自宅からの距離が遠いため独り暮らしをしたが、卒業後母親の元に帰り就職した。実父は Cl が25歳の時に癌で死亡している。祖母は大学 1 年のとき死亡、叔母は現在ケアー施設で暮らしている。

〈身体・性格特徴〉

　身長およそ158センチ。透き通るような色白の皮膚、やや茶色がかった柔らかな髪は長く、体型はほっそりとしている。初回面接では上質な黒のスーツ、化粧なしだがピンクのマニキュア、シャネルの香水がほのかに香った。歯を矯正中で、ゆっくりと不明瞭に、弱々しい声で話し、静かに微笑みを浮かべ、目だけが悲しみと諦めを表しているように感じられた。エネルギーは低下して心身ともに疲れている様子だった。動物に対する強い関心が語られ、虐待されたり、捨てられたりしているペットは放置しておくことが出来ないと語った時には、頬が紅潮し口調も強く、はっきりとした怒りの感情表出が暫時見られた。現在、2 匹の捨て猫と 1 匹の迷い犬、そして狐（ペットショップで購入）を飼っている。自分を含めて人間に対する不信感が強く感じられ、セラピストに対しても "電話してもいいですか、死にたくなったら助けてくれますか？" という試すような言動が初期には多くみられた。性格特徴としては、ひきこもり傾向が強く一見おとなしく従順だが、内に怒りと攻撃性を持っている受動攻撃型と、周囲に敏感に反応するヒステリー型の性格適応型（Vann Joines, 1986）が顕著である。

〈主訴〉

　うつ状態および将来への不安。飼い猫の死からうつ状態になり立ち直れないでいるが、今までも何度かこういう状態になったことがある。身体症状と

しては喘息、不眠、頭痛が激しい。

〈精神症状〉

　医師は抑うつ神経症（マイナートランキライザー、入眠薬の投薬）と診断。DSMⅣでは309.00抑欝気分を伴う適応障害、309.28混合した情動像を伴う適応障害となる。筆者は CMI（Cornell Medical Index）と TEG（東大式エゴグラム）を行ったが、その結果と面接時の状態を総合して神経症レベルと判断した。

第3節　契約

　平成X年9月30日のインテーク面接から3セッションを使って、Cl の主訴を中心に話を聴いた。"自分の心の奥にある何かに触れたい"という Cl の言葉から、TA の脚本分析を中心にセラピーを行っていくことを提案した。Cl の同意を得て以下の項目について話し合い、目標とするゴールと治療プロセスを出来るだけ具体的に決め、治療契約を結んだ。Cl の目標は"現在のうつ状態から回復すると共に、今後は自分自身で落ち込みに対処できるよう性格を改善したい。自分を素直にありのままを受け入れるようになりたい。そして幸せになり、人生を楽しみたい"というものだ。

　Cl とセラピスト（以下 Th）の合意事項として以下のことを決めた。

1．1対1の心理療法面接を基本にカウンセリングを行う。時間は90分、原則として隔週とする。これは Th の時間が空かないことと、Cl が新幹線を使って地方都市から上京するためにやむを得ず取った処置である。
2．必要に応じ TA の基本的理論の講義をする。
3．Cl が今日は何をやりたいかを明らかにして、セッションごとに契約を結ぶ。
4．テープレコーダーを用いてセッションを録音する（これは Th がスーパービジョンを受けるためであること、Cl も必要であれば活用できる旨を伝えている）。
5．守秘義務は Th の尊守すべき最優先事項であるが、自傷、他傷が危惧さ

れる場合はこの限りではない。

第 4 節　面接過程

第 1 期：＃ 1 － ＃ 9　平成 × 年 9 月〜平成 × ＋ 1 年 4 月

　ラポールを作り、安全な治療環境の設定を目標とした。Cl は猫の死によるうつ状態が強く、その中でこのようなストレスに対応していける自分になりたいと述べ、それを治療目標にすることで合意した。自分の感情に触れる部分を注意深く避け、"あの人たち" と言う言葉を、ペットにも両親にも使うのが印象的であった。勤務先の建築事務所を辞めた経緯（平成 × 年 4 月に誠首、弁護士に頼んで事後処理をした）や、現在通っている英語学校やデザインスクールの話など、表層的なものが多い。＃ 6 で現在つき合っているボーイフレンド（既婚者）のことを、慎重に言葉を選び Th の反応を非常に気にしながら話した。Cl は初期から Th に対し転移感情を抱いていることが感知されたため、共生関係（Schiff, A. and Shiff, J. 1971）およびゲームに留意し、Cl の自発性と「成人」の思考にストロークをして、それを強化することを重視した。また、Cl の行動や社交上の交流に関し、「出来ない自分を非難するより、出来た部分を認めて、自分にご褒美をあげる」「母親との会話でイライラしたときは、自分の自我状態を切り替えて気分転換を図る」など、宿題や課題を出して、今までと異なった対応を試み、結果を話し合うことを主体にセッションは進んだ。

第 2 期：＃10 － ＃18　平成 × ＋ 1 年 4 月〜 9 月

　生育歴や親に対する感情が直接語られてきた。TA の理論学習も進み、Cl 自身が親から貰った禁止令（Gouldings, 1976）"存在するな、感じるな、健康であるな、属するな、重要であるな" や、ドライバー（Berne, 1972）"他人を喜ばせろ" に気づき、自分の持っている人生の基本的立場が "I am not OK, You are not OK" であることを理解した。3 つの空椅子それぞれを「親」

「成人」「子ども」の椅子とし、各椅子に座り、その自我状態から発言して、識別を試みるエクササイズや、セラピー中の値引きやゲームの発見など、今ここで起こっていることに対する気づきを促進する技法を取り入れてセッションを行った。考察の部分でより具体的に述べるが、Cl の認知的、体験的な自己理解が進んだ時期と考えられる。

第3期：#19〜 #25　平成×＋1年10月〜12月

　幾つかの TA・ゲシュタルトのワークを行った。

〈第20セッション〉概要　10月19日

　今日はご自分のために何がしたいですか？　という Th の問いに、Cl は死んだ猫のことを泣かないで思い出せるようになりたいと言った。Th は空の椅子を示し、それを猫の椅子として、そこに Cl が座るように促し、猫とのお別れ、グリーフワークを行った。Cl は猫の椅子に座って猫になり、飼い主の Cl がどんなに優しくて一緒にいて楽しかったかを語った。次に Cl の椅子に戻って、微笑みながら、2人で楽しかったねと思い出を語り、さようならを告げた。Cl は猫が尻尾をピンと立てて朝焼けの空を飛んでいく様子をイメージし、手を振ってにっこりした。「彼はよく外へ出かけました。私はその度に帰ってこないのではないかと恐れました。でも、彼はある時間を過ぎると必ず尻尾をピンと立てて帰ってくるのです」と Cl は以前のセッションで嬉しそうに話したことがある。これは幼い頃両親に対して抱いた感情を投影しているのだろうと推測した。そこで、猫との"さよなら"のワークから始め、両親との関係に移行しようと考えた。グリーフワークを終えると、Cl は置き去りにされ見捨てられることを恐れている自分に気づいた。それが小さいときの経験からきていること、そこから感じている恐怖や怒りを今まで抑圧していたことにも気づいた。これは Cl と親との関係に移行するステップとして意味のあるプロセスであった。

〈第22セッション〉11月22日ワーク逐語記録10分

　前回の第21セッションで、親とのワークを行ったが、途中で Cl が辛くなり中断を求めた。その辛さを受け止め、話し合いに移行しが、Th が母親との対決を急ぎすぎたために Cl が抵抗したのだと感じた。その 2 週間後の記録である。

Cl−私は前回のセッションから、ちょっと気持ちが重いのです。今日はそれを何とかしたいと思って。理由なく涙が出たり…きっと寂しいからなんですね。2、3 日前一つのシーンを思い出しました。私が寝ていると母が私を起こして、ママは遠いところへ行ってしまうのよ、と言ったんです。

Th−その光景を現在形で話してみてくれる？

Cl−私は起きて居間に座ってます。ママは私の肩を抱いて泣いています。何が起こったのかしら？　なんでママは泣いてるの？　自分の感情は思い出せませんが、光景ははっきり覚えています。

Th−この光景について今はどんな感じを持ってますか？

Cl−仕方なかったのだと思います。その後私は父方の祖母と叔母と一緒に住みました。12歳の時に父が再婚して同じ敷地内に家を建てて住んだので、私には二つの家があった感じ。継母にはすぐに 3 人の子供が産まれ、私は自分が父の家の子供だという実感をどうしても持てませんでした。実母は学校の行事には必ず顔を見せました。私は何時も母親を求め、一緒に住みたいとそればかり思っていましたけど、でもそれを言うことは、彼女を困らせると分かっていたので言えなかった…。私は今でも人に頼むことが苦手なんです。でも言わなくても分かって欲しいと、何時でも強く思っていました。私は決して母を困らせるような事は言わなかったけれど、"お母さん、分かって！　私は淋しいの、独りぼっちなの" と心では訴えていました。当時はまだ離婚が社会的には普通の事とは認められなかったし、私は両親が離婚したことをとても恥ずかしく感じていました。

Th－(椅子を二つ前に置き) この椅子にお母さんが座っているところを想像してね。もう一つの椅子は4歳の貴女の椅子よ。その椅子に座ってみてね。その時お母さんに本当に言いたかった小さなMちゃんの気持ちを、今ここで言ってみる？（4歳の椅子に座ったMは、ちょっと躊躇をしていた）

Th－なんでも言いたかったこと、言ってみたら？

Cl－行かないで、ママ！　私を置いていかないで！　あの男の人と結婚しないで！（涙が溢れ泣きじゃくる。2分間そのままの状態でそっとしておく）

Th－落ち着いた？　大丈夫？　今のご自分の椅子に戻ってみて…。そう、今どんな気持ちがしているかしら？

Cl－ずーっと母に訊けなかったことは、私を置いていくのは、その男性と結婚するためだったの？　ということです。いまだに訊いていません。訊いても「とんでもない」という答えが返ってくると思います。でも私は、母はその男のために私を捨てたのではないかと今でも疑っています。

Th－もしそうだったら、どうします？

Cl－怒っちゃう…（力なく笑う）

Th－怒っているようには見えないけど…

Cl－そうですか？（強い語調）もし私が4歳だったら怒って叫びます。

Th－(先程の子どもの椅子を指し) こちらにきて4歳になって叫んだら？

Cl－(椅子に座り小声で) 行かないで…ママ

Th－もっと大きな声で言ってみて！

Cl－行かないで！　行っちゃイヤ！　ママ！　ママ！（激しく泣く）

Th－そう！　そう！　どんな感情を出しても貴女は OK なのよ。

　　（3分ぐらいの間、Mは激しく泣きじゃくる。Mの嗚咽は次第に治まり、やがて深い吐息をつく）。

Cl－もう言えません。

Th－Mちゃんは今、どんな気持ちなのかな？

Cl－感情を丸出しにして恥ずかしいです（甘えた小声で）。

Th―4歳のMちゃんが恥ずかしいかしら？　貴女は今4歳なのよ。ママに
　　何がして欲しいの？　言ってみたら？

Cl―もし4歳なら…。お仕事なんかほっといて私と一緒にいて！　あの男の
　　人大嫌い！（小声で）

Th―大きな声で言わないと、ママに聞こえないわよ。

Cl―あの人なんか大嫌い！　私と一緒にいて！（大声、その後小声で不安そう
　　に）まだ4歳のままでいるのでしょうか？

Th―OK、元の貴女の椅子に戻ってね。今どんな感じしているかしら？

Cl―ああ！　本当に4歳の時に感じていたそのもの、っていう感じです。私
　　のほんとに言いたいことはこれだったんですね。

Th―貴女の「子ども」の中で怒りや不安は起こって当然よ。だけどそれを
　　出しては親に愛されないという不安から必死に押さえ、無視したり合理
　　化しようとしてきたのでしょう。小さいMちゃんがこの椅子に座ってい
　　るところをイメージしてみて。Mちゃんをお膝に抱っこしてもいいのよ。

Cl―わあ、いやだ…。

Th―いや？　今、どんな気持ちなの？

Cl―私は彼女、嫌いだわ。

Th―どんなところが嫌いなの？

Cl―うじうじして引っ込み思案なところがいやだな・・でも拒否してはい
　　けないですよね。

Th―うじうじして引っ込み思案な小さい女の子に、今の貴女はどんなこと
　　言ってあげたい？

Cl―かわいそうな子。同情心が湧いてきた。

Th―それで？

Cl―貴女のせいじゃないのよ。でも、小さな子どもに世間でよくあることよ、
　　と言っても理解できませんよね。

Th―そうね。何かお母さんの立場から代弁しているみたい。Mさんとして、

　　　貴女の中の小さなMちゃんに言葉をかけてあげたら？

Cl―なんか、慰めの言葉が見つからない。多分一緒に遊んであげるとか…。

Th―いいわね！　もしよかったら目を閉じて、一緒に遊んでいるところを
　　イメージして。

Cl―あら、意外に可愛いわ！　嬉しい。ごめんね、さっきは嫌いだなんて言
　　って。

Th―Mちゃんに「貴女は可愛いね、大好きよ」って言うのはどう？

Cl―大好きよ！　仲良くしようね！

Th―これからはMちゃんと仲良しになって下さいね。

Cl―はい、そうします。（にっこり笑い、大きく息をはく）

〈セッションの振り返り〉

　前回の急ぎすぎの失敗から、もうチェアワークをやりたくないのではと危
惧していたが、Clの方から積極的に動いてくれて、再決断療法を行うこと
ができた。幼い頃にMは「自分の本当の感情は感じてはダメ、感じても表さ
ない」「人を信頼しないで生きる」ことを決めている。このセッションで、
幼児期における親との離別体験から生じた孤独、不安、怒りを感じることを
自分に許可し、「適応した子ども」からの反応を「自由な子ども」からのも
のに切り替えることができた。

　その結果、親に対しネガティブな感じを持っても、それはそれで当然のこ
とであり、自分も親もOKなのだという認識が次第に生まれてきた。このセ
ッション後、自分が感じた怒りと不安を、自責感なく言語化することが出来
てきた。それと共に、小さい頃に親と過ごした楽しい出来事や、入院時に優
しく世話をしてくれた看護婦さんのことなど肯定的な思い出も想起できてき
た。Clの「自由な子ども」の自我状態は「適応した子ども」より勝って活
性化してきたといえる。

〈第23セッション〉11月29日（要約）

　前回のワークから１週間後にセッションを持った。これは22回の再決断ワ

ークのフォローが必要と感じられたため、双方で 1 週間後の時間を調整した。
Cl は自分の中にいる小さな M の世話をする方法を知りたいと述べたので椅
子を使ったロールプレイを行った。Th は 3 つの椅子を、4 歳の Cl の椅子、
母親の椅子、現在の Cl の椅子として示し、Cl が自分の好きなところに座っ
て会話を始めるように主導権を Cl に託した。Cl は母親の椅子に Th が座る
ように要請し、自身は 4 歳の自分の椅子に座って、ロールプレイを始めた。
Cl は母親の椅子に座った Th に「ママに何がして欲しいの？」と問いかけ
るように頼んだので、そのままの言葉を繰り返した。4 歳の Cl は母親の膝
に座り「あなたを置いてどこへも行かない」という言葉を母から聞きたいと
望んだ。Th は Cl を膝に乗せ、「養育的親」の自我状態から言って欲しいと
求められた言葉だけを繰り返した。やさしく身体に手を回すだけに留め、過
剰に養育的にならないように注意した。Th の膝に腰をかけた Cl は、ふう
っと深いため息をつき、暫くじっとしたまま頭を Th の肩にもたせかけ静か
にしていた。Th はそっと背中をさすった。3 分ほど経過して、Cl は静かな
息づかいと共に、ありがとうございます、と言いながらゆっくり自分の椅子
に戻った。Cl は「凄くいい気分です、自分の欲しいものは直接頼んで貰う
ことが Ok なのだと実感できました」と語った。

〈セッションの振り返り〉

　このセッションで初めて Cl は直接欲しいものを Th に求めてきた。彼女
が Th に陽性転移を起こしていることは明らかである。グループ療法の場合
であればメンバーから母親役を選ぶことが当然であり望ましい。しかし、こ
のような 1 対 1 の場面では、Th が相手の転移感情、自分の逆転移感情に注
意を払いながら、Th—Cl 関係を肯定的な母子関係に一時的に移行すること
ができれば、治療目的にかなうと考えた。Cl の「成人」が活性化して自我
領域が明確になり、他者との境界もきちんと保たれていたため、このケース
では転移をかなり治療的に有効に使うことが出来たと考えられる。

第4期：#26〜#30 平成×＋2年1月13日〜3月22日

　Clはこの時期風邪をひき、疲れて体調を崩していた。第3期の内的な作業が大きかったその反動とも考えられたので、現在の問題に焦点を当てた簡単なワークを幾つか行うに留め、出来るだけゆったりとした面接を心がけた。正月にはボーイフレンドとアメリカに行き、希望留学先の大学を訪れるなど、行動は積極的になった。第4期のワークでは、今ここでの現実的な問題を取り上げている。「子ども」の癒しから「成人」の社会適応へと向かっていることは、セラピーが終結に近づいていると考えられた。

第5期：#31〜#32　平成×＋2年4月5日〜4月19日

　「まだ沢山の課題や問題はあるけれど、自分自身に、私はもう以前のように落ち込んでばかりいる子どもじゃないのよ。どんな感情でも感じることはOK、と言うことが出来るようになってきました。私の中の小さいMちゃんを大切にし、彼女と一緒にいると私も独りぼっちではないんだと感じています。このあたりにずっとあった（胸のあたりを両手で抱くようにする）"なにか"が、あることはあるんだけれど、柔らかく大事に思えてきました。毎日が本当に楽しいんです」というClの言葉で終結にきたことが確認出来た。Thの行っているTAの学習グループに参加することを決めたClは、秋のアメリカ留学に向けて英語のレベルアップに専念する決意も語った。"ねばならぬ"という「親」の自我状態からの契約だと、時々「子ども」は反抗してサボタージュしますよ、というThの言葉に、Clはにっこりして「英語の勉強、だんだん楽しくなってきました。TAのグループはエキサイティング！」と「自由な子ども」の自我状態から力強く発言した。

第5節　考察

1．TA理論による見立て

　幼児期における両親、特に母親との離別体験とその後の家庭環境から、Cl

の「自由な子ども」（イドの働き）からの"愛情が欲しい、抱きしめてほしい、認められたい"という欲求は"我が儘を言ってはいけない、自分のほしいものを求めてはいけない"という「批判的親」（超自我の働き）に抑圧され、それが神経症的葛藤となって抑うつ状態を作り出していると考えられた。また分離不安が強く、成人しても別離の体験は、Cl にとって脚本への退行を促しやすい。TA 理論を用い以下のような見立てをし、それに沿って面接を進めていった。

〈脚本分析〉

　早期（3～4歳）に起こった両親との別離は、見捨てられた体験として、「子ども」（Berne, 1961）の自我状態に深く刻み込まれている。Cl は幼心に「大好きな両親は私を見捨てた。誰も私を愛してくれない。私は誰も信用しない」ことを決め、それを基に最初の人生脚本「誰にも近づかず、一人で生きていく」を描いた。その後、祖母と小児麻痺の叔母との生活から、「静かに、大人しくいい子でいること（祖母の口癖は、静かにしなさい、子どもの癖に生意気）」「人に近寄れば危険だ（小児麻痺の叔母は感情のコントロールがきかなかった）」「病気になればママは私のところに帰ってきてくれる、だから私は弱い子でいよう（小児喘息で入院するたびに、母は祖母に見つからないように時間を見計らって会いにきた。看護婦さんたちもみな優しくしてくれた）」等を決断し、脚本に書き加えていった可能性が考えられる。Cl は自分の考える能力、感じる能力、健康でいる能力を値引きしている。また、母親が彼女を気にかけ、大切にしても、その現実にフィルターをかけ、"お母さんは本当は私のことなんか心配してくれてない。あの人が私を気にかけるのは、自分の罪悪感から逃れるため"と自分の脚本に合うように再定義（Shiff et al. 1975）をしている。Cl の人生における基本的立場は、"私は私にとって OK でない。貴方は私にとって OK でない"という「行き止まり」の立場である。

〈ゲーム分析〉

　現在でも Cl は自分の脚本の中にいて、無意識にその信条を強化するため

のゲームを行っていることが多い。自分を見捨てた両親に対する否定的感情を抑圧すればするほど、無意識に"哀れな私""貴方のせいで"という犠牲者のゲームを母親や継父、ボーイフレンドとの間で行ってきていた。また、受動攻撃タイプの人に典型的な"はい、でも"のゲームも母親やThとの間で行われた。Clのラケット感情（English, 1976）は悲哀、抑鬱であろう。

〈自我状態分析〉

　エゴグラムを初回面接時に行った。結果は「批判的親」「適応した子ども」（Berne, 1961）にエネルギーが集中していた（Fig. 1）。自分の頭の中で"こうしなければダメ""はい、でも"のラケット行動を繰り返している。「養育的親」（Berne, 1961）のエネルギーは動物に対する異常なほどの愛情、世話に注がれている。現実検討の働きと論理的思考の基であるClの「成人」（Berne, 1961）のエネルギーは高いが、「親」（Berne, 1961）にインプットされている"人は信用出来ないもの"という信条に汚染されている。また「子ども」の自我状態のなかにある"私は愛されない子ども"という思いこみが「成人」の自我状態に侵入して複合汚染の形を作っている（Fig. 3）。母親との離別（4y）と、生後8ヶ月から6歳までの自家中毒と喘息による入退院の繰り返しが、自分だけが危険に満ちた世の中に親の庇護もなく放り出された体験としてClの中に恐怖感、不安感を伴う深い外傷になっていると思われる。大人になっても同じような別離とか喪失のストレスがあると、Clは子供の時の外傷に触れ、「子ども」の自我状態に戻って見捨てられ恐怖、不安を強く感じ、脚本の中に入ってしまう。そして「成人」からの現実適応が困難になるが、Clは大人としての自分が、「子ども」の自我状態にいて、脚本による行動をしているとは気づいていない（Fig. 4）。

2．振り返り

〈契約の達成〉

　治療目標としてClとTh両者で合意した契約は、「鬱状態からの回復と性

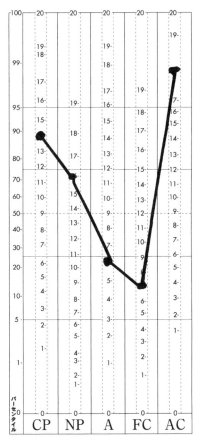

Fig. 1 初回面接時のエゴグラム（TEG）

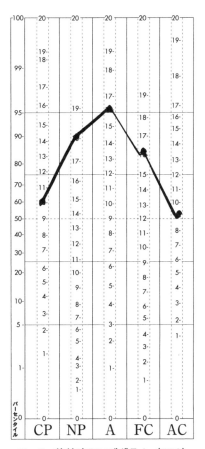

Fig. 2 終結時のエゴグラム（TEG）

格の変容」であり、これは終結の #32 での Cl の発言からも認められる。Th もさまざまなワークのプロセスで、Cl の自己認知および他者認知が変化し、気分が安定し物事を肯定的に受け止め対処できる能力が高まったことを確認している。

〈自我状態の変化〉

　Cl のみならず Th 自身の自我状態をきちんと理解していく作業を通して、

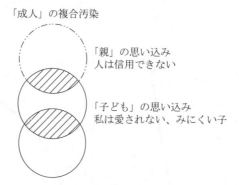

「成人」の複合汚染

「親」の思い込み
人は信用できない

「子ども」の思い込み
私は愛されない、みにくい子

Fig. 3　複合汚染の図

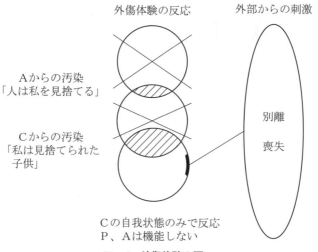

外傷体験の反応　　　　外部からの刺激

Aからの汚染
「人は私を見捨てる」

Cからの汚染
「私は見捨てられた
　子供」

別離

喪失

Cの自我状態のみで反応
P、Aは機能しない

Fig. 4　外傷体験の図

ラポールの形成、交流の分析（転移・逆転移の分析）がかなり早期に出来たと考えている。Th は一貫して安定した「成人」「養育的親」からの関わりを心がけ、Cl の「成人」「自由な子供」の活性化を目指し、これは終結時に行ったエゴグラムにおいても変化があり、成果があったと思われる。時にはTh も「自由な子ども」のエネルギーを発揮し、ユーモアや遊び心のあるセ

ラピーで Cl の「自由な子ども」と交流した。

〈汚染解除〉（Berne, 1961）

　Cl の自己、他者に対するコメントは、「親」の偏見と「子供」の思いこみで汚染されていた。彼女はしばしば"世間の人にとって私なんか取るに足らない存在です""人は所詮信用できません""私は出来の悪い人間です"と言った。そこで現実吟味を正確にするために、"何人がそう言いました？　出来の悪い所を具体的にいくつでも並べてみたら？　人を信用できないと感じた一番最近の出来事は？"など 5 Ｗ 1 Ｈの質問を用いて「成人」の汚染を認知的に取り除き、イラショナルビリーフ（Ellis, 1955）の訂正を一つの方針としていった。このとき Th は主に「成人」の自我状態にいるが、「自由な子ども」「養育的親」のエネルギーも、安心して Cl が考え、変化していく環境つくりのためには必要不可欠である。Th は Cl にとって一番有効な自我状態を自在に駆使してセラピーを行うことが求められた。

〈値引きに対決〉

　Cl は自分の感情、思考、行動の能力を非常に値引きしていた。それを指摘し、言語的なものとしては、出来ない→したくない、感じさせられる→感じる、してみます→します、等言い換えを行い、主体性の強化を図った。非言語的なものとしては、背筋を伸ばし頭をきちんと起こす、話の内容にそぐわない笑いや、微笑み、うなずきに関心を払い、今感じている自分の感情をきちんと受け入れていくように促した。その結果、今ここでの感情に気づき、受け入れることができるようになった。

〈ゲームに対決〉

　ゲーム、ラケット、スタンプ（Berne, 1964）などの概念を説明し、実際に行われていることに気づき、どのように交流を変えればゲームが防げるかを考えていった。セッションの中でも、しばしば"こうしたら？　はい、でも"のゲームが起こっていた。これはセッションの始まりに Cl が暗い顔をしたり、ため息をついて"哀れな私"のゲームを仕掛け、Th は"ただお役

に立ちたいだけなのに"のゲームでそれに呼応することから始まる。その結果"誰も私を助けてくれない、私はひとりぼっち"というClの脚本信条を強化し、ラケット感情である抑うつ感を強めてしまった。Thは"こんなに一生懸命やっているのに、もっともっとやらなければダメ"という「親」からのドライバーに耳を傾け、無力感、苛立ちというラケット感情を感じた。しかしゲームの理論学習に伴ってClもゲームやラケットに気づきはじめ、Thが行いやすい"がんばってね"のゲームを指摘するようにまでなった。セッションの中でゲーム、値引きに気づいたら、その気づきにストロークをしていき、罰金ではなく、気づきへのご褒美として1回に100円をきれいな箱に入れ貯金をした。最後に2700円をClの属している動物愛護の団体に寄付し、「自由な子ども」からの"いい気分"を両者で分かち合った。

〈再決断療法と脚本からの脱却〉

　第3期の再決断療法によって、自分の中の怒り、不安、怖れという本来の感情に触れたClは、それを自分が受け入れることでラケット感情である鬱、悲しみ、罪悪感から脱却した。また、セルフ・リペアレンテイング自己再育児療法で、自分の中の幼い子どもを受け入れ、慈しみ育てることが出来るようになった。幼児期に行った決断は幼児の感情が主体となっているため、大人になり「成人」の思考だけ変えても行動と感情がそれに伴わない。頭では分かっているけど…という言葉は人が行動を変えられないときの常用語である。決断した当時の幼児期の感情を再体験し、その時感じていたけれど表現できなかった本物の感情を探り、それを表出し受け入れていくプロセスを通して、ガットレベルでの変容が起こった。"本当は親に対し怒りたかった、ノーといいたかった、泣きたかった、でも親はそうしたら自分を嫌いになるのではないか、もう愛してくれないのではないかと恐れて、ただ黙って従ってしまった"という過去の経験を再体験し、当時の感情を解放するワークを行うのが再決断療法のやり方である。Clは自分の脚本が現在の生活には有害無用であると自覚し、再決断療法のプロセスを通して、自律的に生きるこ

とを決断し、脚本から脱却した。

〈ストローキング〉

　セラピー全体を通して、ストロークを重視した。Th は「親」の自我状態から、Cl の存在に対して肯定的ストロークを充分に与えていった。また Cl の「成人」の思考や「自由な子ども」の表出に、「すごく独創的な考えね。それに実行プランも現実的だし、素晴らしいわ！」と Th の「成人」や「自由な子ども」の自我状態から、きちんとストロークをした。TA は自己セラピーという教育的特長を持っている。それを生かして、Cl 自身が気づき、自己理解を深め行動変容に結びつけていくときに、多くの肯定的ストロークを出すことが、変化を促進するためには不可欠である。

〈その他の変化〉

　身体症状は薬の服用を止めてもよく眠れるようになり、投薬は平成×＋1年末で終っている。喘息症状は現在のところ、年に1、2回非常に疲れてストレスがたまった時に軽い発作が起きる程度と報告されている。Th の薦めでヨーガを始め、頭痛も軽減している。

　Cl の社会生活では英語のトーフルテストで高得点を取り、2級建築士のライセンス試験に合格した。新しい猫を飼い、母親、継父とも以前より楽しく暮らしている。

〈今後の課題〉

　ボーイフレンドとの関係は手つかずで残った。今後ボーイフレンドをはじめ、他者（特に男性）と健康で親密な関係を持つためには、父親との関係を見直していく作業が必要であろう。

第6節　おわりに

　TA をカウンセリングに活用した事例を報告しましたが、最後に現在筆者が考えている TA の問題点を幾つか述べます。

　TA はその理論を観察可能な人間の行動に結びつけたことが、臨床場面で

使いやすいツールとなっているのですが、多くの問題点があることもまた確かです。1点はエゴグラムや人格適応型テストが使いやすいことから、簡単に使い、ラベルを貼って個人の性格を決めつけがちなことです。また脚本やゲーム理論に当てはめて Cl を見てしまい、深い心の襞を丁寧に扱うことをなおざりにする恐れがあります。もう1点は TA の用語の問題です。Berne は治療にすぐに役立つ分かりやすさを重視し、できる限り平易な日常語と図を使って理論を作りました。これがある種の混乱を招いたことは事実で、TA に不信感、拒否感を持つ人も多いのです。そのため、できるだけ TA の用語にとらわれずに、TA のセラピーをすすめることも時には必要になります。別の大きな問題はセラピストのトレーニングシステムが日本ではまだ充分できていないという現状です。TA では効果的な治療をするために Th に求められる3つの特質をあげています。それは能力（potency）許可（permisson）保護（protection）です。許可は Th の「親」から Cl の「子ども」に“変わってもいい”というメッセージを出す力で、能力は Cl の脚本に対決する Th の能力です。保護は Cl を守る力を Th が示すことです。この3P（Crossman, 1966）が Th にあって、はじめて Cl は安心して自分の脚本から脱却することが可能になるでしょう。このため TA の臨床資格を正式に得るためにはスーパービジョンを伴った長期のトレーニングを受ける必要があります。この事例でも述べたように、時には Th の思いが先行して、Cl の抵抗を受ける場合もあります。しかし“ノー”といえるのは、まだ救われるケースで、「適応した子ども」の自我状態が強い Cl は“他者を喜ばせろ”という「親」のドライバーから、Th を喜ばせるために、ワークをあたかも成功したように見せる場合もあるのです。これに欺かれないように、Th は自分の脚本や自我状態をきちんと把握し、今現実に、この場で Cl との間に何が起こっているかを敏感に捕らえる力が必要です。

　これはスーパービジョンによる長期のトレーニングから身につけていく以外にはありません。その結果として資格は後からついてくるものだと筆者は

考えています。今後も TA をカウンセリングや人間関係の理解に生かして
いく方向で、自分自身の研究・実践を積み、研鑽を重ねていくとともに、
TA の普及、TA セラピストの育成に微力を注いでいければと考えています。

Abstract：

　Transactional Analysis is a theory of clinical psychology which was
founded by Eric Berne in the late 1950. It is an excellent tool for effective
diagnosis and treatment planning.

　In this paper I will explain the basic approach of TA in counseling and
present a case report of a client who has been diagnosed as a person with
Neurotic Depression, reference not only for the diagnosis and treatment
plan but also by describing several sessions which I worked together with
a client using Re-Decision Therapy and Self-Reparenting therapy. The case
came to a close after 1 year 6 months, with a total of 32 sessions.

　The simple language, clear concept and comprehensiveness of transac-
tional analysis makes it an effective tool in order to access what is going
on in intrapersonal and interpersonal relationships in a clinical setting. I
also combined this with contracting, enabling the client to join the therapy
actively and be able to commit fully to the process for her change. I will
explain the--psychotherapy.

　keywords：Transactional Analysis, Life Script, Redecision Therapy

第2章　産業カウンセリングにおける TA の活用

（産業カウンセリング研究1999, 2(2)37-47）

第1節　産業界における TA の活用

　産業カウンセリングや企業の研修の場での TA の活用は、現在のところ、エゴグラムを性格診断の手がかりに用いるとか、"やりとり分析""ストローク""値引き""ゲーム"の概念をコミュニケーションの改善に役立てるなどが主となっている。脚本分析、あるいは再決断療法等は理論として理解されていても実際に臨床に用いられることはまだ少ない。TA を使って治療的アプローチをするには、かなり長期にわたるトレイニングを受け、試験にパスして臨床会員資格を取ることが国際 TA 協会で義務づけられている。

　しかし TA は自己理解、セルフセラピーに用いるために開発された要素も大きい。TA 理論を用いて自分を理解していくことに、資格は必要としない。

　また自分の周囲における人間関係の理解や改善、職場での研修などにも、きちんとした TA 理論の学習と理解があれば、大いに活用することが可能である。

　ここで紹介する事例は、筆者が国際 TA 協会認定の臨床会員資格を有してから、勤務する精神科クリニックと他の相談機関で扱ったケース、また企業での TA の研修の際に実際に行ったもので、何らかの形で発表することについて、各クライエント、および関係機関の了解を得ているものである。特定の事例研究というより、どのように TA の概念をカウンセリングや人間関係のコンサルテーションに活用するかの提示を目的としてケースを紹介

していく。

第2節　事例1. 自我状態の汚染解除

クライエント：B氏、59歳、金融機関に勤務。

主訴：抑うつ・不安感

家族：妻　56歳、長女30歳（既婚）、長男26歳（独身）

症状：心臓の圧迫感、動悸、頭痛、睡眠障害。

リファー：病院の内科で検査の結果、身体的異常は認められず、心療内科を
　　　　　受診し、そこからカウンセリングを勧められ来室した。

特記事項：EAP での来室のため、とりあえず5回までが会社負担となる。
　　　　　5回での終結を希望

初回面接：平成×年○月○日

　インテーク面接で上記の症状、家族構成、職場での状況を中心に今までの
経過を聴く。この面接でB氏の自我状態の汚染が明白になった。自我状態は
TA の基本理論の最も中心になる概念で、人の心は「親」「成人」「子ども」
という3つの働きをする部分から成り立っていると言う考えである。
(Fig. 1) 精神的に健康な個人は、常にその時々の状況のなかで、自分にとり
最も良く機能すると思われる自我状態を選択し、そこにエネルギーを注入す
る。誰かを世話する時には「親」、問題を解く時は「成人」、楽しんだり親密
になろうと思う時は「子ども」にエネルギーを送る。健全な人は「親」の持
つ偏見や「子ども」の持つ恐怖が「成人」のデーターに紛れ込む事は少ない。
しかし、成人の自我領域がもろくなり、「親」や「子ども」から汚染された
時には「成人」は間違った情報を正す事はないし、確認する事もない。

　B氏の「成人」は "会社のために働くことが、男としての存在価値を証
明する" という「親」の思い込みに汚染されていた。さらに "私はもうすぐ
定年だ。私の存在価値はゼロになってしまう。私はもう誰からも認められな

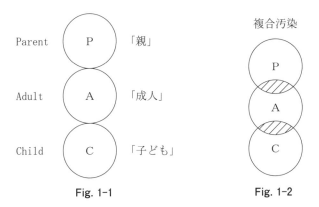

Fig. 1-1

Fig. 1-2

い、ちっぽけで哀れな人間だ"という「子ども」の不安感情からも「成人」は汚染され、複合汚染で行き詰まり、身体に症状が出ていた（Fig. 1-2）。汚染のダイアグラムを示して、行き詰まっている状態を説明し、汚染解除をカウンセリングのゴールとして治療契約を結んだ。

第2回：初回＋1週間後

エゴグラムを記入して貰い、どの自我状態にエネルギーが多く流れるかをチェックした。予想通り、CP「支配的親」と AC「適応した子ども」のバーが高く、内的葛藤が高いことが分かった。B 氏に自我状態の機能分析を説明し、自分の内的葛藤に注目して貰った。（Fig. 2. Fig. 3）

第3回：第2回＋1週間後

B 氏の生育歴を聞いていくと、父親も同じように仕事一途な人で、働くことがすべてという価値観を強く持っていた。"若いときは父に反発して、自分は父とは違う生き方をしようと決心して、今までやってきたつもりでした。でも、いつの間にか父の生き方と同じようにやっていたのですね"と父から受け継いで彼自身の「親」の自我状態の中にその価値観を保持していること

「批判的・支配的親」
権利の主張・義務、道徳の強調・教育指導・がんこ・べき論

CP　NP

「養育的親」
育てる・保護する・世話をする

A

「成人」
"今、ここ"でのデーターに従い判断するコンピューターの働き

AC　FC

「適応した子ども」
素直、順応性、良い子、自分がない

「自由な子ども」
自発的、生き生き、楽しい、冒険家

Fig. 2

B氏のエゴグラム
W型　厭世、神経症タイプ

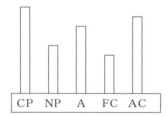

CP　NP　A　FC　AC

（セラピー前）

CP＝人生は働くことに意味がある。
　　努力をしない人間は屑だ。

AC＝一生懸命頑張ったけど、もう
　　できないよ。

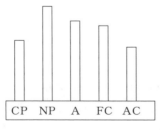

CP　NP　A　FC　AC

（セラピー後）

NP＝自分を大事にしよう。家族
　　のためにもっと時間をとろう。

A＝これからのプランを立てる。

FC＝ヨーシ、僕も楽しむぞ！

Fig. 3

に気づいた。その洞察から「親」の持っている価値観が自分の現実適応の働きである「成人」へ侵入し、あたかもそれが事実であるように「成人」が考えていたことが理解された。B氏は "親父はとっくに亡くなっているのに、まだまだ親父の亡霊に支配されていたんだ" と大きな溜息をついた。"お父さんにその価値観をお返ししたい？" とセラピスト（筆者）が問いかけると "ええ、勿論" と言う。空の椅子にイメージした父親を座らせ、クライエントが「子ども」の自我状態から、父親に語りかける。小さいときに知らず知らず押しつけられて自分の自我状態に取り込んでしまった、"今はもう必要ないと感じている父親の価値観" を父親に返すワークを行った。このワークで「親」から「成人」への汚染解除は成された。

第4回：第3回＋1週間後

　クライエントと母親との関係が語られ、分離、見捨てられ不安がB氏のAC「適応した子ども」の発達を促したことが分かった。

　ここでも母親とのチェアーワークを行い、母親から貰っていた "私のために一生懸命いい子でいて頂戴。お父さんの代わりに私を喜ばせて" というメッセージを返上して、"自分のために自分のしたいことをする" と母親に宣言した。"人を喜ばせ、人に役立つために働けない自分はダメ人間だ" という「子ども」の自我状態からの汚染はかなり根深く "自分のために何がしたい？" という問いかけを続け、FC「自由な子ども」へのエネルギーシフトを心がけ、身体のリラクゼーションも毎日行うように示唆した。（Fig. 4）

第5回：第4回＋2週間後

　クライエントとセラピストが双方で、なにがこのカウンセリングで行われたかを振り返り、初回で契約した自我状態の汚染解除がきちんと行われたことを確認し、また、身体的症状も快方に向かっているとの本人の報告もあり、終結を同意した。

B氏の複合汚染

汚染解除

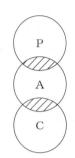

Pからの汚染：
会社のために働くこと
が男の存在価値だ

Cからの汚染：
定年で仕事がなければ、
もう自分は価値が無い

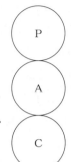

Parent：
妻の生き方も尊重しなけ
れば

Adult：
ゴルフをプロに付いて習
おう

Child：
妻と一緒に楽しもう

Fig. 4

考察：

　B氏の、自我状態の汚染解除を目的としたカウンセリングは、5回で終結した。まず、初回面接でのB氏との会話から、自我状態の汚染が明らかになった。そこで、汚染解除をカウンセリングのゴールとする見立てをし、それを契約として話し合った。2回目に行ったエゴグラムから「支配的親」と「適応した子ども」の内的葛藤が明らかになった。これは脚本分析を行うことも考えられたが、長期のカウンセリングが物理的、心理的、身体的状況から難しいと判断し、汚染解除という方向でカウンセリングを行っていくような面接計画を立て、それに従って進めた。父親とのチェアーワークはスムースにすっきりと行えたが、母親との方はクライエントに抵抗があり、充分に感情レベルでのワークが出来ず、知的理解と合理化が起こった。とりあえず自分の思いこみに気づき、汚染解除は行われたと考えられる。5回のカウンセリングで一応、症状も沈静し終結としたが、母親との問題は、妻との問題に形を変え、再燃することは予想される。しかし、初回で結んだ汚染解除の契約は達成されたと考えられたので、一時一事の原則（一度に沢山のことをしないで、一つの問題に専念するのがTAのワークの原則）に従って終了した。こ

れは短期療法としても有効な手法であろう。

第3節　事例2．Cさん親子のやりとり分析

クライエント：Cさん38歳　女性　独身テレビ局ディレクター

家族：母72歳

症状：強迫観念、睡眠障害

経過：平成×年○月○日　TAのグループセラピー

　筆者が定期的に行っているセラピーグループに知人の紹介で参加した。グループメンバーは10名。Cさんは初参加である。自己紹介で彼女は民間テレビ局の編成から、製作現場にディレクターとして移動したばかりであること、大学卒業直後父親が亡くなり、以来、母親と二人暮らしであること、製作の仕事は非常に面白いが、反面時間が不規則なことと、人間関係が上手くいかないことで悩んでいること、すべてに強迫的になり物事が完全に出来ていないと居ても立ってもいられなくなる、次第に不眠になりイライラし、またその様な自分に腹が立って情けなく落ち込んで憂鬱になる、などと現在の自分の問題を話した。

　"今日は自分のために何をしたいですか？"という筆者（セラピスト）の問いに、現在の一番の悩みである母親との関係をワークしたいと希望した。仕事で疲れきって帰宅すると母親に、帰宅が遅いと毎晩文句を言われる（マイナスの条件付きストローク）。それがたび重なり家に帰ること自体が憂鬱になって、帰宅拒否症候群にもなってしまった。Cさんの自我状態に焦点を当てて話を聴いていると、彼女の姿勢、表情、言葉、声音から、CP「支配的親」、A「成人」そしてFC「自由な子ども」の自我状態にエネルギーが高いことが明らかになった。

　自我状態の働きを説明し、5つの椅子（CP、NP、A、FC、AC）を並べ、Cさんと母親との会話を、その椅子を使って再現した。Cさんに自分がどの

自我状態から母親に話しかけているか、自分で、それと思う椅子に腰掛けて話をするように促した。Ｃさんが現実的な「成人」から発していると思っていた言葉の多くは、その動作や口調からCP「支配的親」からのものと理解された。また活発で自分の欲求はきちんと主張するところや、自在に変わる生き生きとした表情から、FC「自由な子ども」の自我状態も活性化していることが分かった。母親との会話をNP「養育的親」とAC「適応した子ども」の自我状態も使って、再現を試みた。今回はチェアーワークの経験があるメンバーが、Ｃさんに向き合って５つの椅子を使い、母親役になりＣさんをリードしながら母娘のロールプレイを行った。発言の度にめまぐるしく椅子を変わり、ときにはグループメンバーから声援や指示も飛び、楽しいエキサイティングなワークが行われた。２人のやりとりのようだけど、実は10人が話しているのだと、自我状態の交流の見えない流れが、体験的に理解できたようであった。それから、母とのやりとりを交流図式で分析し、知的理解を促進した。(Fig. 5)

　Ｃさんと母親との間では交差交流が多く行われていることが明らかになった。母親の第一声は"また今夜も遅いのね"という表面上はCP「批判的親」からのメッセージであるが、心理的メッセージは不安や淋しさを訴えたFC「子ども」からのものである。その心理的メッセージをNP「養育的親」の自我状態でまず受け止め、その後にＡ「成人」の自我状態から冷静に対応することを示唆した。

　Ｃさんの母親は娘との間で、ストローク不足になっていたことが容易に想像される。Ｃさん自身も仕事が変わり、周囲に適応するためにエネルギーを使い、自分に対してのケアーがおろそかになっていることに気づいた。

　"いま、ここでグループから欲しいものはある？"というセラピストの問いかけに、"どんなことでも良いからプラスのストロークが欲しい"と言う。"誰からか特に欲しい人はある？"と重ねて明確化すると"グループのみんなから欲しい"というFC「自由な子ども」の答えが返ってきた。グループ

交差と裏面交流　　　　　心理的メッセージを読みとった相補交流

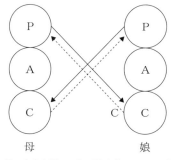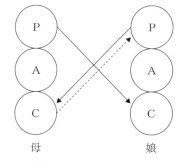

母：今夜も遅いのね（社会的メッセージ）
　　一人で淋しかったのよ（心理的メッセージ）
娘：遅くなるって、今朝言ってでしょ！
　　（社会的メッセージ）
　　まったく、ぼけたのかしら、困ったわ
　　（心理的メッセージ）

母：今夜も遅いのね（一人で淋しかったのよ）
娘：遅くなってごめんなさい。一人で淋しかった
　　でしょう

＊まず、相手の「子ども」の自我状態を配慮
　して保護する反応をしてから、「成人」に
　ギアーを入れその場で一番適切な自我状態
　を判断する。

Fig. 5

の輪の中で、一人一人の前に立って、それぞれから欲しいストロークを貰っ
ているＣさんはすっかりくつろいで、明るい表情であった。

考察：

　これは、1回のグループセラピーにおけるＣさんのワークの概要である。
その3週間後、フォローアップ面接を行った。Ｃさんはこの3週間出来るだ
け母親の心理的メッセージを読みとり、相補的交流を心がけた。母親はスト
ローク不足を解消し、Ｃさんも母親から世話をして貰うことで、充分にスト
ロークをもらえたという報告があり、Ｃさんは明るく元気になっていた。ま
た親子のやりとりは、そのまま職場でのやりとりだったことにも気づき、自
我状態に注意をして交流をしたら、職場での人間関係もスムースに上向いて
きたという。

　Ｃさんにとって初のグループ参加なので、あまり深く内的にはいりこまな

いように問題を“やりとり分析”を中心にワークをした。キャリアーウーマンとして仕事をこなして生きていくためには、しっかりした力強い、時には支配的な「親」の自我状態が有用である。また、現実適応能力であるＡ「成人」も高い。さらに創造性のある仕事をしているＣさんは、当然 FC「自由な子ども」の自我状態も高いことが求められるだろう。しかし NP「養育的親」と AC「適応した子ども」もまた必要な自我状態である。Ｃさんは仕事の才能は豊かだが、FC が過剰になると自分勝手で我が儘になる。また「支配的親」も高すぎると周りに批判的になり、高圧的になる傾向が出てくる。そして人から批判されると攻撃的になるか、逆に落ち込んだりする。母親との交流は、Ｃさんの自我状態の中で NP「養育的親」と AC「適応した子ども」が使われなかったことが、交差交流になった原因であろう。また、母親と同様の交流を職場でも行っていたと推測される。Ｃさんが自分の５つの自我状態を TPO に沿って自在に使いこなせるようになるとき、彼女の人間関係はよりスムースで親密なものになっていくと思われる。(Fig. 5)

第４節　事例３．アルコール依存症の脚本分析

クライエント：Ｄ氏　55歳　大手建設会社の営業職
家族：妻　45歳　長男15歳　次男13歳
症状：アルコール依存症、肝臓障害を併発している。

初回面接：平成×年○月○日

　40代半ばからアルコール依存症で入院治療を２回受けている。何時もその後１、２年は断酒できるが、暫くすると、また何かの理由を付けて飲み始める。今回も52歳での前回の入院から断酒していたが、不況による仕事のストレスとリストラの不安から飲酒が再開した。肝機能も悪い数値を示し命取りになると医者に言われ、カウンセリングを併用して治療することを勧められ、会社の保健師からリファーされて来所した。“止めようと思えば今日にでも

止められますよ、ただ止めようと思わないんだな、自分で・・ハッハッハ"
という発言から、I am OK, You are Not OK という、他者排除の「人生の基
本的立場」と、"存在するな" という親からの禁止令を貰った彼の脚本が予
想できた。人生脚本質問用紙を渡し、次回までに記入してくるように依頼す
る。カウンセリングのゴールをきちんと明確にし、なにを目標にするかを契
約したいセラピストの意向は、"助けられるものならやってご覧、誰も僕を
助けられないよ" というクライエントのゲームが起こることが感知されたの
で、ひとまづペンデイングとした。面接をしていくプロセスでその目標を明
らかにすることでカウンセリングはスタートした。

第1期：○月○日より 5 session "自己理解の促進とラポート作り"

　記入してもらった人生脚本質問用紙を基に、生育歴、幼児決断、脚本を詳
細に調べていく作業を2人で行った。交流分析では精神分析療法と同じく、
個人の問題の源は幼児期にあるという考え方に立ち、問題がどのように発生
するかを人生脚本という理論で説明している。個人はその幼児期に自分がど
のように生きていこうかという決断をして、それに沿って物語を書き、それ
に従って生きている。幼児期に書いた脚本が破壊的であるか、建設的である
かによって、その人の人生は大いに違ってくが、これを充分に調べ、もし破
壊的であれば、今ここで、その部分の脚本から脱却することが出来る。それ
が TA によるセラピーのゴールとなる。D氏の場合、父親も "酒を飲むが、
飲まれない" をモットーに、長年営業という仕事と生来の酒好きの相乗作用
で飲酒を重ね、ついに肝硬変で死亡している。人生脚本質問紙を基に彼の人
生脚本図式を描いて、親からどのような脚本メッセージを貰っているかをま
ず検討していった。

　母親からは「人を喜ばせろ」「強くあれ」のドライバーと、「存在するな」
「子どもであるな」「感じるな」の禁止令を、父親からは「もっと努力しろ」
「存在するな」「成功するな」のメッセージを貰っていることが分かってきた。

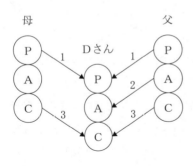

1．拮抗禁止令：母→人を喜ばせろ。強くあれ。
　　　　　　　　　父→もっと努力しろ。
2．プログラム：父→こうしてお酒を飲むのだ。
3．禁止命令：母→存在するな、子供であるな、感
　　　　　　　　じるな。
　　　　　　　父→存在するな、成功するな。
幼児決断：僕もお父さんのように一生懸命働い
　　て、お酒を飲もう。そして早く死ぬ。そうすれ
　　ば母さんは僕を愛してくれる。

Fig. 6

彼は自分が脚本の中にいて、「成人」が働いていないことを理解した。
(Fig. 6)

第 2 期：第 1 期より続く 6 session "ワークによる洞察の深化"

　D氏の脚本は多数の否定的プロットを含んでいるが、この中で顕著なもの
は、両親から "存在するな" の禁止令を貰っていることだ。これは母親がD
氏を妊娠中、腎臓を患い、出産時と産後、しばしば生命の危険に陥ったこと
が影響をしていると考えられる。この最強で最悪な禁止令は、Dさんの幼児
決断で "一生懸命努力して、人を喜ばせている限り、自分は存在していて
OK だ" という条件付きの許可に中和された。この脚本に従ってD氏は AC
「適応した子ども」の自我状態から他者（幼児期は主として両親）にうけいれ
られるため、最大の努力をしてきたが、自分の FC「自由な子ども」の欲求
には応えず、抑圧し続けた。D氏の FC「自由な子ども」は反乱を起こし、
RC「反抗する子供」の自我状態から、アルコールに依存していった。ここ
では再決断療法を中心に、様々なワークを行った。再決断療法（Robert &
Mary Gouldings, 1972）は TA 理論とゲシュタルト療法を結びつけた心理療法
である。創始者のグールディング夫妻は「人生早期の決断は思考ではなく、
幼児の感情をによって成されたものである」（1968）と指摘している。従っ

て、脚本から抜け出すためには、幼児決断の場面で体験した「子供」の感情に再び触れ、そうした感情を表出することで未完の行為を完了し、幼児期の早期決断を新しい、より現在に適した決断に変える（再決断）ことが必要であると述べている。これは、ファンタジーや夢のワーク、"早期場面のワーク"などで成し遂げられる。

ワークの記録（概略）

　一番大きなワークは以下のように行われた。D氏の心の中に浮かんできた一つの場面を取り上げ、イメージの中で、両親を自分の前に置いたエンプティーチェアーに座らせた。自分は6歳の子どもになって、両親に話しかけるようセラピストはリードした。

D：“おまえを生むときはすごく母さんは苦しんだよ。おまえは私のことを殺しそうになったんだよ”って、母さんは僕が小さいときよくそう言ったよね。それを聞かされ、すごーく悪いことをしたという気持ちでとても悲しかった。だから、なんとかして父さんや母さんに可愛がられ、大切にして貰いたいと、死にものぐるいだった。

セラピスト：貴方がその時言いたくても言えなかった、本当に言いたかったことを、きちんと両親に伝えて。

D：僕が生まれたのは、まったく僕の責任じゃないよ。母さんが苦しんだことも、気の毒とは思うけれど、僕には何の責任もない。もう僕はそのことで苦しむのは嫌だ！　もうごめんだよ！

セラピスト：両親の椅子に座って、どちらの親でも良いけど、親になって、6歳のD君に話をしてください。

D：（母親の椅子に座って）おまえがそんな傷ついていたのは知らなかった。ごめんなさいね。（父親の椅子に座って）男の子はそんなことぐらいでへこたれちゃダメだ。

セラピスト：（父親へ話しかける）お父さん、貴方はD君を愛してます？

父親：勿論です！　この子は私の誇りです（涙が滲む）。

セラピスト：元の貴方の椅子に戻って下さい。今、どんな感じかしら？

D：なんだか安心して、ほっとしています。重い荷物を下ろしたようで、ちょっと疲れました。

セラピスト：その感じを暫く味わって下さいね。ここで終って良いかしら…

D：いいです。

　この再決断のワークはかなりのインパクトをD氏にもたらした。D氏は自分への不信、罪悪感が、両親から受け取った禁止令"存在するな"からきていることを認識した。それは両親も気づかない彼らの「子ども」の"恐れ"の感情から生じたもので、両親もとても怯え恐れていた結果が、無意識のうちに禁止令としてD氏に伝えられたということも理解した。

第3期：第2期より続く5 session "現実適応へのプロセスと終結"

　2期に続いてワークを何度か行ったが、次第に妻との関係、職場での問題、医者との信頼関係など、現実の問題に焦点が当てられ、気づきから行動化へと進んでいった。なにかに行き詰まるとアルコールに逃避していた習慣も、自己洞察が深まるにつれて、違う行動を選択できるように変化してきた。自己不信感をカバーするためのアルコール依存は、自分自身の欲求を充分にケアーし、アルコールに代わるストローク源を家族やゴルフに見いだすことで、D氏は健康を取り戻していった。

考察：

　脚本分析と再決断療法は、TAが心理療法として最も中核に置く理論であり技法である。D氏のアルコール依存は、かなり重いケースであり、慎重な対応と適切な介入が必要であった。初期にはI am OK, You are Not OKというスタンスで、信頼関係を作るまでが困難だった。人を排除する立場の人は、他者からストロークを得ることが少ない。そのかわりにアルコールから

ストロークを貰う。次第に D 氏の防衛がとれると、その下には I am not OK, You are not OK という行き止まりの立場が現れた。セラピーは I am not OK の立場を I am OK に変えることが主眼となる。存在に対する否定的ストロークを与えてきた両親との幼児期の場面に戻り、再決断することがこのケースでは何より必要な介入であった。初回面接を含めて17 session のカウンセリングは途中で夏休みがあり 3 週間中断したが、それ以外は週 1 回のペースで続けられた。D 氏のセラピーへの関心は第 2 期から高まり積極的参加となった。これは霧の中にあった自己不全感が脚本理論で明白になり、そこから脱却することも自分が選べる、ということが理解されたためであろう。D 氏の FC「自由な子ども」がワークへの積極的姿勢をもたらしたことも、変化への大きな要因になっている。

第 5 節　事例 4．職場での値引き、共生関係

　これはある企業で人間関係改善プログラムの一環として行った中間管理職研修の折に出されたケースで、筆者がコンサルテーションという形で関わった事例である。研修は値引き、再定義、共生関係を通して職場での人間関係を理解し、仕事の活性化を目指すことが目的であった。値引きとは現実に起こっていることや、自分の能力、他者の行動を、認めず、または過小評価し、問題解決に関する情報を気づかずに無視することである。

　「自分はダメな人間だ。それを人に見破られないように、人とは距離を置こう」という人生脚本を持っていると、現実に自分が仕事をしていても、常におどおどして失敗をし、矢張り自分はダメだと再認識する。これを再定義という。そして誰か依存出来る人を常に求める。そこに「人の役に立つことが私の使命」という脚本を持っている人がいると、「私がやってあげる」と親の役割をとって相手の能力を値引きし、共生関係を作る。

　例えば会社でなんでも秘書に訊かないと、日常のことが分からない社長と秘書の関係（社長は自己管理能力を値引きしているし、秘書は自分の「子ども」の

感情と社長の「成人」を値引きしている）。またはコンピューターを苦手と決め
つけて、部下に依存する上司と、文句を言いつつ、上司の替わりに毎回資料
づくりをする部下（上司は自分の「成人」を値引きしている。部下は上司の「成
人」と、自分の「ノー」という能力を値引きしている）。このように企業、組織内
の人間関係において値引き、再定義、共生関係は数多く見られる。研修中の
フリートーキングで出されたケースは次のような内容である。

ケースの概要：

　A氏は経理部の中堅社員であるが、今職場での人間関係が重荷になってき
ると発言を求めた。A氏は部下のB男の仕事が遅いため、見兼ねてついつい
手を出して自分がやってしまう。B男はそれを良いことに、ますますさぼり
癖がついたようだ。A氏は自分がB男を助けなければB男は何もできないと、
知らず知らずの内に彼の能力を値引きし、そのため、A氏とB男の間で共生
関係が生じていた。A氏は"人に親切にしている限り、私はOKだ"という
脚本を持っている。B男の脚本は"私は無力だ。誰かに従っている限り安全
だ"というものだ。A氏はB男が何かを自力で成し遂げても、ちょっとした
ミスを見つけて、やっぱり自分が助けなければダメだ、と再定義をする。B
男も自分が出来たこと値引きして認めず、出来ないことに焦点を当て、自分
はダメだと再定義する。A氏はますますB男を援助し、腹を立て、疲れる。
B男はどんどん自分の力を値引きし、無力感と不適切感を助長する。A氏と
簡単なチェアーワークをし、片方の椅子にA氏、もう一方にB男を想像で座
らせ、2人で自由に対話をするように促した。A氏は、自分の「子ども」を
値引きし、B男と共生関係に入っていることを理解した。A氏はこれからは
「成人」を使って、B男の仕事を見守るようにすることをグループで約束し
た。その後の報告では、B男は次第に自分の仕事に自信を持ち、自己肯定感
が高まってきた。A氏もイライラや、疲労に悩まされることが減少し職場の
モラールも向上した。(Fig. 7)

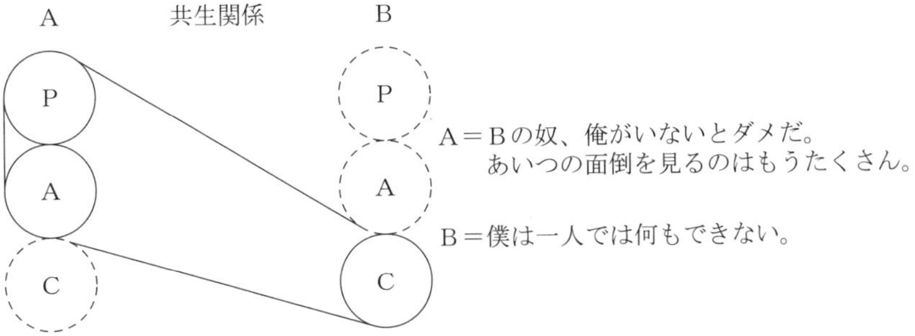
A
共生関係
B
P
A
C
P
A
C
A＝Bの奴、俺がいないとダメだ。
あいつの面倒を見るのはもうたくさん。
B＝僕は一人では何もできない。

Fig. 7

考察：

研修後の質問に、具体的なケースの相談は多い。このような場合、簡単なチェアーワークをして、今ここでその問題を再現し、参加者全体で考えることが研修での学習を更に深め発展させることに繋がっていく。但し、時間的制限や公共性も念頭に置き、脚本分析や再決断療法のような、個人に深く入り込むアプローチは避けた方がいい。ここでは“やりとり分析”と“値引き、共生関係”の概念を使って、職場での心的ダイナミックスを明確に浮かび上がらせることが可能であった。あのとき、あそこでの話を、常に今、ここでの問題として、体験的に理解することがグループでは有効である。A氏とB男の関係も今ここでのやりとりをロールプレイすることで、当事者ばかりでなく観察している他者もその問題への参加が可能になり、同じような問題に対処する方法を学習できるのが利点である。

第６節　事例５．定年離婚のゲーム分析

クライエント：G氏61歳　妻57歳

家族：長男（33歳既婚）次男（29歳独身）

ケースの概要：

　G夫妻は35年にわたる結婚生活をおくり、G夫人の良妻賢母ぶりは有名であった。しかしG氏の定年退職を期に、夫人は離婚を申し出た。35年間夫と子どものために自分を犠牲にしてきたのだから、これからは自分のために生きたい、夫の世話はごめん被るというのが、G夫人の主張である。彼女は長年にわたり、"見て！　私はこんなに一生懸命尽くしているのよ"というゲームをやっていたのだ。さらに今、彼女は"あなたのせいで"というゲームをG氏との間で行っている。G氏は初め犠牲者の役割をとっていたが、経済的な制裁で迫害者になり夫人が犠牲者になった。家庭内離婚のようにお互いに口もきかずに、他人のように暮らす毎日である。

　G氏は高血圧、G夫人は心臓の圧迫感、食道の梗塞感など身体症状も伴ってきている。

初回面接：平成×年　○月○日

　G氏の姉の紹介で、G氏が単身で来談し、問題や家族の状況、身体症状などを含めてインテーク面接をした。その折に上記のゲームが明らかになったので、筆者は夫婦同席でのカウンセリングを提案したところD氏はたちどころに快諾した。妻に相談せず自信たっぷりに夫婦面接をその場で承諾するD氏の態度に、この問題の一つの鍵があると思われた。

第2回：初回＋1週間後

　夫妻で90分のカウンセリングを行った。そこで両者の言い分を充分に聞きながら、お互いの間で長年行われてきたゲームについて説明し、理解を促した。夫人は長年、"見て！　私はこんなに良い妻なのよ"というゲームをやり、G氏は"俺は強い男だ。家族より仕事だ。そのおかげで家族も幸せなんだ"というタフガイのゲームを行い、妻の献身を当然のように受けてきた。今まで演じ続けてきたゲームは、G氏の定年でその舞台場面が変わるのは当

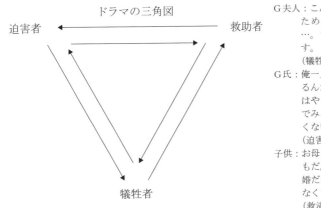

ドラマの三角図

迫害者 ← 救助者

犠牲者

G夫人：こんなに一生懸命家族の
　　　ためにつくしてきたのに
　　　…。もう私は一人になりま
　　　す。
　　　（犠牲者→迫害者）
G氏　：俺一人でどうやって暮らせ
　　　るんだ。よし、それなら金
　　　はやらないぞ。自分で稼い
　　　でみろ。世の中そんなに甘
　　　くないぞ。
　　　（迫害者→犠牲者）
子供　：お母さんの気持ち、もっと
　　　もだ。でも二人が今さら離
　　　婚だなんて、俺、みっとも
　　　なくて困るよ。
　　　（救済者→犠牲者）

Fig. 8

然である。そこで夫人は役者をおりることを宣言し、G氏はそれなら退職金
も給料も支払わないと女優のG夫人を脅迫している。このような比喩を交え
て現状を説明した。それから、本当に生きたかった人生はなにか、したかっ
たことは何だったのかを、それぞれが考えてくることを宿題にして第1回の
カップルセラピーは終った。（Fig. 8）

第3回：第2回＋1週間後

　ここでは、今までの自分の人生で、本当にしたかったことはなにか、とい
う先週の宿題を、お互いが充分聴き合い話し合った。G夫人は、"結婚して
も自分の好きな音楽を勉強したかった。外国へも行きたかった。でも良い母、
よい妻でいなければならないと、すべての自分の夢は諦め、そんな気持ちを
持ってはいけないと押さえつけていた。夫が定年後は、自分の好きな田舎で
野菜や花を作って暮らしたいというのを聞いて、なんで私だけが自分の夢を
犠牲にしなければいけないのと無性に腹立たしくなって、夫と一緒にいた年
月が空しく感じられた。別れて残りの少ない自分の時間を大切にしたいと思

った"と話した。

　G氏は夫人の気持ちを、今までまったく理解していなかったことに気づいた。"僕はやりたいことをやり、女房はそれについて来ることで充分幸せだと信じていた。定年後は、自分の故郷でのんびりと百姓をしながら釣りを楽しみたいと、口癖のように女房にも言っていたし、彼女はそれに賛成してくれているのだとばかり思っていた。"

　セラピストはお互いに相手から一番欲しいものは何か、自分が相手にあげられるものは何か、を考える事を宿題に第2回目の面接を終えた。

第4回：第3回＋1週間後

　先週の宿題に関する回答は以下であった。D氏は妻から一番欲しいものは、"お父さん、今までご苦労様！　というねぎらいの言葉"相手にあげられるものは"女房がやりたいことをする時間とお金"。D夫人は"おまえは素晴らしい女房だった！　という褒め言葉と、好きなことをやっていいよ、応援するよ！　という励ましの言葉"相手にあげられるものは"美味しい食事を作ることと、健康管理"。

　このセッションで2人がお互いの話しに耳を傾けている状況は、ゲームを脱却し親密さが増し、深いレベルでのプラスのストローク交換が行われているのが明白であった。次回で終結と言うことで合意した。

第5回：終結　第4回＋2週間後

　このセッションは今日で終結ということで、2人のA「成人」の自我状態から今後の計画が話し合われ、それに向けての行動計画も進んだ。離婚はその計画の中から抹消されていた。そこにはゲームはなく、真の親密さが生まれ、G夫人はもう一度、自分らしく生きる事を大切にしながら、結婚生活を続けていく事を決意した。G氏は夫人の希望、感情を充分に組み入れて、今後の自分の田舎での生活設計図を再構築していくことを約束した。

考察：

　対人交流の中でトラブルになってしまう、こじれた人間関係を TA では
ゲームと呼ぶ。ゲームの特徴は「成人」の気づきがなく、繰り返し同じゲー
ムを行う。プレイヤー間に裏面交流があり、終わりにはある特定の感情を味
わう。(その人に馴染み深いラケット感情)。ゲームの目的はプレイヤーの人生
脚本の強化促進である。

　D 夫妻のゲーム理解にはドラマの三角図をあてはめてみると有効である。
(Fig. 8)　ゲームをする人は、この三つの立場を行ったり来たりする。迫害
者とは他人を見下し、けなす人。相手の価値、尊厳、生存権を値引きしてい
る。救助者は他人を一段下に見て、上の立場から援助をする。私の方が知っ
ているから、私が助けてあげる、と相手の問題解決の能力を値引きしている。
犠牲者は自分自身を値引きしている。私は無力だ、貴方は私より優れている。
ゲームを始める時は、3 つの役割のどれからでも始められる。D 夫人は犠牲
者の役割からゲームを始め、迫害者、救助者に移行する。D 氏は迫害者と犠
牲者の役割を行ったりきたりする。そして進行に連れて役割が変化し、その
人の馴染み深い嫌な感情 (ラケット感情) の報酬で終わる。D 氏のラケット
感情は、怒り、D 夫人は、恨み、罪悪感であろう。

第 7 節　おわりに

　5 つの事例を紹介し、TA の諸理論をいかに職場の人間関係理解やカウン
セリングに活用しているかを、出来るだけ具体的に述べました。理論を簡潔
に分かり易くするために、理論ごとに事例を分けて記述しましたが、実際は
一つの事例にはすべての理論が関与しているのはご理解頂けたと思います。

　従来の精神分析的カウンセリングや来談者中心療法は、クライエントが洞
察を深め自己理解、自己受容にいたるまでかなり長期の時間を必要とし、行
動化に関する言及が少ないのです。現在、アメリカではマネージドケアーと
呼ばれる保険制度が、保険でカバーできるカウンセリングの回数を厳しく制

限しているため、短期療法（Brief Therapy）の開発が盛んです。TA はもともと短期の治療を目指して作られたものであるために、現代の要求にもマッチしています。

　今までも産業の場や組織での人間理解のために、また社員研修や、リーダーシップ教育などにも TA 理論は多く用いられてきました。国際 TA 協会の上級資格にも臨床部門・産業部門・教育部門・カウンセリング部門と 4 分野があり、それぞれ少しづつ異なっています。今後産業界において TA がその哲学と共に、基本理論からきちんと理解され活用される為に、私も微力を尽くしていきたいと考えています。

第3章　臨床でのOK牧場の図式と
人格適応型の活用

（交流分析研究23(1)23-28）

要約

　TAはカウンセリングや心理療法において、クライエントの見立てや、治療計画を立てる際に有効な道具となる。特に、ポール・ウエアー（Ware, P. 1983）によって作られ、ヴァン・ジョインズ（Joines, V. 1986, 1988）が発展させた人格適応型理論は、様々なクライエントに対し、最大限の成果を得るための基本的なアプローチの方法を明らかにしている。人生の基本的立場、愛着と分離、人格適応型の理論がOK牧場の図上に統合されたとき、それは臨床家にとって包括的な診断と治療のガイドとなり、また組織や教育の場においても人間関係の理解と改善のために有効な道具となる。この論文では、ウエアーの人格適応型理論を紹介し、ジョインズの論文「TAの枠組みを使った診断と治療計画」を検討する。

はじめに

　交流分析（Transactional Analysis 以後TAと省略する）はカウンセリングや心理療法の臨床現場で、クライエントの見立てやカウンセリング過程の分析に役立つ理論であるが、その中でも1980年代に発展した人格適応型理論（Ware, P. 1983, Joines, V. 1986）は、各人はその性格上、思考・感情・行動のどれか3つのうち1つを、社会に通じるドアとしている、と主張し、人間に対するアプローチの方法をより具体的に提案している。

　この新しい人格適応型理論を、エリック・バーン（Berne, E）の古典的TA理論である"人生における基本的構え"と組み合わせ、6つの適応型のタイ

プを OK 牧場の４つの象限図に組み込んだ試みは、個人のパーソナリテイと基本的構えの関連を明確にし、TA を診断と治療計画に、より有効に役立てることを可能にした。また、心理臨床のみならず企業や、教育の現場での人間関係の理解、向上などに有用な道しるべとして、広範囲にこの図を用いることが出来る。ここでは、人格適応型理論と OK 牧場との関連についてヴァン・ジョインズ（Joines, V. 1986, 88）の論文を基に考察する。

１．人格適応型について

　人格適応型の理論はポール・ウエア（Ware, P. 1978, 1983）により開発されジョインズ（1986）により更に発展してきた理論である。人は「自然な子ども（Natural Child）」そのもので誕生するが、早期の人生体験の結果から、環境に適応していくために６つの基本的人格適応型を持つようになると考えられる。これらの適応型はウエアーが思春期の入院患者の治療プログラムを実施している間に観察されたものであり、とくに患者の家族力動、および患者自身の早期における世の中との交流が重視された。適応型とは健康とか病理を示すものではなく、単に適応の形である。個人はどの適応型を持っていても、健康であることもできるし、病理に落ち込むことも出来る。ジョインズはこの適応型を"健康→病理"から"健康→機能不全"と描写するよう修正し、ウエアの６分類に新しい名称を加えた。

　発達理論上、人格適応型はエリクソン（Erikson, E. 1950, 1963）の心理的発達８段階の見地からの影響も強く受けている。

1）第一次適応型　０歳〜18ヶ月

　初期の"生き延びるため"の適応型と言われる。これらは両親が子供とどのように交流したか、その反応として最初の18ヶ月の間に発達する適応型だからだ。乳児はその口唇期に最初の心理的問題に反応し、これはエリクソンが定義した"基本的信頼　対　不信感"にあたる（Erikson, 1963）。信頼が壊

れたとき、いかに自分自身が自分の面倒をみるかということに関連して適応型は発達した。理論的には個人は少なくとも一つ、またはそれ以上の第一次適応型を持っていると考えられる。

a．分裂型（Ware, 1978）・創造的な夢想家（Joines, 1986）

　両親が子供と接する時、自信がなく、あやふやであると、子供は親のあやふやさを感じ両親に多くの要求をしないようになる。子供は両親がもっと自信を持てば、自分の面倒を見てくれるかもしれないと期待し、両親に援助的になることを学ぶ。もしそのやり方が失敗すると子供は"貴方は信頼できない、自分だけでやるさ"と引きこもる。その結果、他者に対し思いやり深い、しかし引きこもりがちな創造的夢想家の適応型を形成する。

b．反社会型（Ware, 1978）・魅惑的な操作者（Joines, 1986）

　両親が自分の感情・思考を基に、子供の欲求を先取りして子供と接すると、子供は常に自分が要求する前に、刺激が与えられて満足する。このパターンは必然的に両親の都合で壊れることがある。すると子供は自分の要求を満たすために、どうしたらよいかを考え行動する。それが失敗すると、どうあっても要求を満たそうと操作的になり、手段を選ばずに行動し、それが当然と考える。何故なら、彼らは常に要求する前に満たされて当然と考えているし、それが満たされないと、不当に取り上げられた怒りを感じるからだ。その結果、人を惹きつけるカリスマ性をもち、自分の欲求充足に関し策略を巡らす魅惑的な操縦者の適応型を形成する。

c．パラノイド型（Ware, 1978）・才気溢れる懐疑主義者（Joines, 1986）

　両親が子供のある一つの行動に関し、ある時は支持的で、ある時は否定的であるという一貫しない態度で接すると、子供は支持的な反応を得るために注意深くなる。それが上手くいかないとすべてに猜疑心が強くなり、その結果、慎重で疑い深い性格の、才気ある懐疑主義者の適応型が形作られる。

2）第二次適応型　18ヶ月から6歳

　行動上の適応型とも言われ、生後18ヶ月から6歳ごろまでに発達する。こ

れは特定の行動について、両親から奨励されること、および自分と両親を含む他者との関係に対する反応として形作られる。

d．受動攻撃型（Ware, 1978）・遊び心のある反抗者（Joines, 1986）

　両親が非常に管理的で、常に"親の言うとおりにしなさい"という立場をとると、子供は自分の欲求を満たすためには、常に両親と闘争をしなければならないと考える。彼らは粘り強く欲求を満たそうとするが、それに失敗すると"もし私の欲しいものが得られないなら、少なくとも貴方の欲求も阻止する"と考える。　結果は、ねばり強く、そしてお茶目な反抗を示す遊び心のある反抗者の適応型を形成する。この適応型は二次心理的問題への反応として肛門期（anal stage, Freud, 1953）に起こり、エリクソンによって"自律対恥・懐疑"と定義されている（Erikson, 1963）。

e．強迫観念型（Ware, 1978）・責任感に満ちた仕事中毒（Joines, 1986）

　両親が物事の達成を重要視し、労働、生産に価値を置くと、子供は物事を成し遂げて両親から認められることを学ぶ。それに失敗すると、まだ努力不足と思い、過剰にやり遂げようとする。結果は責任感のある仕事中毒型となる。これは第三次の心理的問題の反応でエデイプス期（oedipal stage, Frued, 1953）に起こりエリクソンにより"主導感対罪悪感"と定義されている（Erikson, 1963）。

f．演技型（Ware, 1978）・熱狂的な過剰反応者（Joines, 1986）

　両親が、他者を喜ばせることを子供に強調すると、子供は他者の感情に敏感に反応し、他者の幸せを非常に気にするようになる。これが失敗すると子供は感情をエスカレートさせ易くなり熱狂的な過剰反応型となる。これも、第三次心理的問題としてエデイプス期に起こる。

　以上の適応型は数多くの組み合わせが考えられ、大抵の個人は一次と二次的な人格適応型を１つずつ顕かに持っている。可能性のある適応型の組み合わせと、その結果の人格の形は非常に多様である。

２．機能のレベル

　これらの適応型の否定的な面がどれくらいの度合いで使われるかということが、その人がどのような機能レベルにあるか、さらには DSM-Ⅳ（1994）に挙げられた障害の種類を決定する。シュルツ（Shultz, 1984）が指摘しているように、ヴァィラント（Vaillant, 1977）の精神病的、未成熟、神経症的、および成熟というカテゴリー分類は機能のレベルを考える際に役に立つ。これらのレベルは、その人が正常な発達プロセスをどこまで辿ったかによっておおむね決まるだろう。

１）精神病レベル

　このレベルの人は、自己と他者の分離ができていない。他者とのやりとりは脱線的なものになる。これは分化や対立を妨げるためのものになる。何故なら、対立は生存への脅威と感じられるからである。その結果生じるものが精神障害ある。

２）未成熟レベル

　このレベルの人は、自己と他者の間の分化はできている。しかし自分が欲求を充足させるのに協力してくれた他者を自分の中に取り込まなかった。他者との交流において、このレベルの人は、「行動表出」的に振舞い、他人を自分の行動を制御するためのフィードバック機構として利用するか、それとも自分自身に対し、行動表出的にふるまって、自分自身の生理を自分の行動を制御するためのフィードバック機構として利用する傾向がある。その結果生じるのは、人格障害、心身症である。

３）神経症レベル

　このレベルにある人は、自分の欲求を充足するのに協力してくれたであろう他者を自分に取り込むことには成功しているが、それに対しなんらかの代償を支払っている人物である。例えば「お前が成長しない限り、愛してあげる」という「親」のメッセージに反応している。言い換えればこの人は威圧的な「親」を受け入れているのだ。故に、他者とのやりとりにおいて、不当

に自分を抑制する傾向がある。その結果生じるのは通常、神経症といわれる症状であり、症状として不安、抑欝を伴う。

4）成熟レベル

このレベルにある人は、自分が欲求を充足させるのに無条件で協力してくれたであろう他者を取り込むことにすでに成功しているか、またはセラピーを受けることで、これをなしとげた人物である。自分の欲求の充足を満たしてくれようとしている他者と協力することによって、その欲求を充足させる方向を探求する。この人が環境からの何らかのストレスに対する反応として困難を訴えることもある。その結果生じるのは、適応障害である。

3．基本的構えと人格適応型

人生の基本的構えと人格適応型の関連はジョインズが図式により明確にした（Joines, 1988）。この図式はOK牧場の図に、個性化と一体化、自己・他者の境界、脚本のタイプ、人格適応型の諸概念を統合したもので、臨床の場面で総合的な見立てと治療計画の案内図として有用である。

1）基本的構えと図式の成り立ち

人生の基本的立場という概念はバーンにより初めて明らかにされた（Berne, 1969）。1971年にアーンスト（Arnst, F.）が「OK牧場、上手くやっていくためのグリッド」の論文で、OK牧場の図式を発表した（Ernst, 1971）。

1984年、カプラン・ケーパース・クライド（Kaplan, Capace, Clyde）がOK牧場の図式に個人間の距離という概念を加え、図を二元化し、水平軸のI am Okの部分に個性化（より自己に近い）、I am not OKの部分に非個性化（より自己に遠い）、垂直軸のYou are OKの先に愛着（他者に近い）、You are not OKの先に分離（他者に遠い）と言う概念を加えた。（Fig. 1）

さらにジョインズよってミニューチン（Minuchin, S. 1974）の堅い、明確な、ぼやけた、壁と境界という概念が、自己と他者の関係、及び個人の内的な自

己を描写する手段に使われ、そこに脚本の要素も加えられた（Fig. 2）。続いて人格適応型が各象限に書き入れられた（Fig. 3）。2002年現在ジョインズが改訂した（Fig. 4）。

2）OK 牧場と個性化、愛着、脚本のタイプ：

「私は OK、貴方は OK」

　この立場にいる人は、明確な自己感覚をもっている。一方、自己と他との境界は隙間があって、そこから彼ら自身に関する情報を取り入れ、自らの成長に役立てることが出来る。また自分と他者の間にきちんとしているが、隙間のある壁をもち、それにより自分が他者にむけて拡大することや、他者にも自分の中に入ってくることを許容している。

「私は OK、貴方は OK でない」

　この立場にいる人は、自己感覚の周囲にこわばった境界を持っている。「私は絶対に OK だ」という思いである。彼らは新しい情報を取り入れることや、自分自身を直視する意志がない。また他者を OK と見ていないので、彼ら自身と他者との間にも固い境界線をもつ。彼らは他者から侵入されるのを恐れ、また自分が他者から弱点を指摘されるのを恐怖し、他者を締め出し、自分が他者に近づくことも自分自身で禁じる。彼らが行う典型的な他者との交流パターンは、まず「排除」することである。後になって彼らは淋しくなり「ひけらかし」を使って少しの接触をはかる。これは基本的には防衛的な立場である。この立場の人が使う主なラケットは "怒り" で、これは他者を遠ざける助けとなる。通常、好まれるゲームは「さ、捕まえたぞ、この野郎」のなんらかの変形である。彼らの持つ共通の体験は、スタイナー（Steiner, C.）の言葉を借りれば「喜びの無い」脚本である（Steiner, 1974）。何故なら彼らは他者と親密でないからだ。この立場が昂じれば、最終的には殺人となる。

「私は OK でない、貴方は OK」

　この立場にいる人は、自己感覚の周囲にぼやけた境界をもつ。彼らは自分

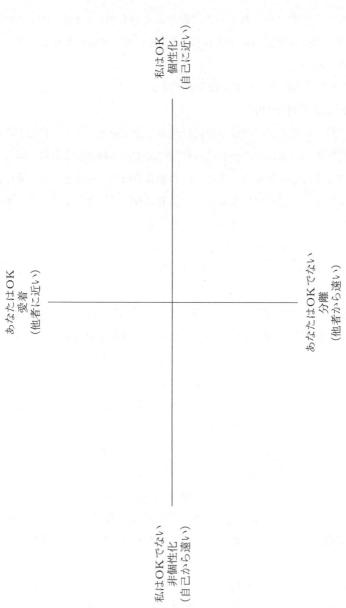

私はOK
個性化
（自己に近い）

あなたはOK
愛着
（他者に近い）

あなたはOKでない
分離
（他者から遠い）

私はOKでない
非個性化
（自己から遠い）

Fig. 1　(Ernst 1971)

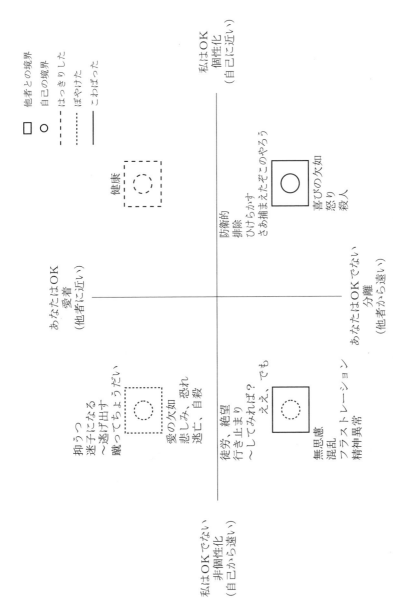

Fig. 2　(Minuchin 1974, Kaplan 1984)

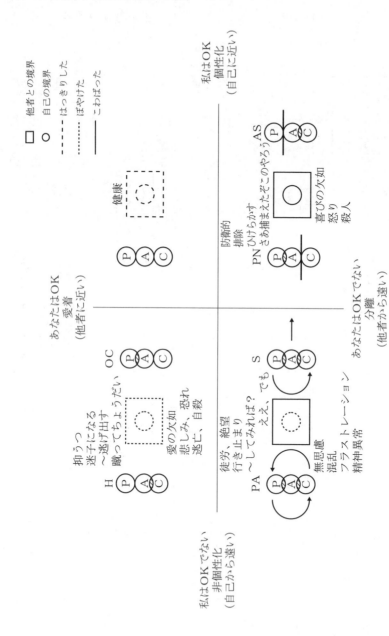

Fig. 3　(Joins 1988)

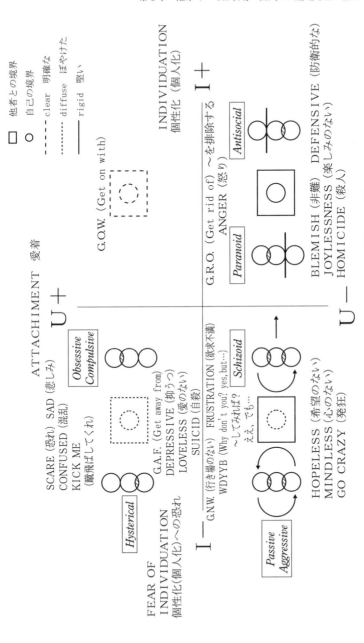

FEAR of ATTACHMENT　愛着への恐れ

Fig. 4　(Joins 1988)

の OK さを確認してくれる他者を求める。「もし貴方が OK と認めてくれるなら、私は OK でいられる」ということだ。彼らは「他者は OK であり、自分は OK ではない」という見方をし、自分と他者の間に曖昧な境界をもつ傾向がある。彼らは安全な人間とそうでない人間とを区別するかわりに、しばしば他者に対し無防備な姿勢をとり、適切な限度を設ける代わりに、いかなる批判、否定的言動も受け入れてしまう。彼らの交流の典型的パターンは、最初は他者に「埋没」し、次に虐待されたと感じると「逃げ出す」というものだ。これは抑鬱の立場である。この立場にいる人の行ない易いゲームは「足蹴にして」のバリエーションである。ラケットは悲しみ、恐れ、および罪悪感である。スタイナーによれば、彼らの一般的体験は「愛の無い」脚本である。この立場が昂じると、初めは「逃亡」、究極的には自殺に行き着く。

　「私は OK でない、貴方は OK でない」

　この立場にいる人は、彼らの自己感覚の周囲にぼやけた境界をもつ。彼らは自分を OK と見なしてくれる他者を求めるが、他者を OK でないと見ているので、シャットアウトする。その結果、他者に期待を寄せる反面、他者が差し出すものは拒絶するということになる。他者とのやりとりの典型的パターンは「行き止まり」である。彼らの基本的立場は「徒労」「絶望」である。よく用いるゲームは「はい、でも」のバリエーションであり、ラケットは「混乱」または「いらいら」である。彼らの一般的体験は「考えの無い」脚本で、その終着点は精神異常である。

３）人生の立場と人格適応の対応

　「私は OK、貴方は OK でない」立場にいる適応型は、妄想型および反社会型である。妄想型の人格適応型の人は、「子供」を OK でない、と定義づけ、これを排除しようとする。反社会型の人格適応型は「親」を OK でないものと定義し、これを排除しようとする。両者ともに他者をシャットアウトし、近づくことの代わりにひけらかしをする。彼らは個性化を求め、愛着を恐れる。

　「私は OK でない、貴方は OK」の立場にいる適応型は、強迫観念型およ
び演技型である。強迫観念型は他者が自分を認めてくれるかどうかに注目し、
演技型は他者が喜んでくれるかどうかを重視する。どちらも自分の力を示す
ことで自分の OK さを確認する代わりに、他者の容認によって自分の OK
を確認しようとする。他者に対し限度を設定することが不得意なため、肯定
してもらえずに傷ついたと感じたときには、逃避するという解決策をとる。
彼らは愛着を欲し、個性化を恐れる。

　「私は OK でない、貴方は OK でない」立場の人格適応型は、受動攻撃型
と分裂型である。受動攻撃型は他者に答えを求め、それが与えられると、そ
れに対し闘争を仕掛けたり、抵抗しようともがいたりする。分裂型は他者が
世話してくれるかどうかを重視し、世話をしてくれないと引きこもり、世話
をしてくれると、それが続いて自分が取り込まれるのを恐れて引きこもる。
彼らは個性化と愛着の両方を恐れる。

4．ドアの概念

　ジョインズは「人格適応理論を用いての再決断療法」(Using Redecision
Therapy with Different Personality Adaptations. 1986) のなかで、「再決断療法を
試みるセラピストは "再決断療法は、あるくらいエントには上手くいくが、
まったく効果的でないクライエントもいる" ということが多くある。しかし
再決断療法という治療モデルに問題があるのではなく、クライエントへのア
プローチの仕方に問題がある」と指摘している。

　再決断療法は、通常グループセラピーの中で行われるが、それはグループ
からの支持と、肯定的ストロークがクライエントの大きな助けになるからだ。
しかし、グループに参加することを恐れている人や、自分の弱みを人に知ら
れたくないと、すこしでもそれに触れられると堅く防衛の鎧で心を閉ざして
しまう人も多い。このようなクライエントに対応するために、人格適応型の
ドアの概念は役立つ。クライエントの適応型を知ることにより、接触すべき

〈人格適応型とドア〉　感情（Feeling）思考（Thinking）行動（Behavior）

適応型	オープン・ドア	ターゲット・ドア	タラップ・ドア
分裂型	行動　B	思考　T	感情　F
反社会型	行動　B	感情　F	思考　T
妄想型	思考　T	感情　F	行動　B
ヒステリー型	感情　F	思考　T	行動　B
強迫観念型	思考　T	感情　F	行動　B
受動攻撃型	行動　B	感情　F	思考　T

領域、避けるべき領域が明確になり、治療へ向けてのアプローチが促進される。

　ある人は考えることを通して、ある人は感じることを通し、ある人は行動することを通して、周りの世界と接触する。ウエアは、それをドアという概念を用いて分類し、「オープン・ドア」「ターゲット・ドア」「トラップ・ドア」という言葉を用いた。「オープン・ドア」はその人が外界と接する開かれた部分である。「ターゲット・ドア」は円満な人格を形成するために統合が必要な標的となる部分である。「トラップ・ドア」は、罠になりやすい部分で、外界から自分の心を防衛するために、一番エネルギーを注いでいる部分である。セラピーの結果、最も変化するのは「トラップ・ドア」であるが、ここを直接刺激すると、益々防衛的になり、セラピーの効果はあがらない。「オープン・ドア」からクライエントとラポールを作り、安心した関係性の中で、「ターゲット・ドア」に進んでいくことが必要である。

まとめ

　人格適応型と基本的立場についてウエアとジョインズの3つの論文を基にTAの最新理論である人格適応型をバーンの古典的TA理論である人生の基本的立場と組み合わせ紹介した。さらに実際的な治療理論として人格適応型

のドアの概念にも触れた。彼らの主張は、我々は幼児期における両親（また
は両親に代わる人）との関わりの中で、基本的構えを築き、その後に人生に対
し 6 つの適応型の内、1 つまたは 2 つ以上の適応型を身につけていくという
ものである。さらに「ドア」の概念を用いて、人格適応型理論の臨床面への
応用を具体的に述べている。紙面の関係で詳細な治療アプローチについては
述べることが出来ないが、筆者自身、適応型理論およびドアの概念は、臨床
面だけではなく、日常の人間関係でも非常に役立っている。また機会があれ
ば、人格適応型理論についてのワークショップや講義なども今後行っていき
たいと考えている。TA の正確で明確な諸概念は、今ここで何が起きていて、
それをどのように是正していけば良いのかを見定める上で、セラピストとク
ライエントの双方にとり援助的働きをする。OK 牧場の図に人格適応型が加
えられたことは、さらに診断と治療計画に有効に活用できる地図が出来たと
考えられる。OK であることを強調する明確な地図を持っていることにより、
偏りが防げ、人生の道程はより楽しく、容易なものになるだろう。

引用文献

Ernst, F. 1971 The OK corral. Transactional Analysis Journal, 1(4), 33-42.

Joines, V. 1986 Using redecision therapy with different personality adaptations. Transactional Analysis Journal, 16, 152-160.

Joines, V. 1988 Diagnosis and Treatment Planning Using A TA Framework. Transactional Analysis Journal, 18, 3, 185-190.

Kaplan, K. J., Capace, N., & Clyde, J. D. 1984 A bidimentional distancing approach to TA. Transactional Analysis Journal, 14, 114-119.

Minuchin, S. 1974 Families and Family therapy. Cambridge: Harvard University Press.

Ware, P. 1983 Personality adaptations. Transactional Analysis Journal, 13, 11-19.

Abstract

Transactional Analysis is an effective tool for diagnosis and treatment planning in counseling and psychotherapy. Especially the Personality Adaptations theory which was founded by Ware, P. (1983) and developed by Jones, V. (1986,1988) provides an excellent guide for approaching different clients and identifying the primary treatment issues in order to obtain maximum results. When integrated with the concept s of life position, individuation and attachment, personality adaptations, the OK Corral (Ernst, 1971) offers clinicians a comprehensive diagnostic treatment guide and also provide effective guide for human communication in Organizational and Educational field. In this paper, I'll introduce the personality adaptations theory by Paul Ware and discuss Joins paper titled "Diagnosis and Treatment Planning Using A Transactional Analysis Framework".

Key wards: Personality Adaptations, OK Corral, Treatment Planning

第4章　グールディング夫妻と再決断療法

（現代のエスプリ506）

1）再決断療法の歴史
エリック・バーンとの出会い

　再決断療法の創始者であるボブ・グールディング（Robert Lawrence Goulding 1917-1992）が、エリック・バーン（Eric Berne 1910-1970）に出会ったのは、彼がまだ内科医の頃、たまたま友人を訪ねてサンフランシスコ郊外のカーメルに行ったとき、一緒にカードゲームのポーカーをしたのが始まりだそうである。ボブは当時精神分析のトレーニングをバルチモアで受けていたが、その分析家が亡くなったために、1962年1月にバーンに自分の教育分析を依頼した。彼は当時オレゴン州のロゼンバーグという町で医者として働いていたが、バーンとの最初のセッションを約束した週に、同僚カール・ボナーから、エリック・バーンの書いた TA の本『Transactional Analysis In Psychotherapy』（1961）を薦められて読み、TA に強く魅了された。

　その週末の土曜日に開始した最初の分析のセッションで、教育分析と TA の勉強を両方同時に受けたいと希望した。「そいつは少々大ごとだな」とバーンは言ったそうであるが、多分内心は喜んでいたのであろうと推測できる。その翌週から金曜日にオレゴンから600マイルをドライブし、土曜日にスーパーヴィジョンと TA の教えを受け、日曜日にまた600マイルをドライブして帰るということを1年半続けた。その後1963年6月にサンフランシスコ近くのパロ・アルトに転勤になり60マイルでカーメルまでいけるようになった。そしてバーンの開催している火曜セミナー（サンフランシスコ社会精神医学セミナー）にも常連として出席し、多くの TA の先駆者に出会っている。

　エリック・バーンは「グループセラピーの理想目標は1回のセッションで
すべての患者を治すこと」①、と述べている。「まず治すこと、それから分析
しなさい」とも言っている。「理論的にはそれは正しいし、我々はそれを目
指すことが必要である」とボブも彼の著書で述べている。しかしボブ・グー
ルディングはエリックの考えには多少異論を持っていた。ボブは後の1978年
に出版した著書のタイトルにもあるように「The Power is in The Patient・
力は患者の中にある」と主張して、お互いにその点で譲らず、ときには激し
く議論を闘わすこともあったといわれる②。

ボブとメリーの出会い

　ボブは1964年にはカリフォルニア州モントレイ郡立のメンタルヘルス・ク
リニック成人部門にスーパーヴァイザーとして勤務していた。そこへメリ
ー・マクルアー（Mary McClure）という精神科専門ソーシアルワーカーが就
職した。当時ボブはフリッツ・パールズ（Fritz Pearls・ゲシュタルト療法の創
始者）、ヴァージニア・サティア（Virginia Satir・家族療法の先達者）らと親交
があり、一緒にグループ療法を行うことが多かった。

　1965年、メリーがそのクリニックに就職した時も、彼はパールズたちとワ
ークショップを行うために留守をしていた。彼が帰ってきて、初めてメリー
に会ったときに開口一番に「TAを知ってるかい？」と聞いたそうである。
メリーが「余りよく知らないわ」と返事をすると、「あんたはラッキーだ！
私はエリック・バーンも認めている世界一のTAの教師だ。私の知ってい
るすべてを教えよう」とメリーを強く抱きしめたそうである。メリーはその
とき「この人は躁うつ病で、今は躁のときなのだろう」と判断したと述べて
いる③。しかしメリーは一緒に仕事をし、TAを習い、さらにはセラピーも
受けるようになったボブに次第に強く惹かれていった。ボブも同様でお互い
に尊敬しあい、かつ親密な同僚として愛情と信頼を強めていった。

　1966年ボブはカーメルの街中にエリック・バーンともう一人、友人の芸術

家と共同でビルを買い、それぞれがそこにオフィスを開いた。ボブはメリーとデイヴィッド・クーファー（David Kupfer）と三人でカーメル TA 研究所を設立した。三人はそこで個人やグループでのセラピー（心理療法）を行うと同時に、専門家と非専門家ではあるが地域の精神衛生に関心のある人たちに向けて心理療法のトレーニングを開始した。エリック・バーンは同じビルであるがまったく違う入り口とオフィスで、自分自身のクライエントの治療に専念した。

　メリーとボブは同僚として信頼し労わりあい、さらには喧嘩も激しくする、より親密な間柄になっていった。デイヴィッドは1967年突如研究所を辞め別の地方で仕事を始めた。1970年彼が癌で亡くなるまでお互いに行き来はしていない。原因はボブが二人の財産を株に投資し、それが失敗したことが大きいと言われている。ボブ自身も非常に経済的にダメージを受けた。またボブとメリーの仲が親密になればなるほど、デイヴィッドが疎外感を持ったという事も考えられる。デイヴィッドが去った後ボブとメリーは二人で必死に働き、仕事は次第に波に乗って発展していった。また彼らの個人的関係も深まり、ついには双方の結婚生活を解消して再婚にいたる道のりを歩みだしている。

再決断療法の誕生

　ボブとメリーは初期には個人カウンセリングも行っていたが、次第にグループセラピーにその中心が移っていった。

　1967年から68年にかけて、彼らは再決断療法という独自の技法を作り上げていった。TA とゲシュタルト療法を統合した再決断療法は、その10年後に『Changing Lives Through Redecision Therapy（自己実現への再決断））という本になった。1968年に行ったマラソン（3日間連続して昼夜セッションを行うセラピーグループ）が終わった後、ボブは黒板に REDECISION と書き、はじめの3文字の後に言葉を書き入れた。

```
R ＝ Replace Parent      「親」を置き換える
E ＝ Educated Adult      「成人」を教育
D ＝ Deconfuse Child     「子ども」の混乱解除

そこで彼は一端止まり、すぐに次を書いた。

E ＝ Energetic    エネルギーに満ち
C ＝ Creative     創造的で
I ＝ Intuitive    直感力に溢れ
S ＝ Sexy         （後に Sensual）
                 セクシイ→感受性豊か
I ＝ Intimate     親密
O ＝ original     本質的
N ＝ Now          今、そうなる‼
```

　メリーはこのとき、この素晴らしい男性と自分はきっと結婚すると確信した、と彼女の著書『Sweet Love Remembered』で述べている。

　当時はまだカーメルで仕事をしていた時で、コヨーテハウスと言う施設を借りて毎週末金曜日朝9時から日曜日の午後まで2泊3日のマラソングループを行って、再決断療法を実践し、また講義をして専門家に教えてもいた。

　やがて70年にウエスタン・インスティテュートを造り、夫婦でありまた共同セラピストとして、精力的にグループセラピーを始めた。

Western Institute for Group and Family Therapy（ウエスタン・インスティテュート・フォア・グループ・ファミリ・セラピー）

　1970年彼らはカーメルとサンフランシスコの中間にあるワトソンヴィルに近いマウント・マドンナに理想の物件を見つけ、そこに自分たちの住まいとさらには多くのトレイニーたちが宿泊研修をできる施設を用意し、専門家とクライエント双方のための長期のワークショップを始めた。

　世界中の心理療法家、精神科医、ソーシャルワーカーが、3日間のマラソ

ンから、長期の1週間、2週間、4週間という集中したワークショップに参加した。

ウエスタン・インスティテュートの素晴らしさは、日本において出版されている『自己実現への再決断（Changeing Lives Through Redecision Therapy）のまえがきに訳者の深沢道子氏が書かれている文を通して紹介したい④。

　「かつて修道尼の瞑想場所だったという母屋を中心に、丘に点在する宿舎は厩舎や、物置小屋などを改造したもの。セミナーが開かれるのはおおきな納屋（バーン）である。寒い間はすっぽりドームをかぶせてある温水プール、魚が釣れる人造湖、バラ園。豪華な建物ではないが、野趣に溢れ、余分な飾りのついていない本質的なものだけが息づいている場所は、そのまま持ち主たちの生き方を反映している」

そのような環境を整えて、彼らは再決断療法をより確実に心理療法の世界に広めていったのである。

彼らの実生活においても、お互いに離婚が成立し、1970年メキシコシテイ、71年4月にウエスタン・インスティテュートでと2度結婚式を挙げている。これはボブの法律上の手続きが長引いて、初め計画していたメキシコでのものは法的に充分でなかったことで、ボブが「それにしても毎年2回記念日があるんだからいいじゃない」とメリーをなだめた結果と言われている。

2）再決断療法の理論
TA理論との相違点

TAの一学派である再決断療法はTAの理論に則っているが、特に禁止令に対する個人の反応と、それに基づく決断に注目している。TAの理論とともにゲシュタルト療法、サイコドラマ、その他有効なワークに繋がるさまざまな技法、言い換えれば「子ども」の自我状態により接近できるイメージ、動作、などの技法をより自由に取り入れて使っている。

エリック・バーンは構造分析・やりとり分析・ゲーム分析・脚本分析を彼

の治療の4つの柱としてあげている。グールディングらもこれらの技法のエキスパートになったが、それだけではないものを感じていた。自分の人生脚本や、心理ゲームを「成人」の自我状態で理解することは大事なことである。しかし彼らは、自己理解を深め、自分はこういう人間だと客観的に述べることはでき、行動も変化するが、感情面では余り変化が見られない。というケースが多くみられた。

　このようなときに、ボブはゲシュタルト療法のフリッツ・パールズに出会い、彼らのゲシュタルト療法のグループに参加した。そこで行われたワークによって、気分が非常にいい方向に変化することを彼自身が自分の問題をワークすることで体験した。そしてセラピーにおいてゲシュタルトの技法を使うことによって、クライエントは頭だけの自己理解ではなく、感情面においても非常に納得し、活き活きとその後の自分の人生の生き方を変えることが分かった。

ゲシュタルト療法との併用

　グールディングはインパクトが強いゲシュタルト療法での「子ども」の自我状態の経験が、まず感情面での今までの自己を開放し、脚本からの脱却を容易にすることを発見した。その後、成人の自我状態で今何が自分の中で起こったのかという分析をして、今自分が経験したことを知的にフォローすると、より明確な自己理解が進み、自分の素晴らしい側面も見出すことが可能になることが分かった。

　クライエントが実際に子供の時に行った禁止令に基づく早期の決断を、現在の大人である自分が「子ども」の自我状態に戻ってやり直す、ということである。人は誰でも子供の頃に、周囲の環境（両親その他周りの大人たち）に対して、どのように反応すればいいのかを、自分で決断するのであり、エリック・バーンが主張したように両親が子供の頭の中に埋め込んだ「電極」（バーンはP_1を電極と呼んだ）からの自動的な反応ではないと主張した。従っ

て、いくら「成人」の汚染解除やゲーム分析をしても、「子ども」の自我状態の同意がなければ、ガットレベルにおいて感情面での変化は望めないと言うことである。

　再決断は単に事実を学んだだけでは可能になるものではない。地下室に行くことを怖がっている子どもに、地下室には何も恐ろしいものはないと、いくら説明しても無駄である。また、適応も再決断には繋がらない。両親から「そんなことも出来ないなんて、みっともない、恥ずかしい」と叱られたり尻を叩かれたりすれば、子どもは泣く泣く地下室に行くかもしれない。しかしそれは地下室に対する恐怖心を抱き続けるともに、もう2度と両親を信用しないとか、自分の恐怖心を誰にも悟られないようにしようとか、新たな決心を付け加える可能性がある⑤。

　再決断療法では、クライエント自身が、自分の「子ども」の部分を体験し、「子ども」の感情を解放して、子ども時代の束縛的環境の中でした決断を、現在の自分がしたいやり方でその場面に対処することを新しく決める。すなわち現在の自分として自律するのを目的としている。

3）再決断療法のプロセス
1．理論上の手順
a．変化のための契約

　初回面接でクライエントの話によく耳を傾けながら、以下のようなことを聴き取ろうとする。

　主訴は何だろう、セラピーに来ようとしたときに、行動はどうだったのだろう（自殺年慮、アルコール中毒、離婚、交通事故、その他）、今の感情は？　行動は？　取り付かれている考えは？　抑うつ的か？　結婚生活は？　職場での人間関係は？　このクライエントは何か特定な感情、思考、あるいは行動で惨めで不幸なはずである。そうでなければセラピーに来て目の前に座ってはいない。目の前に座っているクライエントが変えたいのは何だろう。クラ

イエントが希望する特定の変化、自己変革が、セラピーの契約となる。

b．エスケープハッチ（逃げ道）を閉じる契約

　自殺、殺人、精神病の発症の恐れがあるクライエントに対しては、クライエントの望む変化を契約として取り上げる前に、この逃げ道（自殺、他殺、精神病発症）を取らないという契約をする必要がある。この契約は自分を殺す、他人を殺す、あるいは精神的におかしくなる、という自分の衝動をきちんと見張り、警戒するというクライエントの「成人」からの発言である。

2．イムパスの明確化

　クライエントの特定の主訴を確認し一緒に契約を決めた段階で、クライエントの感情、情動に注意を払う。そして、クライエントが行き詰まっている状態を見つけ出す。イムパスとは二つまたはそれ以上の反対勢力がぶつかり合い、進退窮まっている状態のことを言う。

　ボブ・グールディングはイムパスを3つのタイプに分類している。

第一度のイムパス

　実際の親が「親」の自我状態から発しているメッセージ・拮抗禁止令を子供が自分の「親」に取り込み、そこから出される拮抗禁止令を聞き「子ども」の自我状態の「A_1」で、反応する。P_2 対 A_1

　　親の「親」からのメッセージ

　　"しっかり働きなさい"

　　子供の中の「親」からのメッセージ

　　"しっかり働きなさい"

　　子供の「子ども」からの反応

　　"やりたくないよう"

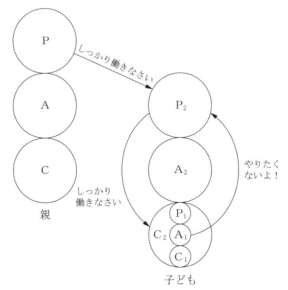

図1　First-degree impasse（P_2–A_1）
（第一度のイムパス）（文献⑦　p. 80）

第二度のイムパス

　第一度と形は同じだが親の「子ども」から出された禁止令で、それは個人の「子どもの中の早期の親 P_1」になっている。その禁止令と「小さな教授 A_1」の間に起きている反応の葛藤を指す。P_1 対 A_1

　　親の「子ども」

　　"うるさい、消えろ"

　　子供の「子ども P_1」

　　"騒ぐと殺すよ"

　　子供の「子ども A_1」

　　"なんでダメなの"

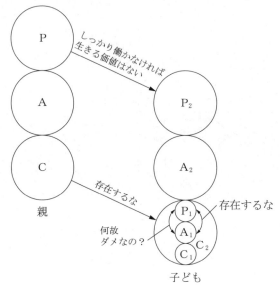

図2　Second-degree impasse（P_1–A_1）
（第二度のイムパス）（文献⑦　p. 82）

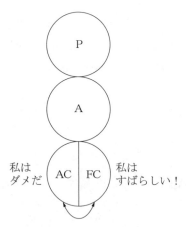

図3　Third-degree impasse（AC–FC）
（第三度のイムパス）（文献⑦　p. 83）

第三度のインパス

「子ども」の中の、「適応した小さな教授 A_1-」と「自由な小さな教授 A_1 ＋」の間の葛藤である。

「自分は生まれた時からこういう人間だ」と思い込んでいる。AC 対 FC

　自分の「子ども・AC」

　"僕はダメだ"

　自分の中の「子ども・FC」

　"僕は素晴らしい"

　イムパスのタイプは三つある。これはタイプであって、バーンのゲームの一度、二度のような深刻度が大きくなることを示すのではなく、単にタイプの違いであると、グールディングは再三述べている。

3．再決断のワーク

　契約を結びイムパスの明確化がされると、再決断のワークに進む。

　「私たちの経験からすると優れた心理療法の多くは、一連のイムパスを突破するために手を貸すことを中心にしている。そしてこの一連のイムパスは、クライエントが幼いときに両親をはじめとする周りの大人から受け取ったメッセージと、それに関して幼いクライエントが行った幼時決断から生じている」[8]。

4）再決断療法の実際
グループ療法

　グールディング夫妻はグループ療法でしか治療はしないと明言している。そしてそのグループはインテンシヴ（集中的）で 3 日間、1 週間、2 週間、4 週間である。その間参加者はグールディング夫妻と他の参加者とたちと生活をともにする。このグループの中で起こるプロセスは週に一〜二回、一〜

二時間行うグループよりはるかに効果があることを彼らは発見している。

　グループ療法でのメリットは以下のようなものがある。
1．参加者たちが互いに支えあい勇気づけて、サポートをする。
2．今までの自分と変わると回りがどう反応するかという実験の場となる。
3．セラピストがクライエントの利益のためにここで、やめたほうがいいと
　　感じた時点でやめられる。
4．一人のクライエントがワークをしている時、メンバーそれぞれは自分の
　　人生での似たようなこと、あるいはまったく違うことを思い出し、沈黙の
　　うちに自分でその問題をワークし、解決するかもしれない。これは、日本
　　では「おんぶ」という言葉で表している。
5．一人のクライエントがイムパスを突破すると、他のメンバーもそれによ
　　って生じた変化に勇気付けられ、自分も変化出来るのだという自信と、ワ
　　ークしたいという強い動機付けとなる。

マラソングループにおける七つの要素

　ジョン・マクニール（John McNeel、ボブとメリーの弟子で、ウエスタン・イン
スティテュートの講師の一人）は、ボブとメリーがマドンナ山で行う再決断療
法の効果に注目し、マラソングループを博士号取得論文の研究対象に取り上
げた。

　あまりにも個人の問題がたやすく解決してしまうことから、「マドンナ山
の魔法」とまでいわれたマラソングループのプロセスを細かく観察．分析し
て論文に纏め上げ、みごとに博士号を獲得した。「再決断療法における7つ
の要素」1975という論文である⑨。

　マクニールの論文によると、再決断療法、とくマラソンと呼ばれる集中グ
ループで効果を挙げる原因として七つの要素が存在することが明らかになっ
た。

Ⅰ．個人の力と責任を強調する

A　責任

　私たちは出来事や事情の犠牲者ではない。クライエントはしばしば問題や状況を犠牲者の立場からのべる。これにきちんと対決して、クライエントがその存在と行動に責任を持つように求める。

1）"それ"という言葉より"私"を用いる。

2）受動的より能動的な用語を使う。（それが私に起こったというより、わたしがそうした）

B　力（パワー）

私たちは変わる力を自分で持っていることを強調する。

1）クライエントの話に耳を傾け「あなたがそう感じさせた」「それが私の中に起こった」という言い回しに対決する。

2）今ここでの体験をするために、現在形を使って話すようにクライエントに求める。

3）個人の重要性を主張する。「あなたがそう決めたのですね。素晴らしい」

4）値引きの言葉に対決する。

　「できます？→したいです」「できない→したくない」

　「してみます→みるだけ？（したいです）」「だけど→それで」

Ⅱ．安心できる環境を提供する

A　個人の強さと健康さにストロークを惜しみなくする。

B　「自然な子ども」の味方をする

1．クライエントが子どもの時に経験した不正に対し怒りが当然であり、感じても OK という許可と受容的な保護を提供する。

2．値引きに対しては、ポジティブなストロークをしない。

3．ユーモアを使う。楽しみながら人は変化できるという、メッセージを常に出していく。

４．否定的なことや、破壊的な出来事に対し決して笑わない。

Ⅲ．リーダーのモデル的行動

Ａ．健康であること、生きることに情熱を持っていること、自分の存在を受け入れていること、を能動的に開示する。

Ｂ．クライエントのペースに、しっかりとついていく。質問には質問を重ねて、相手がそれをどのように聞いたか確かめる。相手の存在を重要であると認めている行為は、モデルとして大切である。

Ｃ．自分自身が値引きされることを許さない。

Ｄ．共同治療者の感情思考が同一線上にあり互いに信頼しあって、首尾一貫している。

Ⅳ．現実と神話を区別する

Ａ．自分と他人との境界をはっきりする。

　自分が他人（親も含め）と違う人間であることを強調する。

Ｂ．神話・思い込みを明らかにする。

　多くの場合人々は、誰かの所為で苦しんだとか、私の所為で誰かを不幸にしたとか、思い込んでいる。その言葉に「気づいていますか？」と対決する。

Ｃ．ラケットの魔法

　イヤーな感情を持ち続けていれば、誰かが助けてくれる、母親が愛してくれる、と信じ込んでいる場合が多い。これにも対決が必要である。

Ｄ．誰かが変わることへの期待

　「お母さんがあなたを認めてくれるまで、ずっと悲しく淋しい時をこれからも送るのですか」

Ⅴ．不一致に対決する

　クライエントの言語、非言語的コミュニケーション双方に注意を払って話

を聴く。

A．言語と非言語のコミュニケーションを区別し、そのズレに注意を向ける。

「ハイ、喜んで」と言いながら口をへの字に曲げ首を振る、など。

B．一般的言葉、具体的な言葉を使う。

「国民の多くは」「本質的には」「自我とは」など、抽象的言語や専門用語の場合は、具体的な日常語で話すように促す。

C．言われたことを言葉どおりに聞く

D．「親」の契約に対決する。「そうしたほうがいいと思います」「これは止めるべきなんです」というような言葉で契約を結ぶクライエントの場合、殆んど「親」からの契約なので、本当にしたいかどうかクライエントの「子ども FC」に確認する。

Ⅵ．特別な技法

A．ゲーム分析

その人が慢性的に嫌な感じを感じ続けるために、知らず知らず行うゲームを分析する。それはクライエントの脚本やラケット感情を明らかにし、そこから脱却する手がかりになる。

B．二つの椅子のワーク

これはゲシュタルト療法のフリッツ・パールズが考案した技法である。二つの椅子にクライエントの二つの部分が座って話し合ったり、想像上の親を椅子の一つに座らせ、自分の子ども時代のシーンを再現し、大人の自分が今、したいことを「子ども」の自我状態から再決断する。

C．過去に"さようなら"を言う。

クライエントが現在も嫌な過去の思い出を持ち続けているとき時、または満たされない願望を抱いている時、それらに訣別をする。

D．ファンタジーを使う。

過去の出来事を現在へ持ち込むこと、または現在の出来事を未来に向けて

展開し体験することが出来る。

E．「親」へのインタビュー

　クライエントが過去の自分の父親や母親に対決するワークをしている時、父親や母親になっているクライエントにインタビューする。これは時として、親の幼い頃の環境や感情にまで遡って親を理解し、許して和解するきっかけにもなる。

F．遊び心のある対決

　「楽しみながら、大笑いしながら人は変われる」というグールディング夫妻の言葉通り、ワークは率直な開け広げた冗談や笑いに満ちている。しかし場違いの笑い（絞首台の笑い）には厳しく対決するし、ラケット感情としての笑いには注意する。

G．「ね、そうでしょ」に対決

　共生関係への誘いに注意し、対決する。

H．直感を使う。

　グールディング夫妻はハンチ（hunch）を大事にする。

I．まったく自然で、あたりまえのこと、大いに賛同したいことには大声で、「もちろん！」と相づちをうつ。

Ⅶ．運営上の規則

A　ゴシップはなし

B　時間をきちんと守る

C　環境面での特定ルール

1．暴力、脅しはなし

2．自分のパートナー以外とのセックスは禁止

3．すべてのセッションへの参加

4．守秘義務

5．危機の回避

6．協調的契約を用いる

再決断療法ワークの流れ

クライエントの再決断のワークはどのように進められるのだろうか？
グールディング夫妻が示した手順は次のようなものである。

1．この関係の質は？
まずクライエントがグループの申し込みをし、研究所に到着した時点で、すでにコンタクトは始まっている。

2．現在提示されている問題は？
クライエントは自分の抱えている問題、苦しみ、困難について述べるだろう。

3．契約はどのようなもの？
クライエントは自分のために何を変えたいのだろう。

4．最初のわなに注意！　できれば対決する
「できれば、こうなりたいと思うのです」「何も考えられないのです」というような値引きや「親」からの契約に注意し、それに対決する。

5．ラケットは？
悲しみ、涙、空威張り、不機嫌、この人が他者からストロークを得るために現す行動や感情は何だろう。

6．ゲームは？
おなじみの嫌な感情を味合う、人とのやり取りはどんなものがあるだろう？「可哀想な私？」「はい、でも？」

7．早期のシーンは？
小さい時に、「生きていてはいけない」と決めたのは、どのようなことがあった場面だろう

8．早期のメッセージは？

「存在するな」母親が病弱で、あなたなんか生まなければ良かったと、何度も呟いて泣いていた。

9．早期の決断（幼児決断）は？

早く死んでしまおう！　私には生きている価値がない。

10．再決断を促す。

二つの椅子から、生きていて OK な自分と価値がないと思っている自分の対話。大人の自分が生きていて OK のほうの自分に味方して、応援する。セラピストも FC に加担する。ついに「私は私で生きていていい。価値のある人間です」と FC から叫ぶ。

11．再決断に錨をつける

その夜にサプライズのバースデイパーティーが開かれ、プレゼントが贈られる。

12．新しい行動にストロークし、支持する

セラピスト、メンバーからたくさんのストロークをもらい、自信のある歩き方、話し方に変化する。

おわりに

再決断療法20周年のワークショップがアシルモアというカーメルに近い海岸の研修センターで開かれたのは1985年5月のことである。筆者はこの大会に参加し、初めてボブとメリーに出会った。そして彼らをはじめミュリエル・ジェイムス、ジャック・デュセイ、スティーブ・カープマンら TA の先駆者たちに出会い、TA の理論もさることながら TA ピープル（TA を生きる人）に魅了され、現在まで TA に関わる仕事をライフワークとして続けている。当時日本ではアメリカから帰国された深澤道子氏を中心に、再決断療法を学ぶグループが出来上がりつつあった。深澤氏は1970年からボブとメリーについて彼らのマドンナ山で毎年研鑽を積まれた日本における TA および再決断療法の第一人者である。深澤氏のお陰で我々は日本においてもボブ

とメリーのワークショップ、その他の著名な先生方の研修に参加し勉強を続けてこられた。今回、再決断療法の原稿を担当するに当たって、深澤氏の功績に改めて心からの畏敬の念と感謝を捧げたい。

　ボブが1992年2月12日に亡くなり、メリーが2008年12月7日に亡くなった。しかし世界中にいる彼らの弟子たちは、さらに再決断療法を深め発展させている。アメリカでは10年ほど前からメリーの強力なバックアップで再決断療法学会が作られ、規定のトレーニングを受けたセラピストに再決断療法士の資格を付与している。

　偉大な二人、しかし非常に人間くさく無邪気で、時に癇癪を起こしていたボブと、鋭さとやさしさがミックスされ、いたずらっ子のような愛らしいメリー、この二人の素晴らしいセラピストに出会え、彼らから直接学べる機会がもてたことは、TA ピープルの一員である筆者にとっては幸運という言葉だけでは表せない喜びであり、財産である。すべての先輩たちに感謝と畏敬の念を持って、今後も再決断療法の研究・実践に励んでいきたいと思っている。「思っているだけ？　いきたいだけ？　本当にやりたいの？」とユーモア交じりにコンフロントしてくるメリーの声が聞こえてくる。

引用文献
①Eric Berne『Group Psychotherapy and Group Function』Basic Book 1975
②Robert L. Goulding・Mary McClure Goulding『The Power is in the Patient』TAPress 1978
③Mary McClure Goulding『Sweet Love Remembered』TAPress 1992
④メリー M. グールディング、ロバート L. グールディング『自己実現への再決断』深沢道子訳　星和書店　1980
⑤④と同じ
⑥②と同じ
⑦Robert L. Goulding・Mary McClure Goulding『The Power is in the Pa-

tient』TAPress 1978　図 p80・82・83

⑧④と同じ p7

⑨②と同じ pXi

参考文献

＊Robert L. Goulding・Mary McClure Goulding『The Power is in the Patient』TAPress 1978

＊Mary McClure Goulding『Sweet Love Remembered』TAPress 1992

＊メリー M. グールディング、ロバート L. グールディング『自己実現への再決断』深沢道子訳　星和書店　1980

＊Mary McClure Goulding『A Time to Say Good Bye』Papier－Mache Press 1992

＊Carolyn E. Lennox, Ed.『Redecision Therapy』Book Mart Press 1997

第5章　交流分析の面接技法

（現代のエスプリ515）

Ⅰ. 交流分析（Transactional Analysis 以下の文中では TA と略記する）とは

定義

　一つのパーソナリティ理論であり、個人が変化し成長するための系統だった心理療法の理論と技法である。（ITAA、国際 TA 協会. 2010）

哲学的前提

＠人はみな OK な存在である。

◎誰でも考える能力を持っている。（脳に損傷のないかぎり）

◎自分の生き方は自分が決め、その決定は自分が変えることが出来る。

TA を面接に使うときの基本的考え方

　前述の哲学的前提を踏まえ、以下の二つの条件が重視される。

◎契約

　自分の得たいものは何かを明確にし、そのために自分は何をするかをセラピストと話し合い、ゴールを決めていく。

◎オープン・コミュニケーション

　セラピストとクライエントがお互いに共通の言葉を使い同じ土俵でそれぞれの立場から対等に作業を進める。心理教育的に TA の概念、用語を教示することも多い。

TA のセラピー・カウンセリングの目指すもの

自律した人間になることを目標にする。自律とは気づき自発性親密さを獲
得し、自分らしく生きるという意味である。

Ⅱ．交流分析療法の理論・技法

　交流分析療法として、主に使われる理論・技法について、具体的に一人の
クライエントとの面接プロセスを例に挙げながら紹介していく。

１．自我状態分析

　交流分析では人の心には３つの異なった部分があるとし、それらを「親」
(Parent)「成人」(Adult)「子ども」(Child) と呼び、この３つを自我状態（一
人の心の状態）と名付けた。記号としてそれぞれをP・A・Cと記す。また
日本語で表す時は「親」「成人」「子ども」とカギ括弧をつける。

自我状態の内容

　「親」（P）はその個人を育てた親あるいは親に代わる養育者を、幼少時に
その個人が自分の中に取り入れた部分で、大人になった現在では主に価値観、
道徳、規範、伝統などの情報が、伝え手の全体像を含めて保持されている。
「親」の自我状態は厳しく指導する、「支配的親」（CP）と、暖かく慈しみ育
てる「養育的親」（NP）の側面を持っている。

　「子ども」（C）はその個人の幼少期（６歳頃まで）の経験、記憶がそのまま
保存されているところである。主に感情、情動、感覚、欲求など。幼少時の
それらは大人になっても「子ども」の中に在る。「子ども」は親のいう事を
聞くいい子「適応した子ども」（AC）と、親に「反抗する子ども」（RC）、親
に束縛されない「自由な子ども」（FC）の三つの働きをする側面を持ってい
る。

　「成人」（A）は今ここでの大人として、論理的で冷静に感じ、考え、行動
する部分である。情報処理能力、計算力、判断力、実行力など目前の問題に

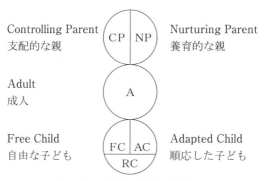

Controlling Parent
支配的な親

Nurturing Parent
養育的な親

Adult
成人

Free Child
自由な子ども

Adapted Child
順応した子ども

Rebellious Child　反抗する子ども

Fig. 1

対して、適切に対処できる能力を持つ。「成人」分割されず、個人の中にある「親」「子ども」および個人の外側にある環境からの情報を取り入れて、今ここでの最良の選択をするコンピューターの働きをする。(Fig. 1)

自我状態の汚染

　「成人」が「親」の偏見や「子ども」の思い込みに侵入され、今ここでの大人としての適切な判断が曇ってしまう状態を、自我状態の汚染と呼ぶ。

エゴグラム

　個人の自我状態のどこにエネルギーが行きやすいか、どこが備給不足かという、精神的なエネルギー量を測るグラフをエゴグラムという（Dusey 1972）。これでその人の性格傾向や行動特性を知ることができる。

ケース　Kさん（女性38歳・独身・公務員）

契約

　職場での人間関係のトラブルから、抑うつ常態になり来談した。

　結ばれた契約は「うつ状態を回復して、仕事に復帰する・きちんとノーと言い、後で罪悪感をもたず、すっきりとした気分になる」というものであった。

初回面接でエゴグラム質問紙を実施し、Ｋさんの自我状態をチェックした。また面接時の会話からもＫさんの自我状態のエネルギー配分がどのようであるかが確認され、それはエゴグラムのグラフとほとんど一致していた。
「支配的親CP」からの発言
「先生はどのような資格をお持ちですか」「受付の方の教え方が悪くて、迷ってしました」「上司が無能なんです」
「適応した子ども AC」からの発言
「何も考えられなくなってしまうんです」
「私って本当に弱虫なんです」
「先生にお任せします」。
また自我状態の汚染も多く「本当になにをやってもだめなんです、私」「姉や妹に比べて私は出来損ないなんです」いう発言繰り返された。これは「子ども」の自我状態に持っている自分に対する思い込みで、それにより「成人」が汚染され、自己認識が歪曲されている。さらに「人間一度失敗したら取り返しがつきませんよね」「信用できる人なんて、どこにもいません」などの発言は、「親」の人間観、価値観が「成人」の思考に入り込んで、今ここでの状況判断を曇らせている。これは「親」の成人への汚染である。

見立て
　Ｋさんは、常に自分の心の中で「親」と「子ども」の葛藤を経験している。"やりたい" VS "やってはだめ"、"信じたい" VS "信じてはダメ"というもので「成人」もエネルギーはあるが、「親」と「子ども」からの汚染があり、状況をきちんと把握せず、自分の枠組みに当てはめて現実を見ている。自己認知、他者認知のゆがみが大きいと言える。
　面接方針・過程
　各セッションで出来るだけＫさんの「成人」に向けてセラピストの「成人」と「養育的親」から関わり、Ｋさんの話しを聴いていく。Ｋさんの「反

初回面接
エゴグラムプロフィール

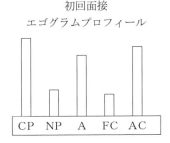

終結時
エゴグラムプロフィール

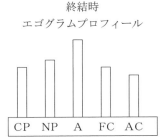

Fig. 2

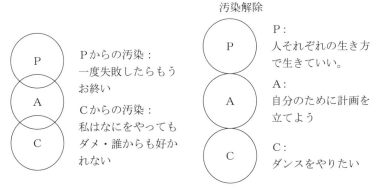

Fig. 3

抗する子ども」もかなり顕在化しているので、ユーモアをまじえて肯定的に
ストローク（承認のサイン）を出していく。「自由な子ども」はエネルギーが
低いので、Kさんが経験している楽しみ、心地よいことを話題にして、自分
にも楽しいことがあるのを実感できるような関わりをしていく。

　結果として「成人」の汚染解除がかなり進んで、Aの現実検討識が高く
なった。面接終結時のエゴグラムはFCのバーが高くなり、NPも上がった。
逆にACとCPは低くなっていた。（Fig. 2. Fig. 3）

2．値引き・Discount への対応

　クライエントの話の中に多くの「値引き」が見出された。

　値引きへの対決も、交流分析療法の面接では必須である。

　値引きは、無意識に自分と相手の感情、思考、行動、意志、問題解決能力を無視するか過小評価することである。また周りの状況も過小評価し無視する。

値引きの４段階

　問題があると、それに対して次の順序で値引きを行う。

　例えば、職場でセクハラがあった。それを上司がもみ消そうと躍起になる。まず彼は以下の順に値引きする。

①存在＝そんなことはまったくありません

②重要性＝そんなに大げさに考えなくても、大丈夫

③解決の可能性＝いつものことだから、どうしようもない

④個人の能力＝あなたにならきちんと注意できるかもしれないけど、私には
　出来ない

Ｋさんのケース

　「うまくお話できるかどうか、自信がないのですが」（自分の能力に対する値引き）「私の話が分かります？」（カウンセラーの能力に対する値引き）「会社はまったく信頼できません」（周囲の環境に対する値引き）

見立て

　クライエントは自分の「成人」から、事実を述べていると思っているが、実は「親」の偏見、「子ども」の思い込みが、現実の判断を曇らせ、沢山の値引きが起こっている。

面接方針・過程

　クライエントの値引きに、ソフトに対決をしていった。

「私にはできません」に対するソフトな対決「やりたくないのかな？」。「やってみます」に対して「みるだけ？　何時からやりますか？」と反応する。この目的は「やらない」（自分の意志）と、「できない」（自分を無力化）の違いを明確にして、クライエントのパワーを保持することにある。「やってみる」という言葉は、「ずっと試み続けて実行はしない」という裏面メッセージなので、「何時から？」と行動化に焦点付けをする。

　結果はクライエント自身が、自分の値引きの言動に気づくようになり、それをやめたことを喜び、エネルギーが活性化した。時にはセラピストの値引きを指摘するようになって、二人で値引きの発見を大いに楽しんだ。

3．ゲーム

　値引きを伴う後味の悪いやり取りがゲームである。Kさんとのやり取りでも典型的な2、3のゲームが顕在化した。

　その前に、簡単にゲームの説明をしよう。

　ゲームは無意識に行う習慣化したやりとりで、最終的にラケット感情という後味のすっきりしない感情を味合う。

　ゲームの分析方法は多様であるが、ここでは代表的な二つの方法を説明する。

1）ゲームの方程式（Berne, 1972）

C (con) + G (gimmick) = R (response) → S (switch) → X (cross up) → P (pay off)

餌＋弱み＝反応（やりとり）→切り替え（自我状態が切り替わる）→混乱（驚き）
　　　　　→結末

餌＝ゲームを始める人が相手に投げる罠（ダメな私という信条を持っている）
　ああ、もう分からない、疲れた…。誰か助けてよ。

弱み＝相手に引っかかる自分の弱み（人に役立つ私でいたい）マア、大変ね。
　私に出来ることある？

反応＝二人の間で、ああしてみたら、こうしたらというやりとり、

切り替え＝二人の自我状態が切り替わる。仕掛け人は弱い無力な「子ども」
　　から始めたゲームを「支配的親」に切り替えて「あなたは役に立たない」
　　と相手を値引きし糾弾する。相手は「お力になりますよ」という「養育的
　　親」から「私は役に立たないダメな人」という「適応した子ども」の自我
　　状態に切り替わる。

混乱＝援助を申し出た人は、「ええ？　どうして？　この人は私に助けて欲
　　しかったんじゃないの」と内心驚き、ゲームを始めた本人は「何さ、役立
　　たず、もういいよ」とお互いに当てが外れる。

結末＝双方ともラケット感情（慢性に持っているお馴染みのいやな感じ）を感じ
　　て、「ああ、またやってしまった」と思う。

ゲームを始めた人＝不満足とイライラ（誰も私を助けることなんか出来ない）

ゲームに乗った人＝無力感、不安（ああ、私はお役に立てなかった。今度こそ私
　　が役に立てる人を見つけなければ）

2）ドラマの三角図

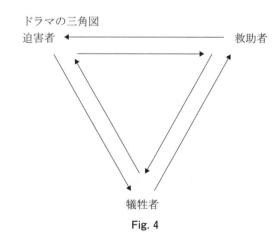

Fig. 4

　ゲームは迫害者、犠牲者、救助者という３つの立場から行われるという、ドラマの三角図（Karpman,1968）からも分析できる。（Fig. 4）

　Kさんとのゲーム・ドラマの三角図から分析

　タイトル「ダメな私」犠牲者から始める

　K＝今日も落ち込んで調子悪いです。犠牲者（何とかしてください、それがあなたの仕事でしょ）

T（Therapist）＝まあ、どうしたの？　救助者（なんとかしなければ）

K＝いえ、いつものことなんです

T＝何があったのか話したくないの？

K＝ここでお話しても、どうにもなるもんではないし・・私がダメなんです。
　（あなたには分からないでしょう、という裏面のメッセージで値引きを含む）迫害
　者に切り替わる。

T＝でも話をするために、ここにいらっしゃったのでしょう（誘いに引っかか
　ってイライラしている）犠牲者に切り替わる。

K＝いえ別に、これ以上お話できることもあまりないですし（あなたに話して
　も仕方ない。こんな私をダメといってください、という心理的メッセージで双方へ
　の値引きがある）迫害者からまた犠牲者

T＝あなた自身がそう思われるのなら、今日はこれで終わりにしましょう
　か？（ああ、もう疲れた。勝手にしなさいという裏面メッセージ）。犠牲者から
　迫害者に再度切り替わる。

K＝ああ、そういわれると思っていました。やっぱり先生も私を見放すので
　すね。犠牲者（あなたには私は治せない。私はやっぱり誰からも見捨てられる。
　ダメな私。人は信じられない）

4．ラケット・ラケット感情

　Kさんはセラピストとゲームをして、激しい感情を味合う結末を得たが、周りに誰も相手がいないときには、自分ひとりでも慢性に不愉快な感情を感

じるようなお膳立てをして日々を過ごしていた。これがラケット行動（ラケッティアリング・English, 1972）である。

　ラケット行動とはゲームの切り替えのないものを指す。今ここで「成人」が優位に機能しているときは、目前にある問題に論理的かつ冷静に対応している。しかし多くの場合、無意識に自分の脚本の中にいて、その中にある古い行動プランに則って行動している。それがラケット行動であり、そのときに感じる感情がラケット感情である。ラケット感情は小さい時から慣れ親しんだ馴染み深い感情で、問題解決に役立たないが何らかのストローク（身体的、精神的な承認・触れ合い）はもらえる。

Kさんのケース

　自分の大人としての思考を値引きして「私は混乱して考えられない」といい続けている。この状態は彼女のラケット行動である。すなわち脚本の中の自分に対する思い込み脚本信条「私はバカだ」に捕われていて、「成人」が働いていない。この状態にいるとき、彼女は自分のお馴染みの嫌な感じ、ラケット感情である「無能感」「抑うつ感」を感じ続けている。

　ラケットシステム（Erskin & Zalkman, 1979）を記入し、脚本の中にいるKさんの心理的メカニズムを分析した。次に脚本から脱却した時の自律のシステム作成を作成した。

Kさんのラケットシステム（脚本システム）

脚本信条

自分について＝自分は価値がない・馬鹿で考えることが出来ない

相手について＝すべての人は自分より優れている

社会について＝冷たい

抑圧された本物の感情　怒り・悲しみ

ラケット的表出（外から観察できるもの。自身の内的経験）

無気力、仕事のミス、頭痛、嘔吐、

空想＝私が死んでしまったら、皆が後悔するだろう。

強化記憶

　大学の時にボーイフレンドに裏切られた。小さいとき母親にあなたは要らなかった、と言われた。

　ラケットシステムを作成した後、何処から変えていこうかと話し合った。一つは「成人」から、現在の自分についての信条（自己概念）を現実に見合うよう訂正する作業をした。また強化記憶の中で、ポジテイブなものを思い出し、そのときの感覚を再体験することも行った。その結果、自分は自分なりにきちんと考えられる、と変化し、現実の自分は充分価値があり、人は人、自分は自分という考えが自然と受け入れられた。そのプロセスで、他者や社会に対する見方も変わり、良い思い出や楽しい記憶も引き続いて甦ってきた。ラケット的表出で馴染み深かった抑うつ的気分や胃のムカムカも減少に向かった。

5．脚本分析

　値引き、ゲーム、ラケットはすべてその個人が脚本の中にいて、脚本信条（自分・他者・環境に関する幼児期の決断〈定義づけ〉であり、現在も信条としてもっている）に従っているときに起こる。

　交流分析療法ではクライエントの脚本分析を行い、その人が脚本から脱却し、自律性を獲得して生きることを最終目標としている。しかし脚本分析は、個人の幼少時のトラウマや深いところにある感情など、心の中で抑圧していた部分の蓋を開ける可能性も高い。TAセラピストとして求められている訓練を経ずに、無防備にこの部分に触れることはクライエントを傷つける怖れや、セラピストの倫理規定に反するなど危険も多い。必要充分なトレイニング時間と経験が求められ、またスーパービジョンを受け続けることもクライエントを守り、必要にして充分なセラピーをするためには必須である。

人生脚本

　個人は幼児期に親からのメッセージを基に、自分の生き方を決め、自分の人生の台本を書くと考えられる。その後その筋書きに従って成長し、親や周囲から沢山の承認を貰いその脚本はさらに強化され、自分では気づかずにそのまま一生を終わることもある。脚本は幼児期には生き延びるため、親に認められるためには最良の作戦であった。それは個人の性格の一部となっている。大人になっても、無意識に、脚本に従い昔のやり方で問題を対処しようとしていることが多い。今ここでの「成人」の自我状態で現実帝王をしていくことが脚本からの脱却である。

親からのメッセージ

　禁止令＝乳幼児期に親から与えられたメッセージに反応して自分の中で作られた自分に対する否定的メッセージである。主なものは「存在するな・自分であるな・成功するな・感じるな・考えるな」などの12に分類されるが、出されるメセージの表現は主に前言語的である。

　拮抗禁止令＝2歳以降、言葉を話し始める頃から、親をはじめとする周りの大人たちから与えられた「やりなさい」というDOメッセージである。その中で特に強いメッセージはドライバー（駆り立てるもの）、と呼ばれ「完全であれ・強くあれ・努力せよ・人を喜ばせよ・急げ」の5つである。

Kさんの脚本分析　Kさんの語り

　母は私が生まれたとき、身体を壊して仕事を辞めたときいています。生まなければよかったと思ったそうです（存在するな）。よく姉と妹と比較されて、姉は勉強が出来て優秀、妹は可愛くて、私は平凡で何のとりえのない子でした。妹のように可愛くなければ、姉のように勉強ができなければ親から愛してもらえないんだって思っていました（お前であるな）。家族の中で、存在の薄い子だったようです。すべてのスポットは姉と妹に当たり、私は何も認めてもらったことがありません。（成功するな）。親は「人の役にたちなさい、おとなしい誰にでも好かれる優しい良い子でいなさい」と言い続けていまし

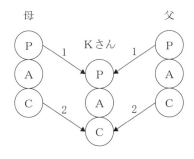

1．拮抗禁止令：母→人を喜ばせろ。強くあれ
　　　　　　　　父→もっと努力しろ
2．禁止令：母→存在するな、お前であるな
　　　　　　父→存在するな、成功するな
幼児決断：私は、おとなし子供でいれば、生きて
いてもいいし、お父さんもお母さんも愛してくれ
るだろう。
脚本：自分のことはさておいて、人の役に立つ人
になろう。頑張ろう。

Fig. 5

た。私は人のお役に立ちたくて一生懸命仕事をし、それが認められると非常
に嬉しいし、認められないと自分の存在までもが否定されたように感じて、
虚しく生きる意味も感じられなくなってしまうのです。(努力しなさい、人の
気持ちを優先しなさい、人に尽くしなさい、拮抗禁止令)

　禁止令は「存在するな」「お前であるな」「成功するな」

　拮抗禁止令はドライバーの「努力せよ・人を喜ばせよ」である。(Fig. 5)
Kさんの幼時決断と脚本

　5、6歳頃までにさまざまな複合決断(禁止令と拮抗禁止令を取り混ぜて自分
の脚本決断をする)を行っている。

　「ともかく大人のいう事を聞いて、いい子で生きていこう」「目立たないよ
うに静かにしていれば誰も私に危害は加えないだろう。そして家族のために
尽くそう。そうすれば親は私を可愛がって大切にしてくれるだろう」

　この決断に基づいて、それを推し進めていく脚本を描いた。

6．Kさんのケースのまとめ

　今までいろいろな交流分析理論を用いて、Kさんのケースを見立て、その
面接プロセスを説明してきた。

　Kさんとの契約は「うつ状態の改善と職場復帰というものと、自分でやり

たくないことにはノーと言い、後で罪悪感や不安感を持たずにスッキリしている自分になる」ということだった。これが二つともには達成したところで終結にした。セッションごとに・自分の自我状態を知る・汚染解除をする・自分の値引きを調べそれを止める・自分のゲームに気づき、気づいたら、気づいてゲームをしない自分を褒める・自分が脚本に入っているときのラケットシステムを確認し、自分でシステムから抜け出す。自分の脚本を調べ、今必要でない部分から脱却する、などを順序だてて行った。

　脚本からの脱却のプロセスで最後に再決断療法（Bob・Mary Goulding, 1974）のチェアワークも行った。

　空イスに親を呼び出し、小さい時にいえなかった感情をストレートに告げ、大人になった今は、もう両親のメッセージにしたがわなくてもちゃんと自分で立派に生きていけるし、自分は自分であって OK で、そうあり続けると親のイスに向かって告げた（第Ⅱ部第 4 章参照）。

まとめ

　現在の交流分析の治療理論は「人格適応論」「関係性の交流分析」など、新しい視点が加わりさらに成長し続けている。今回はバーンのオリジナルな理論にラケットシステムというその後の理論を加えて交流分析のセラピーを紹介した。交流分析の創始者エリックバーンは、本当の治療者は、今自分がここで何のために、何をしているのか、ということを知っている人だと述べている。そして I am OK, You are OK の基本的立場に立ってこそ TA のセラピーということが出来るだろう。

第Ⅲ部
私の解体新書

Never too late to start !!

プロローグ

　第Ⅰ部では「創始者エリック・バーンの TA」「日本の TA」そしてバーンの治療理論を TA セラピストとしての私の経験からも検証し、そこで得られた様々な知見を「心理療法としての TA」としてまとめ紹介しました。

　第Ⅱ部は外部で発表した事例、小論文を載せました。

　第Ⅲ部では、私自身をまな板の上に置き、TA というメスを用いて解剖を進めたいと思います。

TA と私

　TA に出会って40年余り。TA を知る、学ぶ、理解する、納得する、腑に落ちる、好きになる、身につける、そして感謝する。TA そのものが私の中で根付き成長し、そして私自身がそこで生きている実感を、最近になってようやく得られるようになりました。生身の私が、自分の過去の経験を通し、私の中で育ってきた TA を、私自身を素材としてお伝えしたいという思いをこめて書きすすめました。

執筆動機と目的

　これまでも私の「成人」では、自分の年齢を意識して若い世代への引継ぎを行動に移していました。「養育的な親」は、若い仲間がそれぞれ自分の持ち味を生かせるようにと願いをこめてサポートし、「支配的な親」は、"当然できるでしょう、やらなきゃダメ、何事も経験！"と叱咤激励していました。けれど心のどこか片隅には自分の仕事を失う恐れ、自分の今まで築いてきた領分が脅かされる「子ども」の恐怖心があったことも事実です。私の「親」と「成人」はパワフルに活動していて後進に道を開くこと、彼らを育てることに役立っていました。一方で"そんな弱音を吐いたらダメ、誰にも頼らず自分で最後までやり遂げなさい"という「親」からのメッセージが強く影響し、"もっと頑張れる！　もっと努力しなければ"と自分を鼓舞し、"私は元

気でいつまでも若い""現役で仕事をしなければ、皆から見捨てられる"という「子ども」の思い込みと共に、私の「成人」は「親」と「子ども」にダブル汚染されていました。

　現在、私が日本の TA 社会では最高齢者の一人であることは事実で、後に続く若い人たちや、そう若くはない？　仲間たちと一緒に仕事をしてきています。その中で自分も成長し続ける喜びを感じながら、すっかり実年齢を忘れていました。私自身が「死ぬまで現役」をスローガンに掲げて、臨床に講義にさらにワークショップをすることを心から楽しみ、私はここで生きていて本当に幸せ、と感じていました。しかし現実はそうはいかないこと、老いと向き合う必然を「心不全」という心臓の症状を使って私の身体が教えてくれたのだと思います。

　TA の脚本理論で言えば、私の幼時決断は「人の役に立ち喜ばれれば、存在していて OK」というもので、それに基づいて作った脚本は「人に愛され認められるために、何事も努力していこう」脚本の結末は「働き続けて最後は孤独死」というものです。私自身どうしても最後に子供や友人たちに囲まれて息を引き取るというイメージは持てません。出来れば猫のように（今は猫も病院か家で看取られる時代ですが）、最後は人の目のつかないところで死にたいという願望を今でも持ち続けています。私が自分の脚本の中で行った決断の一つは献体という行為でした。これは今から25年前、還暦を迎えた60歳の時に行ったものです。その時はごく自然に何のためらいもなく決断したことですが、10年ほど前、脚本の講義をしている時にハッと気づきました。60歳の誕生日に行った決断は「成人」ではなく「子ども」の P_1 にある脚本「人に役立つ行動をしていれば私は存在しても OK」に従ったものだったのです。改めて脚本のマジカル・パワーを認識しました。現在は、その P_1 にある脚本から脱却し、「自由な子ども」の願望を「成人」で再構成しながら、改めて自分の最後の身仕舞いを計画しています。それは死んだら一晩だけ家に帰ってきて枕元で若い友人や仲間が、私を肴にして美味しいお酒を飲む、

というプランです。脚本の結末は、一人で死ぬ、というものから、皆にサヨナラを言って送り出してもらう、というポジティブで楽しいプランになりました。献体から帰ってきた骨は海に散骨してほしいと、息子に依頼しています。

　"立ち枯れた老木はもはや柱にはなりえない"、という言葉が鮮やかに脳裏に浮かびます。今までしっかりと根を張って太い幹と枝で葉を茂らせていた木が、空洞ができて老木に変容していく過程が私の内部で始まっていました。残りの時間、何をしたいか自分に問いかけました。私の「子ども」が、"今までやってない新しいことをしたい！"「親」は"何か最後に TA 社会に役立つようなことをすべき"と言います。「成人」は"何時？　どうやって？　何を？"と問いかけてきました。その時"私自身の TA"を書きたいと、私の「子ども」の中の A₁「小さな教授」が呟きました。私の「親」も賛成し、「成人」はそれについて現実的に考え始めました。それがこの本を書き始める動機であり目的です。

私のスローガン・キャッチフレーズ

　私は自分の人生の節目々に自分のためのスローガンというか、思いを言葉にすることが大好きです。TA に出会って、幾つかの言葉を今まで掲げてきました。曰く、

　TA ピープル、TA を生きる、Never too late to start：始めるのに遅すぎることはない、これは Mary Gioulding 女史に頂いた励ましの言葉ですが、同じようなフレーズの励ましを Muriel James 女史からも頂いています。Never too late to be happy：幸せになるのに遅すぎることはない、です。両方とも TA を知り、夢中になっていた時代に、Lake Tahoe のミュリエルのワークショップ、ハワイ島のメリーのワークショップで言われたフレーズです。当時私は50代半ばで、TA の魅力にのめり込み、もっと TA を学び国際資格にも挑戦しよう、と意気込んでいました。これから大学院に行くには遅

（修正）…私の「子ども」の中の A_1「小さな教授」が呟きました。

すぎる、TA にもっと早く出会っていれば、と私が嘆いたときにお二人から言われた言葉です。その言葉があってこそ、今の私があると思います。私が皆さんにお伝えしたいのは、TA は理論や技法を越えてその人の生きる姿・その人の世界・宇宙だということです。こんなことを言うと TA 教という宗教みたいですが、信仰ではありません。哲学であり、それを実践するための理論です。

私の TA の伝え方

「頭で分かるより腑に落ちる」を目標にしています。最近、気に入っているフレーズは TA ＝ぬか床です。トレーニング・グループやワークショップでは、よくこのたとえを使います。それぞれの野菜が糠床に漬かって、それぞれの違いを活かした美味しい漬物になる。野菜によっては古漬けの方が美味しいこともあるし、一夜漬けが良いものもある。切り方によっても味が違う、その違いを大切にしながら丁寧にぬか床をかき回していくと、ぬか床も成熟して、そこにいる野菜たちと一緒に美味しくなっていく。入れる野菜もぬか床も両方が自分自身、TA は常に自分のぬか床であり、そこに眠る野菜は自分なのです。

自分は調理人であり、材料でもあります。生身の私が過去の経験を通し、私自身の中に育ってきた TA を、私自身を素材にしてお伝えしたいと願い、第Ⅲ部を書きました。

TA は私のセルフセラピー

40歳半ばで TA に出会い、それは学びというよりセルフセラピーの始まりでした。

実は6年前80歳になったときから、自分のセルフセラピーの終結を考え始め少しずつですが、この原稿を書き始めていたのも事実です。それでもまだ真の自分をありのままにさらけ出すのは、抵抗がありました。それからだん

だんと年を重ねるにつれて、私の中の CP と AC へのエネルギー備蓄が減少してきました。80歳を迎えてからの５年間は、前にも書きましたが、病院を出たり入ったりしていました。それから７年目を迎え、本当の意味で自分の人生を振り返り、今の私を受け入れ、愛し、祝福したいと思いました。私自身は今でも問題は山積し、悩みも多い毎日です。でもこれからも死ぬまで元気でいるためには、一度私自身の大掃除をする必要があると感じています。

　私自身のことをこのように赤裸々に人目にさらすことについて、私の「親」は、はしたない、慎みがない、恥を知りなさい、と喚いています。けれども私は「TA ってその人と共に生きているのよ」と日頃共に学ぶ同僚、後輩、学生に伝えてきたので、それには事例で説明するのが最良の方法です。そしてその事例は自分のことを描くのが守秘義務やプライバシー侵害を気にする必要がないので、ベストだと考えつきました。80歳後半になって、初めて出来ることなのだと思います。私の「親」とイイ子ちゃんの「AC」は、まだ何とか止めよう、体裁を作ろうとしています。私の「FC」はワクワクし、いけるとこまで行ってしまおう！　と張り切っています。私の「A」成人は、どのように書いたら読み易く読み手に残るだろうと考えています。お一人お一人、どのようにお読みいただいても、あるいはお読みいただかなくても、それはそれで OK と思っています。

私の幼時期・学童期：私の幼時決断と脚本の原型

　私は昭和８年（1933）、日本が軍事国家として勢いを増してきた時代に東京の四谷で生まれました。当時は東京市四谷区本塩町です。10歳年上の姉と５歳上の兄、私は末っ子でした。母は３日３晩陣痛で苦しみ、ようやく私が生まれたようです。出産に関するエピソードは４歳ごろと思いますが、初めて姉から聞かされ、子供心にとてもショックを受けたことを今でも覚えています。私はそんなに母を苦しませたのだ、私は生まれてきてはいけなかったのだ、と行き場のない悲しみと罪の意識を感じ、それは今でもおなじみのラ

ケット感情で、私が脚本の中にいる時にしばしば感じるものです。直接母に
それを訊くことは怖くてできませんでした。私が自分の子どもを産んでから
ようやく母に訊きましたが、その時には「芳枝（姉）が焼き餅焼いたのよ」
と一笑に付されてしまいました。現実にはそれで解決したエピソードでした
が、私の C_1 にはその恐れがずっとあり、日常のストレスで脚本に入ると、
私なんかいない方がいい、私の存在はほかの人を苦しめる、という呪詛めい
た思いに捕らわれていました。4歳の時に私が行った幼時決断は、自分はい
るだけで人を苦しめる、早くいなくなるべきだ、というものでした。けれど
も幸せなことに、生命力というか、生き延びる欲求が強い子供で、身体的に
も精神的にも健康だったのだと思います。存在するな、の禁止令に対処し何
とか生き延びるために、4歳ごろから与えられたドライバー、人を喜ばせよ、
努力せよ、強くあれ、を取り入れ「人のお役に立てば、生きていても良い、
何事も両親、姉、兄、周りの人たちに受け入れてもらえるように、愛される
子供になろう」という存在するな、という禁止令に対抗して、努力しなさい、
人を喜ばせなさい、いつも人の役に立つ子でいなさい、という拮抗禁止令を
取り入れ拮抗脚本を作り上げて行きました。

　私は尋常小学校（明治時代に小学校ができてから太平洋戦争で敗戦するまでの名
称です。1940年頃に日本は軍国主義一色になり、小学校の名称も尋常から国民小学校
に変わりました）最後の1年生でした。2年生で国民学校という名称に変わ
りました。1年生の最初の国語の教科書は「サイタサイタ、サクラガサイ
タ・アカカテ、シロカテ・ススメススメ、ヘイタイススメ」今でも挿絵と共
に覚えています。昭和16年（1941年）に太平洋戦争が始まり、初めのうちは
勝ち戦のニュースが毎日、新聞やラジオで報道され、「鬼畜英米、欲しがり
ません、勝つまでは！」というスローガン、親や社会の常識・価値観・偏見
＝「親・P_2」が、子どもたちの「P_1」（2次構造分析「子ども」の中の「親」）に
焼きつけられました。そのうちに日本の敗色が濃くなり、神国日本、神風が
吹く、英霊の御霊などという、人々の中の「子ども」の怯えから生じる妄想

が「成人」を汚染し、日本国中がカオス状態になっていきました。空襲も始まり、東京は危ないというので小学校5年生の時に父の故郷の群馬県に疎開しました。幸い父が自分の成功を誇示したくて、親族が残っている村に建てた大きな家があり、その家は普段使われずに留守番の夫婦が住んでいました。広い庭やコイが泳ぐ池、ステンドグラスの窓の西洋館、銅葺きの屋根が朝日に光るだけで見世物になる日本家屋が石垣の上に聳えていました。その成金趣味で御殿と呼ばれる家に東京から10歳上の姉（すでに結婚して妊娠中でした）と私、そしてもう一人、結核を患っていた異母姉の3人で疎開してきました。その姉は私の10歳上の姉より、さらに年上で結核を患い、東京でもあまり行き来がなく、疎開先の家でも「離れ」と呼ばれる渡り廊下の先にある茶室風な建物で看護婦さんとひっそりと暮らしていました。戦争が激しくなるにつれて、よく繋がりの分からない親類の子どもたちが、二人、三人と疎開して来て一緒に暮らしたのを覚えています。今では群馬県渋川市となりましたが、当時は群馬県群馬郡金島村大字金井という農業と養蚕で生計を立てている田舎の村でした。そこの金島小学校に疎開児童として編入しました。当時はテレビも週刊誌もなく、都会と田舎の生活文化的な差は非常に大きいものでした。東京や大阪という大都会からの疎開っ子（そう呼ばれていました）たちは、地元の子どもたちにとって、異種の眩しい存在であり好奇心の対象だったと思います。彼らの「親」の自我状態は、それぞれの実の親を取り入れて、疎開っ子を敵視する、また過剰にまで親切に面倒を見てくれる、など様々でした。特に男の子たちの「子ども」は新しい私たちに好奇心むき出しで、いたずらを仕掛けたり囃し立てたり虐めたりもしました。ちょうど性的な好奇心が溢れ出す年ごろでしたので、性的ないたずら（覗き、落書き、囃し立てる）なども数多くありました。私の「子ども」は怯えと軽蔑、そして本能的な好奇心で一杯でした。それが父親像とも重なって、男性に対する原初的な愛着欲求、それを打ち消す不信感、軽蔑、嫌悪感が生じ、「男は困った存在。だから近づかないようにしよう」という、それ以前に抱いた父への感情から行

った幼時決断をさらに強化、男性に対して再定義を繰り返していたと思います。女の子は私たちを初めは遠巻きにして、よそよそしかった（「成人」を使った観察）のですが、そのうちに誘うと家に遊びに来るようになり、何人か一緒に遊ぶグループもでき、彼女らが男の子たちのむき出しの好奇心から防御する壁になってくれました。彼女たちの「養育的親」はかなり高かったと思います。私もまた今思えば直感的に「A₁」ですべての自我状態を使って、彼女たちを自分の保護者、友達、家来にしていました。疎開先での体験は私の人格形成、特に適応型を考える時に、今現在とても役に立ちます。私の適応型は、1次適応型が反社会型、2次適応型は演技型です。更に1次適応の一番下の層にはスキゾイド型があります。感じるな、考えるな、という禁止令、強くあれというドライバーが、本当にストレスが強くなると発動し、時間の構造化では引きこもりに入ります。小さい頃の幼時決断で直感的に作った自分の準拠枠を、現実の経験に基づいて再定義を繰り返した時期だったと思います。

　12歳の時に終戦（実は敗戦1945年）、翌1946年9月にまだ焼け跡が点々と残っている東京に戻ってきて、四谷にある雙葉学園中等部（現中学校）に編入しました。焼け跡に木造の仮校舎が建ち、お聖堂（おみどう・カトリックの礼拝堂）は焼け跡のままで修復工事はまだ始まっていませんでした。小学生の時に暗記した「教育勅語」や歴代の天皇の名前の暗唱などは絶対的に禁止され、歴史の教科書は殆ど墨で黒く塗りつぶされていたのを今も鮮明に覚えています。価値観とモラルの大きな変化に「成人」は機能せず、頭の中は混乱状態でした。親をはじめ大人たちも180度真逆な社会情勢に「親」「成人」は混乱し、「子ども」の中の「小さな教授 A₁」が一番優勢に働いていたと思います。

　東京の中野区に父が用意した新しい家は空襲でも焼け残った大きな家で、そこには焼け出された親類の家族や、戦争から復員した従兄、父の知り合いなど大勢の人たちが一緒に住んでいました。そこでの生活では食料難のなか

で、母は私たちを含め大勢の人間を食べさせることに苦労していたと思いますが、一向に頓着せずに淡々と分け隔てなく食事を作ってくれていました。口数の少ない人でしたが、「養育的親 NP」は高く、母はどのように人の世話をするのかを「成人Ａ」で伝えてくれました。

　父は戦前から土木建築の会社を経営していましたが、終戦後は進駐軍や建設省に太いパイプを作り、仕事を一層拡大していきました。その余禄で手に入りにくかった物資や食料は家に運ばれ、あまり苦労せずに何とか戦後の食糧難を切り抜けていたと思います。闇（当時、全て物資は「闇」取引が多く、正規の配給だけでは餓死する人も多かったのです）で食事を出す高級な料理屋や三国人（当時は韓国・中国の在日の人たち）の経営するレストランなどに子供たちを含め連れて行ってくれました。父はおいしいものが好きで、父の DNAが私の中に残っています。また父のやり方を見ていて、どのように料理を注文するか、どのように心付け（チップ）を渡すのか、どのように使用人に注意をするのか、という基本的な他者への対人関係のとり方も、私の「親」の中に沢山取り入れたと思います。今でもレストランやホテルで父と同じように振舞っている自分に気付くことがあります。自分の欲しいものは上手に手にいれるという反社会型の利点も父からそのやり方の多くを取り入れたのだと思います。

　当時の戦後社会では預金封鎖、新円への切り替え、財閥の解体、身分制度・地主制度の廃止など様々な変革が起こっていました。私の両親を含め当時の大人たちはそれらの激変に対応するため、どのくらい膨大なエネルギーを消費したか想像を絶するものだったと思います。

父と私：私の性格適応型の形成と私の「親」に取り入れた父親の行動、影響について

　父の話が出てきましたので、もう少し父のことを話したいと思います。
　私の父は医師志望でドイツに遥々留学したそうですが視力が弱く医学校入

学を諦め、現地で建築現場の人夫（現在ではブルーカラー・労働者）として働きながら土木建築の技術を学んだそうです。大正13年９月の関東大震災直後に帰国して土木建築の会社を作り、震災で崩壊した東京で隅田川の橋を修復し、コンクリートの建物を建て、震災後の東京の街づくりに貢献したと自慢話を含め聞いています。今でいうゼネコンの先頭を走った人でした。太平洋戦争中は陸軍の仕事、終戦後は進駐軍の仕事で大いに儲けていたようですが、その頃の男性としては当たり前のように女性関係も派手で、何人かの愛人、（当時はお妾さんと呼ばれていました）がいました。私の母もそのうちの一人でしたが、父にとって初めての男の子、兄を生んだので準正妻の立場になっていたのだと思います。父は兄のいる我が家を、自分の家として社会的に母を正妻として扱っていましたが、実は正式の奥さんは、別のところにひっそりと住んでいました。父は家に帰るのは深夜、時には帰らない日もあったことを覚えています。そういう時は絶対に母に父のことを聞いてはいけないと「知るな」「感じるな」「考えるな」の禁止令を、母の顔色・声音・態度から察して自分の聴きたい欲求、知りたい欲求を抑えていました。父は実業界では名が知られていましたが、政治では表舞台には出ずに政界の黒幕的存在、建築業界では談合の陰の主役として立ち回っていた反社会型＋パラノイド型のコンビネーションの適応型を持った人でした。仕事とお金と女性が大好き、一方で美術や音楽なども、よく分からないままに見栄で好きなふりをしているところがあったと思います。この辺りも、私は父の影響を強く受けています。何にでも首を突っ込んで一通りのことを知らないと落ち着かないのです。父は典型的な成り上りの金持ちでした。本当は浪花節が好きなのに、当時の紳士の嗜みとして長唄のお師匠さんを家に呼んで稽古をしていました。物凄い音痴でお稽古が始まると母やお手伝いさん達、家中が笑いをこらえていました。私も日本舞踊を６歳から習わされていましたが、その踊りのお師匠さんも父と関係があった女性の一人だったと思います。今思えば父は倫理的には最低で、とても許せない男性でした。その中で私は子供心におかしいな？

と思いながらも、父が望むように何もわからない無邪気なチイ嬢ちゃん（家族以外の人は、私をこう呼んでいました）を演じていたのです。私の中の演技型はその当時に形成されたと思います。そしてそれらのことは決して母には言わない、これが私の生き延びるための適応型、スキゾイド型＋反社会型を作り上げたのでしょう。今でも男性に対して私は父を投影することが多く「子ども」の自我状態になり易いのです。時々その自分に気づきハッとします。子供心にお世辞が上手な人たちに囲まれ満足そうな父を見るたびに、「ほんとのことを知らないで可哀そう」と裸の王様の父親を哀れに思っていました。何とか私だけでも父を本心から喜ばせたいと願っていました。末っ子だった私は、父に溺愛されると同時に父の感情の受け皿になって、心理的に父の幼い情婦という役割を担っていたと思います。

　"お前が男の子だったら（兄は女の子みたいに優しい子でした）"という一方で「女の子らしく可愛く、しとやかになりなさい」と父はダブルのメッセージを常に私に送り続けていました。元気で男の子のように、お兄ちゃんをいじめる近所のガキ大将をやっつける私に対して、プラスのストロークを沢山くれる一方、日本舞踊を習わせ（私は本当はピアノを習いたかったのに…）踊りの衣装を着け、大勢の地方さん（長唄、清本など日本の音曲の三味線、お囃子）が演奏する舞台で踊る"おさらい"の時は大喜び、大自慢でした。私はダブルバインドのメッセージを受け取り、その都度変わり身速く適応していました。この辺りから私の反社会型の適応型に加えて演技型の修練が積まれたと思います。父は私に「強くあれ」と「喜ばせよ」のドライバーを送り続けていたと思います。現在私の適応型は１次がスキゾイド型＋反社会型・２次が演技型です。

　父は昭和25年に60歳でお妾さんの一人が経営する料亭で接待麻雀の途中で脳卒中を起こし、そのまま亡くなりました。競馬・麻雀が女性の次に好きだったと思います。

　私の「親」に直接の行動として取り入れた父は：食事のマナー・お風呂の

入り方、目上の人への口のきき方、目下の人への言葉使い、心遣い、お金の使い方などです。また父の影響とし父の「こども」から発せられた感情主体のメッセージ：諦めないぞ、なにくそ！…やられたらやり返せ、世の中お金だ、男は女より勝っている、その他あまり道徳的とは言えないものも含めて私自身の「親」は形成されました。「人生一度だけ、自分を救えるのは自分だけ、始めたらやり通す、嘘をつかない、信用される人になれ」などを父から言われ続けていました。小さい時はそれが素直に自分の「親」に取り込まれていったのですが、中学生になってからは、実際の父の行動に対して心の中では反発が激しく、それでも直接にそれを父にぶつけることは怖くて、心の中でいろいろ想像していました。「今に見てろ、クソおやじ」と呟きながら、大人になって父の望まない結婚をして不幸になってやる、父より偉い大金持ちと結婚して、父を見下してやる、とひそかに妄想を膨らませていました。けれどもそれらを実行する前に父は急死しました。私は14歳でした。持ち続けていた怒りを投げ入れる対象を失い、振り上げた拳の行き場がなくなりました。不完全燃焼のまま持ち続けた父への怒りは、知らずしらず私の男性関係にその後大きな影響を及ぼしたと思います。振り上げた拳の行き場は、親しくなった男性に向かっていました。私の思春期、青年期に私の周りにいた男性諸氏、夫も含めてもうほとんどが鬼籍に入っていると思いますが、今考えると本当に申し訳ない気持ちになります。ゴメンなさい。

母と私　母親から取り入れた行動、その影響

　母からは「養育的親」の行動として、人のお世話をする、料理を作る、を取り入れました。影響としては、人には嫌われないように、人のお役に立ちなさい、誰にでも誠意をもって接しなさい、というメッセージを受け取り、それに従っていました。母は一言で言えば、誠実で口下手でしたが、美しい心と容姿を持っていました。母は日本橋のコメ問屋の娘でした。生粋の下町育ちで、ひ・しの発音の区別ができず、朝日をあさし、日の丸をしの丸と

言って父や私たちに揶揄されていました。母の父はコメ相場で失敗して家は
倒産、母の母、祖母にあたる人は娘二人（母とその姉）を置いて店の番頭さ
んと出奔したと聞いています。母の幼時決断は「どんなに信頼していても人
は私を裏切る。絶対人を信用しないで自分で生きていこう」というものだっ
たと思います。幼い時の母親からの「見捨てられ体験」は、その後の母の生
き方に強い影響をもたらしたのでしょう。母が小学校に上がる前の出来事だ
ったようです。母は３歳上の姉と二人、日本橋葭町で料亭をしている親類に
引き取られ、詳しくは話してくれませんでしたが小学校を卒業した後は、そ
のまま葭町の花柳界で働いていたのだと思います。父とどのよう知り合った
のか分かりません。父と一緒になったときに、母は恋人の子供を妊娠してい
て、それを承知で父は母を自分のものにしたということです。別の男性の子
どもを身ごもっている母を、それを承知でというか、その弱みに付け込んで
自分のものにしたのだと、私が成人した直後に、その時母のお腹にいて父の
娘として育てられた10歳上の姉から聴きました。父はその姉を本当に分け隔
てなく可愛がっていたと思います。姉が自分の出生に悩みを持っていたこと、
嫁ぎ先でそれが原因でひどいいじめに遭ったことなど、私が結婚してから、
ぽつぽつと折に触れて姉から話されたことです。

　ともかく秘密の多い家でした。私が近づくと話をやめる母や親類の大人た
ち、笑ってごまかすお手伝いさん達、「見るな」「聞くな」「考えるな」「感じ
るな」のメッセージがすべての大人から伝えられ、禁止令として受け取って
いたと思います。その混とんとした感情の渦の中で無邪気で明るく活発な末
っ子としての動作振る舞いをすることが、私が生き延びるために作った脚本
の中で強固になり、自然に身についていたと思います。私がポーカー・フェ
イス、しらばっくれるのが得意なのは、その脚本が役立ってステージの上で
何度も演じてきたからでしょう。その10歳上の姉は私にとっては優しい母代
わりであり、時には威張り散らす残酷な女王様のような存在でした。小学生
になり学校に届ける書類に書かれた母の名字が私と違っていたことは、とて

も不思議でしたが子供心に母に訊いてはいけない、母が困るに違いないと一人であれこれ考えていたのを今でも鮮明にその時の感情と共に思い出します。この状況下で「親を困らせるな」「考えるな」「感じるな」を自分が禁止令として創り上げていたのでしょう。母が父にとって初めての男の子、兄を生んだため、跡継ぎを生んだ母に対して正妻という位置づけをしていたのだと後になって分かりました。兄の出生で私の母はお妾さんの一人から表向きは正妻になりましたが、戸籍上はあくまで母は自分の旧姓のままでした。他にも別の女の人のところに姉が二人いて、時折家にも遊びに来たり、夏休みの避暑には毎年一緒に行っていました。父の女性たちは「神楽坂のA子さん」「日本橋のBさん」「赤坂の…」と、その人たちの住まいがある地名で呼ばれていました。あの人たちは誰？　という疑問が常にあり、それは聞いてはいけないこと、訊いても正解は返らず誤魔化されるだけだ、と自分に言い聞かせていました。ともかく複雑な家庭だったことは確かでした。父のお妾さん達をはじめ、大勢の使用人、繋がりのよく分からない（子どもの私にとって）、けれども親しい関係らしい？　伯母さんやお姉さんたちが時々遊びに来る、父に連れられて、知らない家に行き大歓迎される。でも母には内緒だよと一緒に行った兄に言われる。関係が理解できない人たちと大勢で旅行や食事に行くなど、今ならスキャンダルとして週刊誌に叩かれるような状態が、男の甲斐性としてまかり通っていた時代でした。末っ子だった私は（父が外に作った姉たちを含め）、その中で自分の「A_1」で、どのようにしたら生き延びていけるのか、どのようにしたら父に愛され、みんなの人気者になれるか、様々な決断をし脚本を作り上げたと思います。私が行くと中断される、ひそひそ話や目くばせが頻繁に交わされる大人たちの間で、その顔色から直感的に何が起こって、どのように振舞うのが良いかを判断する A_1「小さな教授」が発達していくのは当然だったと思います。禁止令は「お前であるな」「重要であるな」、ドライバーは「人を喜ばせなさい」「お役に立ちなさい」「強い子でいなさい」です。

　脚本の１ページ目は「私は女の子ではダメ」「私はオマケ、誰も私を認めてくれない」２ページ目には「認めてもらうために機転の利く面白い子供になろう」と様々な作戦を考えていました。それらが私の反社会型の形成の基になったと思います。けれど幼い時の作戦はしばしばうまくいきません。そういう時には喘息（小児喘息で転地）や突発性難聴（耳鼻科に入院、原因不明）など身体症状を起こし、原初的なスキゾイド型に引き籠ったと思います。また２次適応としてドライバーの「人を喜ばせなさい、お役に立ちなさい」に呼応して、演技型、勤勉型が身につきました。

　母が亡くなった年を私はすでに10歳以上もオーバーしています。私の覚えている母は何時も着物姿で、粋で美しく優しい人でした。料理が上手、努力家でした。手紙を書くときには、学歴が小学校どまりというのを覚らせないほど、辞書を傍らに置いて美しい字を書いていました。日本的な趣味人で、歌舞伎や古典芸能ファン、６代目市村羽左衛門が贔屓でした。私の小さい時は、長唄、常磐津と日本の古典音楽が好きで、三味線がとても上手だったのを思い出します。今でいう典型的なスキゾイド型で控えめで誠実、自分の感情をあまり表さないので、愛想のない、取り付きにくい、という印象を人に与える一面もありました。子供心にもう少し社交的になって友達のお母さんと付き合ってくれたらと望むことも多くあったと記憶しています。今思えば、雙葉や聖心の上流階級の「あそばせ言葉」は江戸っ子の彼女にとっては苦手だったのだと分かります。口下手で不愛想な感じがしましたが、行動は暖かく人に対する思いやりは大きいものでした。嘘の言えないバカ正直な面もあり、戦時中に国に貴金属や鉄、銅などを供出する義務があり、その時母は全ての宝石や貴金属と自分の歯にかぶせた金冠までも歯医者さんに行ってはずし供出し、そのことで父が「正直にバカが付く」と苦笑いをしていたのを覚えています。

　戦後の食糧難の時でも、家族にはもちろん家に来る人やご近所の人までにも、何とかお腹を一杯にしてあげたいと努力を惜しみませんでした。その母

の気性を私は受け継いでいると思います。家に来る人には、まずお腹が空いていないかを訊ねる、美味しいものを食べさせたくなる、というところはまさに母のDNAでしょう。それは私の「親」の養育的働きをする部分で、人はお互い助け合うべき、という信条P_3、お腹を満たす方法A_3、そして人の喜ぶ顔をみて自分が感じる喜びC_3です。父のDNAで私が引き継いだものは、まず行動する、欲しいものは何としても手に入れる、人を説得するのが上手、というところでしょうか。何でも褒められるとあげたくなって、あげてしまい後でチョッピリ後悔するという、おっちょこちょい振りも父の「子ども」が私のC_3に入っています。

　父の死後、父の会社と財産は父の弟や会社の古だぬきのような重役たちの手に渡り、また周りのお妾さん達との間には父が生前に約束をした財産分与の履行請求が裁判までこじれたものがあったりと、我が家には少しのお金と住んでいた飯田橋にある母名義の大きな家が辛うじて残りました。10歳年上の姉はすでに嫁いでいて、母は大学生だった兄と高校生の私を養うために、そのだだっ広い家を知人の会社に役員接待用のクラブとして借り上げてもらい、そこで支配人として働き始めました。まだその頃は戦後の復興も真っただ中で、会社の接待用のクラブは必要不可欠なものだったのでしょう。その後は九段富士見町の花柳界で料亭を経営しました。父の生前には控えめで静かで引きこもりがちであったスキゾイド型の人が周囲がビックリするほど生き生きと働きだしたのです。母の脚本の原型は「静かで目立たず、人に尽くしていれば、私は生き延びられる」というものでしたが、父の死後、財産相続で周りの親類たちに騙され「ちゃんと自分を主張しなければ、誰も私を助けてくれない」と自分をディスカウントしないことを決断し「自分の気持ちを大事に生きていくこと、自分の人生を楽しんでいいのだ」という許可を自分に与えたのだと思います。父の死を契機に「自分の人生を生きる」再決断をして、今まで生きてこなかった自分の人生を生き始めたのだと、私は今になって確信しています。母の「子どもC」の中には、幼少時の心理的に辛い

経験とともに、豊かで華やかな情緒的な財産を沢山もっていたのだと思います。

　母はその後、好きでずっとお稽古を続けていた小唄の名取になって、師匠にもなり多くの男性のお弟子さんたちにモテモテでした。父と母は16歳年が違っていました。父は60歳で亡くなり、その時母はまだ44歳だったのです。今思えば、今の私より40歳以上若かったのです。それからの彼女は人生の耀ける時期を過ごしたと思います。以前は胃痛、頭痛に悩まされていたのが、そこからもすっかり回復していました。今思えばストレスからくる心身症だったのでしょう。母は50代から彼女の青春を迎えたと思います。私はその頃、既婚の男性と恋愛中で結局5年後に彼の離婚が成立して結婚しましたが、その間、今でいう不倫関係が続きました。その間中、母は家族の中で唯一私の味方になってくれていました。私が正式に結婚をして息子が生まれた時には誰よりも喜んでくれました。母にしてみれば、自分の準正妻という境遇の辛さを私も味わうのではないかと、とても不安だったと思います。70歳過ぎて大腸がんで手術を繰り返し72歳で亡くなりました。母の墓碑銘を書くとすれば、「深い海で生きた女、光の中でここに静かに眠る」が相応しいかなと思っています。

私の青年期自律への葛藤

　私は雙葉学園、聖心女子学院英語専攻科というカトリックの女子校で教育を受けたので、英語は他の学校より授業時間も多く、さらに雙葉会という課外の個人クラスもあり、私にとって大好きな科目でした。英語と一緒にフランス語の授業もありました。それぞれネイティブの修道女が先生で外国語の授業は時間数も多く厳しかったけれども楽しいものでした。当時はまだ進駐軍とよばれるアメリカ占領軍が日本に駐留していた時代です。英語が片言でも話せることが一つのステイタスにもなっていました。高校を卒業して聖心女子学院英語専攻科に入り、在学中に日本航空の客室乗務員の試験を受け、

幸いにパスしてスチュワデス（CA）6期生として卒業後1956年4月から働き始めました。女性が英語を活かして仕事をするのはまだまだ道が狭く険しかった時代でした。特に女性が仕事するという文化はまだ日本では希薄で「女性が学問をすると…」と社会全体が「親」から「成人」への汚染が強く作用し、「子ども」は「早くお嫁に行かないと親不孝」という親からの呪い？　にかけられていました。「女性は家に入って男性を支えるのが役目、男性に守ってもらわなくては生き延びられない」という汚染された「成人」の考えが大手を振ってまかり通っていた時代でした。当時はフルブライト基金の留学という手段もありましたが、それには学力に自信が無かったこと、父がすでに亡くなっていて家の経済状態では実現が難しかったのです。当時は働きながら英語が活かせて外国へも行ける唯一の仕事が客室乗務員で、若い女性の一番憧れる仕事でした。昭和29年入社、その年の早春に日本航空の国際線、羽田・サンフランシスコ、香港・バンコック路線が開通しました。国際線要員6期生として入社し3か月余りの訓練の後に、先輩と共に最初は国内線の見習いとして大阪、福岡、札幌の路線に乗務しました。そしてさらに国際線要員としての訓練を受け、半年後に国際線に乗務したと記憶しています。今は立派ですが、当時の羽田空港は粗末な木造の建物で、アメリカの空軍基地？と勘違いするほど外人と外国語が溢れていました。OJT（ovserb job training）見習い乗務を経て、最初はホノルル・サンフランシスコ便に乗務しました。総べて新しい経験で、失敗談も数えられないほどあります。太り気味のアメリカ人の女性に、お子様はいつご誕生ですか？　と訊いてしまい、旦那様から、ただ太っているだけです、とにらまれたこともあります。ジントニックと言われて、お酒だと知らずに洗面キットの中からヘアトニックを持って行って大笑いされたりと、数え上げればきりがありません。でもそのうちに次第に慣れて、一人前の顔をして乗務をするようになりました。

　3年後には結婚のため退社しましたが今でいう不倫同棲関係で、それが5年続いた後での結婚でした。結婚後は夫の仕事のサポートと子育てで、あっ

という間に数年過ぎました。子どもが小学校に上がり、ホッとした頃、日本航空の元上司から客室乗員訓練所で講師として働いてほしいという話を頂きました。昭和45年（1970）だったと記憶しています。当時は終戦から続いていた日本人の海外渡航規制が解除され、誰でもが海外旅行に行けるようになり、一次海外渡航ブームが起こっていました。また日本の企業の海外進出も盛んになり、家族同伴で海外の駐在も当たり前になってきて、家族連れの渡航者が珍しくなくなっていました。客室乗務員にも赤ちゃんのお世話やお母さんのケアが求められ、それに対応する訓練も必要な状況になっていたのです。そこで客室乗務員訓練の一環として、「ベビーケアー」「お母さんへの援助」という内容の授業が必要となり、乗務と子育ての両方経験をしている私に白羽の矢が立ったのでしょう。今とは違い当時の日本航空ではスチュワデスは独身であること、機上の乗務は30歳までと決められていたのです。結婚したら、あるいは30歳を過ぎたら当然なこととして地上職に移ることが決められていました。30歳で機上勤務停止はその後程なく廃止されています。現在では考えられないことですが、日本の社会、日本の会社の「親」の伝統・規範はそれが当然のことでした。当時、教官として働いていた現役のシニア・スチュワデスたちは皆独身で、子育てと機内サービスの両方を経験している人は皆無で、現在の産休育児休暇の制度など、夢のまた夢という時代でした。

　私が訓練所にいた昭和45年から平成元年までの約20年間、若い教官たちから仕事と個人的なことも含め様々な相談を受けるようになっていました。主に個人的な悩みごと、人生相談ですが中には担当クラスの訓練生たちの精神医学的、心理的問題もありました。私の行った対応は「親」の自我状態からの厳しい指導や、母親代わりの慰めであったり、「成人」からの指導・助言が主な内容でした。しかしその時々の問題は解決しても繰り返し同じような問題で悩み、相談に来る教官達も多く、もっと彼らに専門的な心理の援助がしたいと思い始めていました。

　その時期に初めて「カウンセリング」という言葉を知り、カウンセリングを学びたいと望むようになったのです。終戦になってアメリカは占領軍として日本に駐留しました。さらに戦勝国アメリカの指導で日本における社会的、経済的改革が徹底的に行われたのです。それと並行して日本の教育制度の改革にも占領軍の GHQ（General Head Quarter）が取り組みました。毎年何回か経済学・社会学・教育学・心理学のそうそうたる学者や研究者が使節団として日本に送り込まれました。その中でカウンセリングという全く新しい心理学が導入されたのです。まず大学に SPS（Student Personel Service）という部署が設けられ、学生相談が始まりました。東大や茨城キリスト教大学で学生相談（SPS）の苗が植えられ、第1期のカウンセリング・ブームが到来していました。そのような社会的な潮流の中で、日本でも「カウンセリング学会」が出来、最初は「相談学会」という名称でした。カウンセリングの必要性を痛切に感じていた私はまだ数少ないカウンセリングの本から国分康孝先生の『カウンセリングの理論』を選び、訓練所の教官仲間と勉強を始めました。これが私のカウンセリング・心理療法へのスタートなのです。

私とカウンセリングの出会い
来談者中心療法とエンカウンターグループ

　前述したように日本航空の講師をしていた時代に、当時全盛であった来談者中心療法、ロジャース学派のエンカウンターグループに参加したのが、初めての体験学習です。

　私は当時30代の終わり40代に差し掛かっていて、二つの問題を抱え悩んでいました。一つは息子のこと、一つは自分自身のことでした。息子のことは彼個人のプライバシーの尊重が最優先なので詳しくは書きませんが、一言で言えば親の支配から逃れるための反抗でした。小学校4、5年頃から反社会的行動を繰り返し、これでもかというくらい夫や私が嫌がることしていました。学校からの呼び出し、警察からの呼び出しが日常茶飯事となるくらいの

ワルでした。突然目が見えなくなったり、ケガをしたりとマイナスの身体化症状も起こして、彼に振り回される毎日でした。その後、TA を学んでこれがストローク不足からのものだったのかと気づいた次第です。遅すぎましたけど、今はどうにかお互い「成人」にエネルギーが備給されて、上手な距離を保ちながら平和に生活しています。

　もう一つは私自身のことで、とても大きな揺らぎの時期でした。夫は以前の家庭を捨て長男と離れるという苦渋の選択をして私との結婚を選びました。前妻との間に生まれた長男と離れること、当時としては高額の慰謝料を支払うという心理的、経済的プレッシャーで彼は無意識に私との結婚で大きな代償を支払った感覚を持っていたのだと思います。こんな犠牲を払って結婚したのだから、子供と言えども自分以外の人間に私を渡すものか、という彼の「子ども」の感情が強く、普段は非常に「成人」の機能が高い人でしたが、私が子どもを持つことに徹底的に反対でした。表面上の社会的メッセージは「これから社会は大気汚染や利便性を求めた環境破壊が始まる。決して今よりいい社会ではなくなる。こんな世の中に子供を放り出すのは親の無知が生む犯罪に等しい」という彼の「親」に汚染された「成人」の発言でした。けれども裏のメッセージは「子供に私を取られてしまう」という「子ども」の恐怖心と感情で、他人が聞いたら噴飯ものの理由でした。私も当時は「そんなにも私を愛してくれているのだ」と錯覚して中絶を繰り返し、思えば私も夫も人間として、全く未熟な大バカ者でした。けれども私の中で子供が欲しい！　という欲求がどんどん高まって４度目に妊娠した時には、生みたい、生むな、の喧嘩の後、私は遂に家を飛び出して知り合いの旅館に暫く滞在していました。結局は夫が折れて、首尾よく息子が生まれたわけです。今これを書いていても、生まれるべき命を無にしてしまったことに、体の奥をえぐられるような痛みと深い後悔があります。私があの時生んでいたら、こういう娘だったかも…という娘像を私の周りにいる同じ年代の女性に投影して、無意識に代理親ならぬ代理娘を求めている自分に気づくことがあります。私

は転移・逆転移を自身が行ってきたし、今でも無意識に、見られなかった娘
の顔を他人に貼り付けている自分を自覚しています。

　結婚当時はテレビという文化が日本に生まれた時期で、夫はその中で仕事
をしていましたので、堅気の人より世間の注目を浴びやすかったのです。私
は○○の奥さん、元日本航空スチュワデス・訓練所の教官というレッテルを
貼られ、夫や周りの期待通り明るく可愛らしく、エレガントで思いやりのあ
るホステス役を家庭でも外でも続投していました。そのうえ○○ちゃんのマ
マという肩書も加わって、本当の自分がどこにいるのか分からなくなってい
ました。自分の中で色々と渦巻く感情や考えもありながら、夫が観たい一面
だけを見せることを心がけ、彼が望むように感じ、考え、行動し、気が付く
と自分の感じ、考え、行動が自分のものではないという感覚を何時も持って
いました。操り人形、腹話術の人形になっていたのでしょう。私自身が存在
しない、という感覚でした。

　これにはっきり気付いたのは、1960年代の初めの頃、夫の仕事でハリウッ
ドのゴールデングローブ賞・受賞セレモニーに着物で出席した時です。当時
まだ日本人の着物姿は珍しく、多分女優に間違われたのでしょうか、沢山の
記者に取り囲まれインタービューを受けました。「アメリカで好きなところ
は？　日本では何をしているのか？　映画は今撮っているのか？」その質問
に対し私が答える前に夫がすべてに答えていました。そうしたら、「I am
not asking you, I am asking to your wife. あなたに訊いているのではない、
あなたの奥さんに訊いているのだ」と一人の記者が言ったのです。

　私はその時、ハッとしました。そうだ、私の言いたいのはこれなんだ、と
その時まで感じていた"もやもや"の内容が分かったのです。長年、親に合
わせ、夫に合わせて、相手の観たい顔だけを見せてきて自分自身が空っぽに
なっていた自分に気づきました。脚本通りに生きてきた自分に気づく瞬間で
した。今でもその時の記者の顔が思い出せますし、夫は10歳年上で社会経験
も豊かだったので、私を庇う気持ちからの好意だったと思いますが、チョッ

ト間の悪そうな、憮然とした表情だったのを、今も鮮やかに思い出します。

　その時、私は本当の自分を見つけたいと言う衝動に突き動かされました。私が新しい自分を創造する作業に取り組みを始めた瞬間だったと思います。

東京カウンセリング・スクール

　自分がもっと自分でいられる場は何処なのだろう？　カウンセリングを勉強したら、何か道がひらけるのではないかしら？　アメリカでの衝撃的な出来事以来、私は自分自身の自律に向けて、手探りで歩み始めました。国分先生の本や河合先生の本を読んだりしても、なかなか頭だけの理解にとどまり、感覚として今一つしっくりせずに難しく困っていたところ、当時青山表参道にあった東京カウンセリングスクール（現・NPO法人セスク）を紹介されました。電話をしたら「カウンセリングを勉強するグループがありますから、そこに参加してみるといいですよ。毎週水曜、夜6時半から9時までのクラスに空きがあります。心理学の素地がなくてもまったく構いません、自分が教材ですから」と言われました。そこから私のカウンセリングへの道が開かれたのです。

　東京カウンセリングスクールの講座に参加して、そこで初めてエンカウンターグループという言葉を知り、その真っただ中に何の知識もないままに飛び込みました、というより放り込まれた、と言った方がぴったりだったと思います。「何？　何なの？　どうしたらいいの？」という戸惑いと、何でここにいるんだろう、という疑問で訳の分からない時間、ただ人が集まって何となくぼそぼそ本音で話している、周りはそれを忠告やアドバイス無しに、ただ一生懸命聴いている。この作業が何で心理学、カウンセリングと繋がるのだろうと、全く理解できないまま時間が過ぎていきました。でもそこは私にとって、私自身でいられる初めての場であったのです。繁田千恵という人間がそこにいて、感じ考え行動していました。レッテルのない私個人がそこにいました。そして、家に何も持ち帰らないで済む、という解放感が心地よ

く感じられるようになりました。それから半世紀が過ぎています。初めて出合ったエンカウンターグループのリーダーであった横山定夫先生（1983年没）を囲み、なんだかよく分からないままに週1回夜の2時間半を過ごしていくうちに1年が経ちました。そして、ようやくそこが居心地よく自分でいられる場であることが実感できたのです。3年間はあっという間に過ぎて、今度はスクールの研修生として、グループのコ・ファシリテイターとしての役割を取りながら、先輩方の指導を受け4年過ぎたころから、エンカウンターグループを任せられファシリテイター・講師として仕事をするようになりました。付属の「心の相談室」にもカウンセラーとして登録され、同時に池袋の精神科・穂積クリニック、立正大学学生相談室にもカウンセラーとして仕事を頂きました。次第に日本航空客室訓練所教官からカウンセラーへの移行が始まりました。その数年の間に年賀状が心理学関係の先生方や仲間たちからのものが増えているのに気づいたのも、この道に進もうと決意したきっかけでもあります。

TAとの出会い

そのころ日本航空本社でも中央研修所という会社の教育研修を担当する部署が出来、OD（Organization Development 組織開発・人材教育）が始まっていました。後にそこの所長になられたのが、日本におけるTA教育の先駆者のひとり、諸永義孝氏（2019.1.19没）です。諸永先生は日本でただ一人国際TA協会（ITAA）認定の組織部門の教授会員（TSTA）で、初めてアメリカでのTAのワークショップに参加した時から、とてもお世話になり、その後の私のTA人生の歩みに、常に先達者として松明を掲げ導いてくださいました。1995年サンフランシスコの国際大会では「異文化間のコミュニケーション」というワークショップをご一緒にさせて頂いたのも忘れられない思い出です。　今、私はTAというぬか床の中で、多くの仲間の野菜たちと共に時を過ごし、お互いに成長し成熟しています。その初めてのぬか床を提供

して下さったのが諸永先生です。TA は私にとって、はじめは臨床心理学という学問でしたが、文学で言えば漱石の「こころ（1914）」クリスティーの「春にして君を離れ（1944）」と同様に、私の心の奥深いところに届く情緒の泉にもなっていったのです。

　1970～80年代、私は東京カウンセリング・スクールの講師、日本産業カウンセラー協会の講師、立正大学での学生相談、穂積クリニックのカウンセラーと幾つもの草鞋を履いて、カウンセリングに日々明け暮れていました。バックアップ理論はロジャースの来談者中心理論で（その頃パーソンセンタードという言葉に移行しつつありました）傾聴が中核にあり、そのためのカウンセラーの３条件という理論が中心でした。確かにカウンセラーの３条件である「共感的理解」「無条件の尊重」「自己一致」はどのような心理療法においても基本にあり、人間関係の核となる部分でもあります。しかしクライエントに潜在している成長能力が自ずと湧き出て、自身の中で発芽し成長するという考え方を基本にした来談者中心療法のカウンセリングは時間がかかることも事実です。その基本に忠実に何年も仕事を行っていく間に、何かもう少し切れ味の良いアプローチはないだろうか？　と自分の腕の未熟さを顧みず新しい理論を模索し始めていました。王道である精神分析の講座にも１年通い、これはもっと時間がかかりお金もかかることを体験しました。ゲシュタルト、フォーカシング、ユング派、コラージュ、箱庭療法と手あたり次第講座を受けて、私にしっくりとくる理論アプローチを求めていたのです。そして、意外に身近にその理論・アプローチがありました。

　それは1983年でした。深沢道子先生がアメリカから10年ぶりで帰国されたのです。たまたま彼女は同じ雙葉学園・中学、高校で私の１級下に在籍し毎日のように運動場や廊下で顔を合わせ、一緒に生徒会の仕事したこともあって、学年は一年下でしたが仲良しでした。彼女が早稲田に行き卒業後フルブライト基金の留学生で渡米されたことも知っていました。その彼女がソシアルワークから心理を学ばれ、日本に TA（Transactional Anelysis）を持ち帰ら

れました。もちろん TA はすでに1971年九州大学の池見先生により日本に紹介され、その後日本の交流分析として、様々な発展を遂げていました。中でも国谷誠朗先生、岡野嘉宏先生、中堀仁四郎先生は、産業界で実践家として様々なワークショップをされて本もたくさん書かれておいででした。しかし臨床心理学として、また心理療法としての実践は深沢先生が再決断療法学派のボブ&メリー・グールディング夫妻のもとでトレーニングを受けられ、日本にその理論と技法を持ち帰られたのがスタートだったと思います。当時、日本で組織行動研究所の所長で TA を日本の企業・組織の開発に応用し活躍されていた六角浩三氏が深沢先生と二人で、TA のワークショップ、特に心理療法として再決断療法に特化したトレーニングのグループを始められました。私はそこに参加し、心理療法としての TA を学び始めました。このお二人の力で日本での臨床心理学および心理療法としての TA が根づき、国際 TA 協会の資格取得、それに向けてのトレーニングが私たちの意識に上ってきたのです。

　そして1986年に日本 TA 協会が誕生しました。現在も日本で唯一国際 TA 協会とパートナーシップを結んでいる組織で日本の TA の第3世代と言われる方たちが理事として会の運営に当たられています。その中の多くが第一世代の深沢先生、六角先生のトレイニーだった方たちで、国際資格のTSTA（教授）PTSTA（準教授）CTA（認定 TA 会員）を持っています。私や当時学んでいた仲間は、協会創立当時からのメンバーで深沢・六角先生の最初のトレイニーであり、理事でもある第2世代でした。第2世代の仲間は1994年に日本に世界各国から試験官を招聘して CTA（認定 TA アナリスト）の試験を行い、それに合格し日本で初めての CTA となりました。私はその後、準教授資格を経て2007年、2008年と2年かけて TSTA（教授会員）の資格に挑戦しました。2007年のサンフランシスコ大会で行われた試験では、倫理、哲学、組織の部門とスーパービジョン部門に合格しましたが、ティーチング部門では不合格になり、翌2008年アフリカ・ヨハネスブルグの大会の試

験で再挑戦をして遂に合格しました。その時に「最年長（当時72歳）の
TSTA 合格者」と言われ特別にお祝いをして頂いたのが、心に残る思い出
です。

　その間1994年から３年にわたり六角氏の医師資格有無を巡る疑惑論争があ
り、理事会でも不穏な空気が流れ、それを理由に協会を離れたメンバーも多
く、一時は協会そのものの将来が危ぶまれた時代もありました。1997年５月、
六角氏は沖縄でワークショップ開催中、宿泊先のホテルで心臓発作をおこし
て亡くなられました。それによって、国際 TA 協会の倫理委員会での査問
調査は中断し、その事件は自然に鎮静化して行きました。その出来事で日本
の TA の発展が遅れたことも事実だと私は今でも思っています。この事象
に関わった深沢道子先生（TSTA）、精神科の野間和子先生（CTA）、諸永義
孝氏（TSTA）、国谷誠朗氏、メリー・グールディング先生はすでに鬼籍に入
られました。当時を知る仲間は少なく、すべてが忘却の彼方に消え去ろうと
しています。ただ、個人的に私はこれを無かったことにはできないと考えて
います。今更、個人のプライバシーを傷つけるようなことはしたくありませ
んが、当時何が起こって、どのような経過をたどっていったのかは、日本の
TA の歴史における一つの出来事として、きちんと記録に残すことは必要だ
と思っています。その経緯を示す資料は私の手元にありますが、これはあく
まで私個人のこだわりであり、私が死んだときにすべてを破棄してほしいと
思っています。これは善悪の問題ではなく、起きた事実を値引きせず、きち
んと対処して「成人」を活性化させ、「子ども」「親」の自我状態も満足する
行き方を選んでいく、TA ピープルの基本的スタンスであり、自律という
TA のゴールに叶うものだと考えています。

　人は誰でも過ちを犯します。間違いを認めて反省し、そこから新しい道を
歩んでいくのが TA のゴールである自律性の獲得、成長だと考えています。
それ故に敢て、この経緯を書きました。このように様々なことがありました
が、私は日本 TA 協会の会員であることを選択し、現在に至っています。

そして現在第3世代の理事たちが大いに活躍して、新しい TA 協会、あたらしい TA を目指して頑張っています。創設時の理念、目的に協会が近づいていくのを嬉しく頼もしく見守っている現在です。

夫のこと

　話があちこちに飛びますが、1997年に六角先生が亡くなられたことは、私にとって非常なショックでしたが、もう一人、私にとって最も大切な夫が同じ年に亡くなりました。命日は六角先生が5月27日で、夫が6月6日です。夫は前にも書きましたが、私のことを誰よりも愛してくれました。かなり自己愛が強い人でしたが、それでも彼なりに私のことを理解しサポートをしてくれました。私が大学のカウンセラーとして、セスクの講師として忙しく働き、TA に出会って益々のめりこんでいったとき、文句を言うどころか、理解、協力を惜しみませんでした。1994年 TA の国際資格の第一歩である Certified Transactional Analyst（CTA）を取得し、続いて大学の仕事を1年間お休みして North Carolina Chapel Hill にある Southeast Institute（SEI. Vann Joines 所長）に1年間留学することを私が自分で決めた時にも、事後報告にもかかわらず快く送り出してくれました（留守に少し羽を伸ばしたかったのもありますが）。帰国して大学の学生相談に戻り、同じ大学の博士課程に入学して博士論文を書き始めた時にも、自分が論文を書いているような気分になったらしく手放しで喜んで、周りに吹聴しては、私に叱られていました。夫はきっぱりと65歳でテレビ関係の仕事を引退し、友人のプロダクションに入り文化事業部という部署を立ち上げ、暫くは文化人のテレビ出演や講演会のマネージメントをしていましたが、それも5年で引退し、仕事が暇になったら料理に目覚め、凝り性なので徹底的に研究し、最後には京都の行きつけの料理屋のご主人に、「かぶら蒸し」を挑戦するという大それたことをする人でした。友人を夕食に招いて、凝った料理をご馳走するのが大好きだったのですが、時には料理中から飲み過ぎて、途中で「今日はこれまで…」と任

務を果たさないこともあり、顰蹙を買っていました。彼の1次適応は反社会型なのでオープンドアは行動です。自分の好きな人達と群れるのが好きで、カリスマ的存在としてその中心に居たがりました。野球、ゴルフ、テニスと下手の横好きですべて熱中して、すぐに仲間のサークルを作り、試合の世話をしたりニュースレターを作ったりと直ちに行動をする人でした。人呼んで「火の玉小僧」、本人もそのあだ名を気に入っていました。ともかく、好き嫌いは激しかったのですが、好きとなると人でも、物でも、料理でも夢中になる様子は「自由な子ども FC」そのものでした。先にも書きましたが、どこに行くのも私と一緒、私を自分の勝利品と憚らずに言う人でした。周りから「千恵さんもあのご主人じゃ大変でしょう、疲れるでしょう」と言われましたが、当の私は全くそういうことはなく、呑気に夫に甘えて、私は私のしたいことを好き放題にしていました。今、分析すれば完全な第1次・2次の共生関係が出来あがっていたと思います。

　夫の兄も音楽関係でマスコミに知られ、兄弟ともに同じような分野で仕事をしていたので、何かと兄弟で話題になっていましたが、実際は何時までも「子ども」同志の勢力争いをしていました。夫と兄は10歳違っていたので、兄にしてみれば10歳まで自分中心の家が、突然現れたチビに両親の愛情を奪われた感覚だったのだと思います。それでも「成人」では仲良く仕事をし、社会的にも仲良し兄弟と振舞っていましたが、家族だけになると義兄は必ず夫の赤ちゃんの時の"おもらし"の話をし、夫はそれを極度に嫌がって不機嫌になっていました。私にとって兄弟姉妹は、たとえ母親が違っていても、おたがい仲良くすることが父親を喜ばせ、強いては母を安心させることと信じて育ち、兄弟は仲の良いものという準拠枠を持っていたので、お互いに反目し合い、それでも深いところで繋がっている血を分けた兄弟というものが、なかなか理解しにくく、夫が兄の悪口を言ったり批判することを窘めたりしていました。義兄は80歳で亡くなりました。夫はその時私が留学していたノースカロライナ州チャペルヒルに遊びに来ていました。東京からの知らせで、

開口一番「兄貴は80で死んだ。僕は81までは絶対に生きる」と嬉しそうに言い放ったのを覚えています。そのようにとても楽しく、とても自分勝手な人でしたが、72歳で肝臓周辺にできた癌が発見され、入院して2か月で亡くなりました。この時も、治らないし手術もできない病状であると主治医に告げられると、すぐに癌研の権威ある先生にセカンドオピニオンを求めました。癌研の診断も同様であったため、その事実を自分が納得した時に、すっぱりと生きることを断念して無駄なエネルギーは使わないと自分で決めたことがよく分かりました。それまでは肝臓移植をアメリカでやることもプランしていたのですが、すっかり大人しくなり、週末に家に帰ることだけを願うようになりました。亡くなる直前の週末も家に帰ってきたのですが、だんだん容態が悪くなり病院に戻り1997年6月6日10時に息を引き取りました。享年72歳、誰もが早すぎると思ったようですが、自分の生きたいように生きた幸せな人生だったと思います。今年2020年で満23年になります。繁田家の墓に納まっていますが、私が墓碑を書くとしたら「火の玉小僧、ここに燃え尽きて安らかに眠る」としたいです。

今私が考えていること

　私は夫の享年をはるかに超え、ずいぶん長く生きています。

　時は過ぎ、高度成長の時代を経ていま日本は次世代、次々世代への借金を残し国の経済は混とんとしています。民間の企業であれば、とっくに倒産しているでしょう。更にはネット社会になり、あらゆる情報はツイッター・SNSなどのネットによって拡散され、社会・人間関係のとり方が、全くヴァーチャルな世界になりつつあり、ITロボットが人間を凌駕する時代が到来しています。

　けれどもどのように進化したとはいえ、私たちの身体は何百万年昔の先祖と構造は変わってはいません。同じように、二つの目、一つの鼻と口、手足はそれぞれ2本づつで歩き、食べ、眠り、恋をして子孫を残していくという

営みは続いています。脳の働きも、脳幹や旧大脳皮質にある感情や本能は変わっていません。人間が人間らしく、祖先から受け継いだ知恵と身体能力を使い幸せに生きることが、真に人として命を全うすることだと私は昨今しきりに思います。

　現在の私たちは、大人しく税金を納めて無能な国家経営者たちをフォローし、政府の嘘の上塗りでごまかされ続けようとしています。個人はそれぞれの能力を自分自身でディスカウントしています。現実に何が起こっているのかを直視しない私たちの心理状態は益々社会の倫理や秩序を乱し、個人の尊厳を貶めています。アメリカの人種差別への抗議デモの拡大や、南北朝鮮半島の確執、中国の水面下での南シナ海侵略、そしてヨーロッパでのイギリスのEU離脱、移民問題、イラン・イラクでの戦争とそれを陰で糸を引くロシアなど、世界はますます混乱しカオス状態になりつつあります。そこにCOVID-19 です。地球温暖化による自然現象の崩壊、そしてコロナヴィールス感染という未経験の災害に世界中が直面しています。

　コロナ以前でも日本では様々な危機を誤魔化すような改元、オリンピック、消費税の見直し、新札発行、そして参議院の選挙と、政治家たちは日本国家の象徴である天皇の退位、即位までも政治の手段として利用し、自分たちのしている過ちをやり過ごしてしまおうと躍起になっています。政府をはじめ一億（今は3億?）の国民が「適応する子ども AC」の自我状態で、「成人」が機能せず、思考停止状態になっています。まやかしの幸せムードが一部若者社会に蔓延して、全く自分以外の快楽には興味を示さず、今の状態が何時までも続くという幻想の中に生きています。富める者、強いものはあくまで富を増やして強者になり、弱く貧しいものは上辺だけの福祉行政で胡麻化されています。

　ここ30年余、このような社会不安を反映したさまざまな行動化（アクティングアウト）に対応するために心の問題が大きくクローズアップされ、スクールカウンセラーやキャリアカウンセリングのニーズが高まり、カウンセリ

ングや心理療法がより一層注目される分野となってきています。今までの臨床心理士に加えて公認心理師という国家資格も出来ました。それらの国家資格を創ることで、どれだけの人が実際にその恩恵を受けることが出来るのでしょうか？　疑問は残されたままです。諸大学も心理学部を新設し臨床心理士や公認心理師、カウンセラーの育成に力を入れ、心理学部は少子化で学生数が減っている中で他学科に比べるとまだ入学希望者が増加しているようです。社会人の間でもカウンセリングへの関心が高まり、産業カウンセラー協会やカウンセリング教育研究機関は研修受講者が増加し、大学院への社会人入学者数にもその傾向が反映されています。

　このように治療・援助関係の職業が盛んになる社会は、決して楽しく健康な社会ではないと私は考えています。

これから必要なもの

　一人ひとりが自分の考え、感情、行動に責任を持ち、自分らしく生きることから始めませんか？

　その行動を支える理論として TA があります。さらにもう一つの重要な力は「negative capability―負の力―答えの出ない事態に耐える力」というものです。イギリスの詩人キーツ（1795−1821）がはじめに提示し、その後精神科医ビオン（1897−1979）が改めて光を当てた概念です。この言葉は日本では精神科医であり作家である帚木蓬生氏によって「ネガティブ・ケイパビリティ―答えの出ない事態に耐える力」（2017）という本になり、2019年には19版まで発行されています。これは心理療法家にとって大きな礎石であり、すべての人間にとって非常に大切な哲学として深い意味を持っています。帚木蓬生氏は精神科医として、心理療法家として、様々な答えの出ない状態に対し、患者を抱え、尊重して共感的に話を聴くという営みは、クライエントと治療者の関係性の樹立、あるいは樹立するために必要な能力だということを主張しておられます。これは日々の人間関係の中でも、非常に大切な人

間力と言えます。

　私たちは性急に答えを出し、それで安心するという脳の仕組みに動かされています。けれどもこの世の中、人生には答えの出ない事象もさまざまにあります。ましてや他者であるクライエントの方々の苦しみや悩みが、簡単に解るはずなどないし、それを解決する力などどこにもありません。なぜ私が死ぬほど苦しいの？　なぜ私がうつになってあの人は元気なの？　いつになったらこの状態からぬけだせるの？　答えのでない問題はあまりに沢山あり過ぎます。考えたってどうしようもない、私には力がないから、そのことは目をつぶってパスしよう…と、そこから逃げ出す、あるいは自分の考えを強引に押しつける、のが通常の逃げ道です。捕らわれない、拘らないというポジティブな言葉に置き換えて、本当はしっかり聴き、きちんと観るべきものをスルーしてしまいます。耐えることとは、それを無いものにして、そこから逃げるのとは全く違います。世の中の神秘、不条理、人の心の闇の部分を持ち抱えている自分と他者、そこに温かい共感的なまなざしを持ちながら、逃げださないで一緒にいることが、負の力 Nagative Capability と言えると思います。

　そして、TA はその負の力を「人は OK な存在である」という信条とストロークという理論で表現しています。ロジャース理論では、無条件の尊重、共感的理解、自己一致という「カウンセラーの３条件」という言葉で表しています。北欧で行われているオープン・ダイアローグという心理療法のアプローチや、カンバセーションというゲシュタルト療法の一部の指導者が行っているワークは、このネガティブ・ケイパビリティと共通しているものがあると思います。

　TA の哲学と基本理論、治療理論は、分かろうとする人間の脳のためだけに有用ではありません。準備を整えて、クライエント自身が望むように変化をする、それが起きるまで苦しみを共に耐える力を説いているのだと思います。

今後の課題

　新しく TA に出会い、これから勉強していきたい方のためには、教育体系や資格の統一も考えていく必要があるでしょう。また日本の臨床心理学分野での交流分析に関する研究・実践活動が少ないということも、今後検討すべき課題だと考えています。日本における TA のセラピストがまだ少ない現状況において、バーンが意図した、誰でも気軽に受けられる心理療法という TA の側面を満たすのは現在ではかなりハードルが高いのです。

　私はカウンセラーや臨床心理士の方々、またそれを志す方に交流分析を学ぶ機会をこれからも多く提供したいと考え、1994年に ITAA の有資格者 CTA となったときから、25年の間それを続けてきました。その間に TSTA（教授会員）にもなりました。わたしと共に現在有資格者として仕事をしている仲間も増えています。しかしその数はまだまだ少数です。TA の国際資格を得るためには、まず英語という壁が大きく立ちはだかっています。日本の学会、協会が出している資格は国際資格とは比較はできません。日本での今までの交流分析の発展と実践を踏まえ、そこを基盤にどのように今後アプローチをしていけばよいか、改めてこの本の出版にあたって考えていきたいと思っています。

おわりに

　私はカウンセリング実践者、研究者として長年「真に援助的な関わりとは？」をテーマに、自分自身を含め人を癒し育てる心理療法の理論、技法をさまざまに探求してきましたが、その中で TA と出会ったことが、私にとって最大のインパクトです。またクライエントにとっても役立つ理論、技法であることが確信できてきました。けれども、単に自分の好みや感覚で物を言うことは説得力がありません。そのため TA 研究者として、また一人のセラピストとして、現在の日本の心理学界における TA の存在位置を明らかにし、今後も TA を発展させ、クライエントのためにも、また自分のた

めにも役立てていきたいという思いから、20年前の2001年の博士論文の執筆は始まりました。

　バーンの原書を読み、バーン時代の研究者の著作、現代の外国におけるTA論文を読むことが、日本におけるTA研究と直接連動しない感じもありましたが、やはりバーンの原点に立ち戻って、そこから始めることが不可欠と考え、主として文献研究にエネルギーを注ぎました。続いて日本における文献、聞き取り、アンケート調査を始めたのですが、私の仮説通り、バーンの基礎理論と哲学が日本ではまだ浸透せず、技術的には高度であっても、哲学のない実践的、操作的なTA理論が跋扈していることを改めて認識しました。そして、これがTAであると信じて疑わない実践家や臨床家が、まだまだ多いという事実も分りました。「TAはよく切れる解剖刀である、使い方を過つと、相手に深い傷を負わせてしまうことがある」とバーンはもとより、池見先生も再三述べられていますが、このメスの取り扱いには、長い訓練と経験が不可欠です。少なくとも、習熟するまでは、あるいはベテランになっても、多数、多様なスーパービジョンを受けることが必要でしょう。使いやすい、分かりやすい、シンプルと言うだけでTAを用いることは非常に危険です。自分自身が自己理解のためにTA理論を活用する場合でも、自己流の勝手な解釈では、かえって自分が傷つく危険性があり、有効な使い方ではありません。よき指導者、あるいはよき指導書を得て、はじめて自己セラピーとしての効力も発揮するでしょう。しかし一方では、TAは図式や日常的でなじみ易い言葉を用いて、分かりやすいというメリットがあります。ストロークの概念は子育て中のお母さんに特に学んで欲しい概念ですし、人生脚本のメッセージを知っていれば、子どもへの接し方も自ずと変化して来るでしょう。ゲームの考え方も、職場や家庭での人間関係の問題に気づき、解決するためには非常に役立つ理論だと思います。人生脚本の理論は、自分の生き方は自分が決めたものであり、変えたいときは何時でも変化可能であることを主張しています。自分の人生は自分で決め、その責任は自分にある、

という主張こそ、21世紀に生きる人間が求めているコンセプトではないでしょうか。

　主体的に生きることは、自己中心の生き方とは根底から異なります。自己を尊重し、大切に愛しみ、自律的に生きる人は、他者の主体性も尊重する筈です。そこには互いに信頼し、慈しみ合う親密さが生まれるでしょう。心理療法として、TA が今後も大いに活用される理論であることを確信するとともに、バーンの主張した社会精神医学という考えに則り、今後は学校、組織、地域社会、さらに広い意味での社会活動として、TA 理論は世界中で活用されていくことを信じています。

　ロロ・メイ（May Rollo 1909-1994）は、「援助を行う職業が大きく芽吹くという治療の時代は、健康な時代ではない」と述べています（May, 1950）。心理療法が関心を集める社会より、カウンセラーが一人もいない社会のほうが、本当の意味のユートピアと言えるかもしれません。しかし、そのような社会が真の理想社会なのでしょうか？　人間が人間らしく生きるとは、悩みや苦しみを、喜びや楽しさと同様に感じ直視して、その意味を探求しながら成長することだと私は考えています。カウンセリング・心理療法は人に寄り添い、その成長を促進する重要な学問、実践であると確信し、今後も仕事に研究に邁進していきたいと心から希望しております。

謝　辞

　この本の第Ⅰ部は立正大学博士課程後期3年間、ならびに研究生として在籍した2年間、合計5年間を費やして完成した博士論文から抜粋、編纂したものです。第一歩から適切なアドバイスと励ましを送り続けてくださった指導教授の故松原達哉先生に心より御礼申し上げます。また、数々の有用な示唆を頂いた松原研究室の同窓生諸氏に衷心より感謝の意を表します。

　私をTAに導いてくださった故深沢道子先生、故六角浩三先生、故Mary Goulding女史、故Muriel James博士、現在の師であるVann Joines博士にも感謝を申し上げます。

　日本の資料に関しましては、杉渓一言先生、杉田峰康先生、新里里春先生、諸永好孝先生、織家勝先生、池上岩男先生、その他たくさんの方々にご協力頂きました。諸先生方に厚く御礼申し上げます。

　長年共に学び続け、力になってくださる私のTAの同志、故野間和子、白井幸子、安部朋子、鈴木佳子、城所尚子、池田恵子、関真利子、光延京子、室城隆之、宮麻健一（敬称略）はじめ、私のクラスでTAを学びつづけている諸姉、諸兄に心からの感謝を捧げます。プライベートに私の保護者である大蔵万智子、満彦夫妻、息子吾郎と2匹の猫たち、心の中で常に励まし続けてくれる亡き夫繁田文吾、こうして書いていますと、限りなく色々な方のお顔と名前が浮かんできます。皆様のお陰で、この本を書き上げることが出来ました。本当に有り難うございました。

　最後になりましたが、特にお礼を申し上げたいのは、私のTA講座に参加して頂き、エネルギーとたくさんの示唆を私に与えてくださった受講者の方々です。私が本書を書こうと決めた心の底には、TAを学びたいという多くの方々との出会いがあったからだと思います。本当にありがとうございま

した。

　本書の出版にあたって風間書房・風間敬子氏、ならびに第Ⅲ部の編集を手伝ってくださった羽山孝子さん、大変お世話になりました。また、2000年以降の年表作成にご協力頂いた安部朋子さん、室城隆之さん、門本泉さん、島田涼子さんはじめ多くの TA の仲間の皆さまにも、厚く御礼申し上げます。

2020年12月　繁田千恵

著者紹介

繁田千恵（しげた　ちえ）

立正大学大学院文学研究科博士課程修了　博士（文学）
国際交流分析協会教授会員
臨床心理士
NPO法人カウンセリング教育サポートセンター理事　カウンセラー
TA心理療法研究所所長

主な著書

『日本における交流分析の発展と実践』（風間書房，2003年）
『いい人間関係が面白いほどできる本』（中経出版，2004年）
『子育てに活かす交流分析』（風間書房，2008年）

主な訳書

『交流分析による人格適応論』（白井幸子との監訳）（誠信書房，2007年）
『交流分析の理論と実践技法』（監訳）（風間書房，2013年）
『発展的TAのためのドンキーブリッジ』（監訳）（風間書房，2020年）

自分の人生を変える交流分析
—エリック・バーンのTA、そしてTAと私—

2021年4月15日　初版第1刷発行

著　者　　繁　田　千　恵

発行者　　風　間　敬　子

発行所　　株式会社　風　間　書　房
〒101-0051　東京都千代田区神田神保町1-34
電話 03（3291）5729　FAX 03（3291）5757
振替 00110-5-1853

印刷　太平印刷社　　製本　井上製本所